Para

com votos de paz.

/ /

MIGUEL DE JESUS SARDANO

DIVALDO FRANCO
NAS PEGADAS DO
NAZARENO

LEAL

Salvador
2. ed. - 2016

©(1987) Centro Espírita Caminho da Redenção – Salvador (BA)
2. ed. – 2016
3.000 exemplares (milheiros: do 16º ao 18º)

Revisão: Plotino Ladeira da Matta
Manoelita Sousa Rocha
Editoração eletrônica: Eduardo Lopez
Capa: Cláudio Urpia
Coordenação editorial: Prof. Luciano de Castilho Urpia

Produção gráfica:
LIVRARIA ESPÍRITA ALVORADA EDITORA
Telefone: (71) 3409-8312/13 – Salvador (BA)
Homepage: www.mansaodocaminho.com.br
E-mail: <leal@mansaodocaminho.com.br>

Dados Internacionais de Catalogação na Publicação (CIP)
(Catalogação na fonte)
Biblioteca Joanna de Ângelis

```
S244    SARDANO, Miguel de Jesus.
            Nas pegadas do Nazareno. 2. ed. / Miguel de Jesus Sardano. Salvador:
        LEAL, 2016.
            336 p.
            ISBN: 978-85-8266-140-6
            1. Biografia 2. Espiritismo 3. Divaldo Franco I. Sardano, Miguel
        II. Título
                                                                CDD: 133.90
```

DIREITOS RESERVADOS: todos os direitos de reprodução, cópia, comunicação ao público e exploração econômica desta obra estão reservados, única e exclusivamente, para o Centro Espírita Caminho da Redenção. Proibida a sua reprodução parcial ou total, por qualquer meio, sem expressa autorização, nos termos da Lei 9.610/98.

Impresso no Brasil
Presita en Brazilo

Sumário

	Preito de gratidão	11
	O prazer de servir	11
	Prefácio de ouro	13
	Divaldo Franco: portrait of a modern shaman, poet, philosopher & saint	13
	Divaldo Franco: retrato de um moderno xamã, poeta, filósofo e santo	15
	Apresentação	17
1.	Introito	19
2.	A Voz de Deus?	23
3.	Divaldo em "autorrelevo"	27
4.	O milagre do trabalho	47
5.	A amizade com Irmã Dulce	55
6.	Divaldo: vultos que eu admiro	59
	Depoimentos	65
7.	*Divaldo Pereira Franco y yo*	67
	Encuentro anticipado	67
	Interaccion de tareas	68
	El libro, tarea de futuro	70
	Abriendo nuevos caminos	71
	Divaldo, el hombre	72
8.	Divaldo Pereira Franco	75
	Perfil de um trabalhador	77
9.	As previsões do profeta Joel	83
10.	Divaldo Pereira Franco	87
11.	Um apóstolo moderno	91
	Predição confirmada	91
	Despertando o Brasil Central	92
	Fenômenos surpreendentes	93
	Médium correto e responsável	95
	Obra assistencial modelar	96
12.	Divaldo – um testemunho pessoal	99
13.	Um missionário de nossos dias	105
14.	Divaldo: ontem e hoje	107
15.	Tarefas em Goiás	109
16.	Um homem, um amigo, uma lição de vida	113
17.	Alter ego	117
18.	Recado espiritual ao vizinho	121
19.	Divaldo Franco no Rio Grande do Sul	123
20.	40 anos de dedicação ao Bem	127
21.	Divaldo: o orador, o sensitivo e médium polivalente, o missionário e mensageiro do Consolador	137
	I – Divaldo, o orador	137
	II – Divaldo, o sensitivo e médium polivalente	141

III – Divaldo, o missionário e o mensageiro do Consolador	146
22. Divaldo Pereira Franco atravessando o jardim de nossas vidas	151
Algumas entrevistas	161
23. O amor só tem compromisso com o amor	163
24. Divaldo Franco ao retornar da África	171
25. Viagens ao exterior	179
26. *Divaldo Pereira Franco – El misionero andariego del Espiritismo Científico*	*189*
Primeras manifestaciones psíquicas	*191*
Una vida llena de exitos	*192*
La Tercera Guerra Mundial no va a producirse	*194*
27. Entrevista à Rádio Municipalista de Botucatu	199
28. O trabalho no exterior	211
29. Entrevista com Cláudia Bonmartin	213
30. O ano internacional de Divaldo Franco	229
31. Divaldo Franco na Colômbia e Venezuela	241
32. Divaldo	247
33. *Divaldo Pereira Franco en visita a Ponce*	*251*
34. *Un recuerdo memorable*	*253*
35. Divaldo regressou da Europa	257
36. Milhares de pessoas aplaudiram de pé as conferências do Prof. Divaldo Franco em Lobito, Angola	263
37. Divaldo nos Estados Unidos	267
38. *Brillante disertación del médium brasileño Divaldo Franco*	277
Algumas Reportagens	279
39. A aleijada de Macaúbas	281
40. A oratória de Divaldo Franco	287
41. O vidente Divaldo Franco	291
42. Divaldo localiza hóspede com ajuda de Espírito	299
43. Espíritos no estúdio da emissora de rádio	301
44. Divaldo Franco e a abertura política	305
45. Sexo com amor une os seres e equilibra as emoções	307
46. De Paulo de Tarso a Divaldo Franco	313
47. Divaldo Franco, orador	319
48. Chico Xavier e Divaldo Franco	321
49. No reino dos Espíritos	323
Com psicografia e assistência social, um médium baiano reedita o fenômeno Chico Xavier	323
Espíritos elevados	324
Xavier e Franco	325
Uma fada boa	326
Bom no "pingue-pongue"	327
50. De Paris a Paramirim	329
Paris	329
Paramirim	330
51. Página final	335

Nota Explicativa:

As informações contidas na presente obra são referentes ao ano de lançamento desta, 1987.
Nesses 29 anos, naturalmente, esses dados sofreram alterações. Objetivando não interferir na fluidez da leitura, acrescentamos algumas notas de rodapé com os dados atualizados de acordo com o ano vigente.

Editora LEAL.

"O Divaldo é um grande trabalhador em cuja perseverança eu admiro, um obreiro de extraordinária resistência e de profundo devotamento à causa espírita-cristã."

Chico Xavier[1]

---

1. Resposta de Chico a uma pergunta que lhe foi formulada no Centro Espírita União, em São Paulo, no dia 10 de outubro de 1976, nos seguintes termos: – *Que acha do Divaldo, do baiano Divaldo?* (nota do autor).

À minha esposa Terezinha, pela sua prestimosa colaboração ao presente trabalho, mas, sobretudo, minha profunda gratidão pelo seu permanente incentivo à minha vida.

O autor

Preito de gratidão

Eu já houvera ouvido falar de Gabriela Mistral, vagamente. Mas foi através da palavra de Divaldo que meu interesse foi despertado a conhecer, em maior profundidade, o trabalho dessa extraordinária mestra chilena, Prêmio Nobel de Literatura, em 1945. Sua poesia inspirou profundo sentimento religioso-evangélico, como *Sonetos de la muerte*. Desencarnou em 1957, nos Estados Unidos da América do Norte, aos 68 anos. A meu ver, a página que transcrevemos a seguir é uma joia rara, de que nosso mundo de hoje precisa mais do que nunca. É uma página que identifica bem o nosso trabalho sobre Divaldo Franco.

O prazer de servir

Toda a Natureza é um anelo de serviço.
Serve a nuvem, serve o vento, serve a chuva.
Onde houver uma árvore para plantar, planta-a tu; onde houver um erro para corrigir, corrige-o tu; onde houver uma tarefa que todos recusam, aceita-a tu.
Sê tu quem tira a pedra do caminho, o ódio dos corações e as dificuldades dos problemas.
Há a alegria de ser sincero e de ser justo; há, porém, mais do que isso, a formosa, a imensa alegria de servir.
Como seria triste o mundo se tudo estivesse feito, se não houvesse uma roseira para plantar, uma iniciativa para tomar!

Não te seduzam as obras fáceis. É belo fazer tudo o que os outros se recusam a executar.

Não cometas, porém, o erro de pensar que só tem merecimento executar as grandes obras. Há pequenos préstimos que são bons serviços: enfeitar uma mesa, arrumar uns livros, pentear uma criança.

Aquele é quem critica, este é quem destrói.

Sê tu quem serve. O servir não é próprio dos seres inferiores.

Deus, que nos dá o fruto e a luz, serve.

Poderia chamar-se o SERVIDOR.

E tem seus olhos fixos em nossas mãos e nos pergunta todos os dias: serviste hoje? A quem?

À árvore, ao teu amigo, à tua mãe?

Gabriela Mistral

PREFÁCIO DE OURO

O Dr. John Rossner é bispo anglicano, reverendo Canon, S.T.M., Ph.D., professor de Religiões Comparadas na Universidade de Concórdia, no Canadá. É também Fundador-Presidente do Instituto Internacional de Ciências Humanas, autoridade em experiências psíquicas e místicas, no mundo das religiões. Autor de cinco livros numa série denominada: *Toward recovery of the primordial tradition* (University of América, 1979 – 83), assim se expressou sobre Divaldo:

Divaldo Franco: portrait of a modern shaman, poet, philosopher & saint

By Canon John Rossner, S.T.M., Ph.D.

Divaldo Franco is an extraordinary human being, who combines in himself the roles of a modern shaman, a poet, a spiritist mediums and healers, he is also an outstanding man in his own right.

His eloquent and powerful lectures blend elements of philosophy, science, and a remarkable and authentic psychic ability obvious to all but the most non-perceptive. And in his own life words of wisdom have been followed by deeds of love. Thousands of homeless, abandoned and diseased children in Brazil have been saved by the touch of that love over the years.

Founder and president of the Mansão do Caminho in Salvador, Brazil, it is his vision, tireless effort, and boundless personal compassion that has made him the *Mother Theresa of Brazil*. He and volunteer staff of the Mansão aid thousands of out patients and a number of resident children every year, providing food, education, job training, and financial assistance. He has personally *adopted* hundreds of destitute children in his lifetime, providing them with a father's love as well as all of the necessities of life.

For the past forty years Divaldo has shown boundless energy and talent in his dedication to planetary enlightenment. Carrying his message of the human potential for Divine Love, peace, and caring, he has traveled the world lecturing, and demonstrating his gifts of psyche and spirit. The proceeds go to the support of his charities with children.

He has lectured in over 33 countries, on more than 70 TV stations, 170 radio stations in over 1.000 cities. His books are translated into many languages.

In his daily life *miracles* occur all time, miracles of psychic accuracy, guidance from higher sources to specific individuals whom he may meet – whether casually or formally. And healings too have abounded, healings in the spirit and emotions of wear y souls, as well as bodily illnesses of those whom he has touched and for whom he has prayed.

In faith Divaldo Franco is a Christian Spiritist in the Kardecist tradition of Brazil. But he is truly a *universal man*, in the Renaissance sense. His teachings include the classical prescriptions of prayer, meditation, self-knowledge, and works of self-less charity on behalf of others. Those who are responsive enough to act on his prescriptions go on to get well, in spirit – and of ten in mind and body as well.

In this grey world where sparkling spiritual and psychic facilities are blocked in most of the human race, and where love has grown very dim, it has been a great privilege and blessing to have met and to have known Divaldo Franco. It is, after all, the role of the saints in all traditions to inspire us with their Love, Power and Wisdom, and to stimulate in us an "awakening" to our own human – and Divine – potential.

The Rev. Canon John Rossner, S.T.M., Ph.D.
Professor/Comparative Religion & Culture
Concordia University, Montreal & President
International Institute of Integral Human Sciences.

Divaldo Franco: retrato de um moderno xamá [2], poeta, filósofo e santo

Por Canon John Rossner , S.T.M., Ph.D.[3]

Divaldo Franco é um ser extraordinário, alguém que manifesta simultaneamente as personalidades de um xamá, de um poeta, de um filósofo e de um santo. Por si só um homem excepcional, ele é também um dos mais destacados espíritas brasileiros.

Suas palestras, eloquentes e poderosas, mesclam elementos de Filosofia e Ciência, com poderes mediúnicos (psíquicos) extraordinários, evidentes a todos, até aos mais insensíveis. E em seu caso, palavras de sabedoria são invariavelmente solidificadas por atos concretos de amor. No Brasil, milhares de crianças abandonadas e carentes contam-se entre os salvos pelo seu amor.

Fundador e Presidente da Mansão do Caminho, em Salvador, Bahia, Brasil, é por sua visão, esforços incansáveis e infinita compaixão, que se tornou a *Madre Teresa do Brasil*. Ele, com a assessoria de imenso *staff* de voluntários, vêm amparando milhares de crianças em regime de internato e semi-internato, provendo-lhes alimento, educação, treinamento profissional e assistência financeira. Pessoalmente ele já adotou centenas de crianças abandonadas, dando-lhes com isso um abrigo sólido e a certeza de um vínculo de amor paterno.

Nos últimos 40 anos, Divaldo vem demonstrando energia e talento incansáveis em sua dedicação à iluminação do planeta. Divaldo tem viajado o mundo, pregando e demonstrando seus dons mentais e espirituais, espraiando uma mensagem que busca despertar o homem para a realização de seu potencial para o amor divinizado, a paz e a bondade. Os resultados financeiros da venda de livros são todos canalizados para o sustento de suas crianças.

Ele já se apresentou em mais de 33 países, 70 canais de televisão, em cerca de 170 estações de rádio e mais de 1.000 cidades. Seus livros contam já com traduções em várias línguas.

---

2. Xamá: sacerdote ou curandeiro de religiões de certos povos da Ásia, que se baseiam na crença em maus e bons Espíritos, os quais podem ser influenciados (manipulados) por xamás. Princípios similarmente encontrados entre nativos da América e do Alasca (nota do autor).

Em sua vida *milagres* ocorrem continuamente. Milagres que tomam a forma tanto de predições mediúnicas, como de ensinamentos de Espíritos iluminados dirigidos às necessidades de pessoas que lhe cruzam os passos acidentalmente ou que o buscam diretamente. Da mesma forma, curas têm ocorrido com grande frequência, curas psicológicas e espirituais de almas sofridas, e de corpos enfermos, pessoas que se beneficiaram de seus passes ou de suas preces intercessoras.

Em verdade, Divaldo Franco é um espírita-cristão dentro da melhor tradição do Kardecismo brasileiro. Mas, acima de tudo, valendo-me de alegoria da filosofia renascentista, posso dizer que ele é um *homem universal*. Seus ensinamentos englobam prescrições clássicas, como prece, meditação, autoconhecimento e trabalhos altruístas em favor do próximo. Aqueles que o escutam e se dedicam a seguir suas exortações, se tornam candidatos seguros à saúde espiritual e, em decorrência, candidatos à saúde física e mental.

Neste mundo entenebrecido, onde expressões sublimadas de mediunidade e espiritualidade ainda estão bloqueadas na maioria da raça humana, e onde o amor ainda se expressa em formas muito tímidas, foi e é para mim um privilégio e uma bênção conhecer e ter vivenciado Divaldo Franco. Pois, na história da Humanidade, o papel dos homens santificados, como Divaldo Franco, tem sido o de nos inspirar com seu amor, poder e sabedoria, e nos estimular para a realização plena de nosso potencial humano e divino.

Reverendo Canon John Rossner, S.T.M., Ph.D.
Professor de Cultura e Religião Comparada da
Universidade de Concordia, Montreal e Presidente do
Instituto Internacional de Ciências Humanas, M,C.

---

3. Traduzido pelo Prof. João M. Zerio, Ph.D., em 23 de setembro de 1987, Phoenix, Arizona (notas do autor).

Apresentação

De há muito desejava escrever algo sobre o gigantesco trabalho de Divaldo P. Franco. Por fim surgiu a oportunidade, neste ano de 1987, quando se comemoram os 40 anos de vida pública de Divaldo a serviço do Evangelho de Jesus. Existem, já, biografias de Divaldo, como o livro Moldando o Terceiro Milênio – Vida e Obra de Divaldo Franco, *de Fernando Worm;* Divaldo, Médium ou Gênio, *de Fernando Pinto, e, mais recentemente,* O Peregrino do Senhor, *de Altiva G. Noronha, sínteses biográficas e outras.*

Este livro, no entanto, não pretende fazer biografia comum, mas retratar ao público leitor ângulos de uma vida consagrada ao trabalho nobre de uma Causa tão grande quanto seria, senão a maior Causa da Humanidade – O Evangelho de Nosso Senhor Jesus Cristo.

Os depoimentos aqui inseridos expõem o pensamento íntimo de seus autores, numa visão pessoal a respeito do trabalho e da vida deste médium e orador espírita, hoje conhecido em todo o Brasil e em grande parte do exterior, onde desenvolve intenso trabalho de divulgação desde 1962, como veremos adiante.

Igualmente, não se pretende exaltar a personalidade do médium ou do orador, mas tornar conhecido seu trabalho, que é fruto de sua total doação à tarefa do bem, sobretudo voltada para a criança abandonada. A Mansão do Caminho, *criada há 35 anos,*[4] *não é um orfanato, mas um*

---

[4]. A Mansão do Caminho, construída numa área de 78.000 m², está envolvida pelo verde profundo da mata nativa e pelo colorido festivo dos seus jardins. Divaldo Franco, juntamente com Nilson de Souza Pereira, fundou esta obra de amor e de fraternidade no dia 15 de agosto de 1952, na cidade do Salvador, BA (nota da Editora).

educandário de almas, que ali encontram pão para o corpo e luz para a alma. Recebem tudo o de que necessita o corpo, e aprendem a ver a vida pela óptica espírita, o que lhes garantirá paz e segurança para o futuro, neste mundo e no Além.

Deixamos você, amigo leitor, com os depoimentos aqui exarados, ficando, igualmente, no íntimo de seu coração, o aproveitamento de alguma lição de vida que eventualmente venha a colher. Uma coisa é certa, posso afiançar-lhe: Divaldo tem-se esforçado para ser o exemplo daquilo que prega. Aí estão, integrados na nossa sociedade, seus quase 700 filhos adotivos, hoje emancipados, muitos casados, que deram a Divaldo o maior número de netos que alguém possa ter tido (cerca de 200).

Eles são as vozes que poderão melhor testemunhar o que afirmamos no papel.

Agnelo Morato, insigne cirurgião-dentista, jornalista emérito e, sobretudo, um homem de bem, extremoso pai de família, da tradicional família francana, assim se expressou, através de sua pena brilhante: "A trajetória desse médium-tribuno se inscreve na própria história do Espiritismo do mundo, pois suas enunciações pela tribuna e pela sua psicografia confirmam-no como elemento capaz de dar novos rumos à Sociologia moderna".

Santo André, agosto de 1987.
O autor

1
INTROITO

Escrever um livro não é tarefa simples e eu nunca desejei fazê-lo. Mas a vida é um improviso que se repete e faz história. A sucessão dos fatos ocorre e o desafio se estabelece. Houve um poeta que afirmou: "navegar é preciso, viver não é preciso". Pois viver é preciso. O grande desafio consiste em saber viver. A arte de viver bem está na razão direta do entendimento da vida. Diz-se que a maioria dos homens não vive, vegeta, isto é, são consumidos pela rotina do dia a dia, sem sair dos limites da sobrevivência, como se planta fosse. Respira, porque tem que respirar. Não sente a vida como uma dádiva de Deus, como uma obra que deve ser feita.

O Grande Doador nos criou de forma simples, colocando no âmago da criatura as sementes da perfeição. Somos um projeto do Grande Arquiteto do Universo, que tudo concebeu justo e perfeito. Somos sementes de esperança no jardim do Criador. A felicidade é o acabamento da obra. Ninguém foi criado para ser infeliz. Os Espíritos do Senhor afirmaram a Kardec: *Uma única fatalidade existe – a do bem.* Jesus lecionou: *Nenhuma das ovelhas que o Pai me confiou, se perderá.* Logo, a felicidade é componente intrínseco do nosso destino. Quando Jesus insistiu que o Reino de Deus está dentro de nós, revelou uma grande Lei, uma grande verdade, que nos compete descobrir em nosso mundo interior. Somos dotados de forças e poderes inconcebíveis. Só usamos um décimo de nossa capacidade mental. Somos Espíritos eternos e trazemos em nosso ser todas as forças latentes que nos fazem *imagem e semelhança* do Criador. Essa imagem e semelhança pode ser traduzida como ligação com o Criador.

Vós sois deuses. Essa afirmação de Jesus é mais profunda do que possamos imaginar. Ela revela nossa origem e nosso destino. Jesus sabia disso. Portanto, todas as vidas fazem história, e como se costuma ouvir entre as pessoas do povo: *minha vida é um romance, minha vida daria uma novela*; realmente, viver é a coisa mais extraordinária que acontece.

Há vidas que inspiram vidas. Há vidas que incentivam vidas. Há vidas que semeiam vidas. Divaldo Pereira Franco é uma dessas vidas.

É uma vida que serve de exemplo para outras vidas. Divaldo ama a vida, adora gente. Viver é sua alegria ou sua alegria é viver. Nasceu para o serviço religioso. Desde menino aspirava ao sacerdócio, para servir a Deus. Uma vocação pura, nascida de seu coração. Alma mística por excelência, buscou na Igreja Católica a realização desse sonho-ideal. Aproximou-se o quanto pôde da intimidade do altar, fazendo-se coroinha, ajudante de missa. Memorizou todas as rezas que ouviu e as sabe de cor até hoje, tal o seu devotamento sincero. Naturalmente, o sacerdote da igreja de Feira de Santana, sua cidade natal, tinha nele a esperança de um bom e dedicado sacerdote. E ele o seria, se fatos posteriores não viessem a mudar diametralmente os caminhos de sua vida. Ele iria servir a Jesus, sim, mas noutra área. A mediunidade, que o acompanhava desde os quatro anos, quando viu sua avó materna falecida e com ela conversou, viria explodir em plena juventude. Depois de muita relutância, guiado pelas mãos de Dona Ana Franco, sua mãe, adentrava uma Casa Espírita pela primeira vez. Sob a orientação de uma senhora, médium autêntica e espírita convicta, Sra. Ana Ribeiro Borges (Nanã), iniciou o ministério da mediunidade com Jesus, frequentando as reuniões domésticas na residência de sua benfeitora, que serviram de suporte para a fundação do Centro Espírita Caminho da Redenção, a 7 de setembro de 1947, ano em que proferiu, também, a primeira palestra pública, em Aracaju, na União Espírita Sergipana.

Divaldo recebeu de sua mãe todo o apoio de que necessitou para realizar seu trabalho. Ela sempre foi seu anjo bom encarnado. Era uma mulher simples, analfabeta, mas dotada de muita lucidez e sabedoria. Sabia reconhecer o que era bom para seu filho. Divaldo, seu 13º filho, era para ela seu eterno menino. Divaldo sempre teve uma afinidade profunda com sua mãe. São duas almas com ligações afetivas que se perdem na noite dos tempos. Dona Ana Franco desencarnou em fevereiro de 1972, aos 86 anos de idade. Teve dezesseis partos, criou treze filhos, nos tempos heroicos daquele interior da Bahia, sem luz elétrica, com fogão a lenha, lavando roupa na fonte, que lhe valeram mais tarde reumatismo, artritismo e bursite. O menino Di, como era chamado na intimidade do lar, crescia sob a vigilância bondosa, mas severa de Dona Ana, e dos doze irmãos. Recebia carinho destes e dos pais, mas de vez em quando apanhava de todos. Seu pai, Francisco Franco, era um homem pacato. Trabalhador, honrado, negociava com fumo, para arcar com a grande responsabilidade de sustentar tantas bocas, o que conseguiu, a duras penas. Francisco Franco também já se encontra no Mundo espiritual.

Divaldo matriculou-se na escola primária de Feira de Santana, onde terminou o curso com brilhantismo, pois sempre foi bom filho e bom aluno. Ele adorava a escola e as professoras que teve. Sempre foi amante dos livros. Logo que saiu da escola primária, entrou na Escola Normal Rural de sua cidade, formando-se professor normal rural, mas nunca lecionou.

Naquele tempo, Feira de Santana era uma cidade pequena, com um mercado de trabalho muito reduzido. A grande esperança estava na capital, Salvador, distante 108 quilômetros. Foi assim que, no ano de 1945, Divaldo se transferiu para Salvador, onde ingressou no Instituto de Previdência e Assistência dos Servidores do Estado (IPASE), trabalhando lá 29 anos. Para completar o tempo necessário para aposentadoria, 35 anos, trabalhou por mais seis anos em empresa particular, aposentando-se definitivamente em 1980.

2
A Voz de Deus?

Quando visitamos, no mês de maio de 1987, nosso confrade e amigo Wallace Leal V. Rodrigues, batalhador incansável da grande obra de Cairbar Schutel, na cidade de Matão (SP), manifestamos-lhe nosso propósito de escrever algo sobre Divaldo Franco. Wallace, então, nos disse: – "Eu me recordo de que, na década de 50, circulava pelo Brasil a revista *O Cruzeiro*. Não sei como foi, apenas me recordo de uma crônica nessa revista, denominada *A Voz de Deus*. Eu nunca havia ouvido Divaldo, porém, meu irmão Waldemar tinha tido esta oportunidade. Ele se achegou a mim dizendo, alvoroçado: – *Não tenho dúvidas de que a cronista se refere a Divaldo. Ela não citava o nome da pessoa que a inspirara escrevendo aquela crônica. Por certo tinha aceitado o convite de alguma pessoa amiga para assistir à conferência.*"

Guardamos esse recorte por muitos anos e o entregamos a Divaldo, quando o encontramos, muitos anos depois. Quando narramos a Divaldo esse fato, ele nos disse, de pronto: – "Trata-se da cronista e escritora Florence Bernard"[5]. Vasculhando o arquivo de Divaldo, criado e organizado por Lygia Banhos (já desencarnada), abnegada auxiliar na Mansão do Caminho, encontramos a crônica, na edição da referida revista, datada de 9 de fevereiro de 1957, que a seguir transcrevemos:

---

5. Logo depois da publicação, a autora recebeu grande número de cartas indagando o nome do orador a que se referia. Dentre as inúmeras pessoas que escreveram para ela, na época, tomei conhecimento de uma, a quem me dirigi, para confirmar o fato. Trata-se do Sr. João Perfeito, funcionário da FEB, em Brasília, que ainda tem a resposta da cronista, informando-lhe tratar-se de Divaldo Pereira Franco (nota do autor).

Quem primeiro me falou em seu nome foi um velho amigo entusiasmado. Conhecera-o, creio, em uma de suas andanças pelo interior – é oficial do Exército – e trouxera para o Rio essa lembrança diferente e admirável. Eu sempre acredito nos meus amigos, mas desta vez achei que esse moço de farda estava exagerando um pouco. Quando, porém, ele me telefonou contando que o outro estava na cidade, senti curiosidade, pois já terceiros me haviam também falado sobre ele; fui conhecê-lo. Muita gente mais tivera curiosidade, ou já o tinha ouvido e queria vê-lo. Umas cem ou mais pessoas se comprimiam na sala, não muito grande, da escola para onde o tinham convidado, e às 10 horas em ponto ele entrou. Decepção. Nada de barbas veneráveis, ar místico, jeito de louco, ao menos! Um mocinho de ar confuso e um tanto tolo, como quase todos os rapazinhos que conheço.

Olhei irônica para o meu amigo, pronta para rir. Pois os olhos deste estavam tão sérios e comovidos, que me recolhi encabulada, mas que haveria naquele rapazinho, santo Deus? Um rapazinho do interior, de olhos e riso cintilantes de mocidade e irresponsabilidade!

Bem, ele começou a falar. O que eu sentira de menosprezo transformou-se em antipatia. Por que aquele rebuscamento, aquelas palavras difíceis, aquele sibilar dos "ss"? O discurso preparado durou 15 minutos, foi vazio como todos os discursos, e só fez aumentar a minha má vontade. Estaria eu tão mal-humorada nesse dia? A verdade é que aos meus vividos e sofridos anos de experiência já não impressionam as palavras bonitas, as frases de efeito, ou mocinhos simpáticos.

Terminado o discurso, ele explicou, tropeçando nas palavras porque não as decorara, que alguém ali presente lhe pedira que falasse sobre o amor. E ainda incerto, sem saber direito porque vereda tomar, disse umas frases comuns, repisadas, citou Cristo. Repentinamente, como cachoeira a despencar-se morro abaixo, encontrou o rumo. Que falou ele! Como posso repetir, se as palavras não eram palavras como as que eu conheço, como as que estou acostumada a ouvir, a ler, a dizer! Ora aquele menino de ar simples erguia a voz em clamores, ora se perdia em murmúrios de criança que segreda verdades puras. Falava de Jesus, e era como se estivéssemos lá, naquela distante vila de Nazaré, assistindo com os nossos olhos, tocando com as nossas mãos, Aquele que tão bem ensinou o amor e amou.

Três horas e meia ele falou sem interrupção, sem procurar mais pelos adjetivos de efeito, desdenhando as palavras bonitas, de que já não necessitava. Três horas que duraram minutos.

E eu ouvia. Eu e toda aquela gente, melhor e mais sábia que eu, na certa: um velho general famoso, cujo nome, se eu citasse, seria reconhecido com espanto pelos leitores, tinha os olhos cheios de pranto bom; jovens oficiais, de ar dantes altaneiro e atrevido, tinham agora as feições tão mansas, que ninguém os acreditaria guerreiros; senhoras, moças, o meu amigo que se perdera da realidade. Eu desconfiada, eu descrente, eu ansiosa por uma verdade e sempre duvidando dela, eu sem palavras, eu comovida, eu sentindo Deus.

O milagre desse moço eu não sei. É um moço simples, repito. Modesto, de ar quase antipático por tão jovem e alegre, sem grandes estudos, sem diplomas nem títulos. Que haverá com esse moço, Senhor! Será melhor que nós outros? Melhor que eu, humana e tão cheia de fraquezas? Melhor que aquele velho general ainda temido e respeitado? Melhor que aquelas criaturas todas, capazes de nobrezas e crimes, que estávamos ali, naquele domingo ensolarado, perdendo a praia, o descanso e até o almoço, sem lamentá-los? Não acredito, ouso mesmo afirmar que não, pois não vi nele o mais leve traço de divindade. É humano, é comum, é gente como eu. Examinei-o de perto, falei-lhe, sorri-lhe, procurei nele a Chama, a Luz, aquilo que nos dera com a sua palavra. Em vão. Tinha-se ido. Respondeu-me as perguntas um tantinho encabulado, recuperando o sotaque natural, sibilando os "ss".

Quando falei ao meu amigo, que lê tanto, que sabe tanto, qual fora o milagre, ele explicou singelamente:

– É que através desse moço, que é puro e bom, apesar de humano, Deus nos manda a Sua palavra.

Desta vez não olhei irônica nem resmunguei zombarias.

E comigo guardei, desse moço, esta frase que eu gostaria de ter ante os olhos toda vez que, como você, como toda gente, me atrevo a julgar ou a condenar aquele que comete o erro que eu ainda não cometi:

– Amor é perdão, e perdão é compreensão. E, pois, é procurando compreender nossos semelhantes que os vamos perdoar, e somente perdoando é que chegaremos a amá-los. Tal como compreendemos e perdoamos a nós mesmos; tal como nós mesmos amamos. Isto foi o que Ele deixou para nós, através de Suas parábolas.

O autor.

3

Divaldo em "autorrelevo"

O homem Divaldo, hoje maduro e experiente, graças aos longos 40 anos[6] de abençoado labor, de lutas travadas nos campos do dia a dia, muito tem a contar.

Um dia, quando juntos reflexionávamos sobre tudo isso, ele me disse, mergulhando o olhar no passado, como se quisesse rever, na tela do tempo, os faustos da vida:

– Apesar do que sofri e passei, começaria tudo de novo e gostaria de repetir as mesmas experiências. Não tenho qualquer arrependimento a registrar. Fiz o que tinha de ser feito e me dou por satisfeito perante minha consciência.

"Muito cedo fui chamado a uma tarefa que, à época, não podia entender, porque a mediunidade veio como algo natural, como parte do meu mundo material. Só mais tarde, quando conheci a Doutrina Espírita, pude realmente compreender tudo. Muitos são os fatos que ocorreram nestes 40 anos de lida."

E após uma pausa tranquila, prosseguiu:

---

6. Atualmente são quase 70 anos de labor. Em 27 de março de 1947, Divaldo Franco proferiu a 1ª palestra, em Aracaju, SE, no dia 7 de setembro do mesmo ano, juntamente com Nilson de Souza Pereira e um grupo de amigos, fundou o Centro Espírita Caminho da Redenção. Em 1998, sob inspiração de Joanna de Ângelis, iniciou o Movimento Você e a Paz, com a proposta da ação pela não violência, que começou em Salvador, fixado o dia 19 de dezembro, na Praça do Campo Grande. Hoje acontece anualmente em mais de 20 cidades do Brasil e em mais de 60 países, nos 5 continentes, mobilizando corações sensíveis ao chamado do Nazareno para a paz interior (nota da Editora).

– Eu me recordo do mês de abril de 1954, quando fui a Curitiba por primeira vez, a convite do Sr. João Ghignone, então presidente da Federação Espírita do Estado do Paraná, e me hospedei num apartamento que o Dr. Lins de Vasconcellos mandara construir, anexo ao albergue noturno. Ali, sob o carinho de Dona Mary Pinto e Dona Elvira, eu vivi uma experiência muito curiosa. Àquela época, os Espíritos mais impenitentes tentavam assediar-me para dificultar a tarefa que eu principiara, anos antes, e um dos métodos mais utilizados era o de aproveitar os meus momentos do sono para produzir-me um tipo de hipnose alucinatória, inquietando-me as horas noturnas, a fim de que eu então estivesse indisposto no dia imediato, incapaz de exercer os meus deveres humanos e sociais na aquisição do pão diário. Naquela oportunidade, por exemplo, estando numa cidade inteiramente nova, de clima frio, eu tive uma visão estarrecedora, qual se fosse um sonho, no qual o apartamento estava sendo devorado pelas chamas. Vi-me aturdido entre as labaredas, e, porque percebesse a claridade do vitral que coava a luz que vinha da lâmpada acesa no poste da rua, abri, intempestivamente, a janela, e, no transe, para me ver livre das labaredas, saltei-a e saí a correr. O impressionante é que somente vim a me dar conta em uma praça próxima à Alameda Cabral, que não sabia onde ficava, assaltando-me então um preocupação grave.

"Eu me encontrava de pés descalços, sem a blusa do pijama. O frio era muito forte e eu não conseguia saber onde é que se encontrava o albergue e nem mesmo onde eu estava.

"Por outro lado, a esse tempo me assistiam vários Espíritos amigos, e, entre eles, um jovem pernambucano que havia desencarnado em acidente e que sempre me socorria com a sua experiência humana, dizendo-me que *tinha a tarefa de me ajudar*, já que os mentores tinham ocupações mais elevadas.

"Ele havia sido destacado pelos bons amigos espirituais para dar um tipo de assistência mais próxima às minhas necessidades de jovem.

"Eu o chamava de *o correio*, porque me trazia notícias de casa, de amigos, me ajudava. Naquele ensejo, em que eu estava muito aturdido na praça, pela madrugada, Valter, esse era o seu nome, me apareceu, dizendo: – *Não te preocupes, baiano, tem fé em Deus, eu te levarei* –, e andando ao meu lado, a conversar tranquilamente, ele me reconduziu de volta ao prédio do albergue, onde notei a janela aberta, dando para a rua, a luz acesa do quarto. Ele me disse: – *Será necessário que entres, naturalmente, pela mesma forma como saíste.*

"Grande foi a minha preocupação ao imaginar o aparecimento repentino de alguém que me visse saltando, para adentrar-me pela janela. Isso seria muito desagradável. Mas o Espírito apressadamente me esclareceu que ficasse tranquilo, pois ele iria verificar nas duas esquinas se vinha alguma pessoa, e me daria um sinal. Assim o fez. Depois de alguns segundos, ele me acenou que eu poderia entrar sem problemas, já que o caminho estava livre. Entretanto, a soleira da janela era muito alta. Tive que recuar um pouco para correr, tomar impulso e saltar rapidamente para dentro. A parede tinha um reboco com pequenas protuberâncias, como se usava na época. Naquela ansiedade, constrangimento e preocupação, recuei o passo, corri e saltei. Alcancei a janela, arranhando-me um pouco, mas, graças a Deus, logrei entrar no quarto. Fechei a janela, comecei a orar e observei depois como o quarto estava desarrumado. O quebra-luz se encontrava tombado no chão e quebrado.

"O meu constrangimento foi inenarrável.

"No dia seguinte, quando Dona Elvira viesse trazer-me o café e, logo depois, Dona Mary, eu teria, naturalmente, que arranjar alguma desculpa para justificar tamanho desarranjo no quarto. Disse-lhes, então, que um gato havia entrado ali e eu tivera que fazer muito movimento, terminando por danificar o guarda-roupa, o quebra-luz e tudo o mais...

"Elas riram muito e disseram que era de estranhar, porque não se lembravam de haver qualquer gato nas imediações.

"Era um ambiente tão cordial e se tratava de pessoas tão generosas, que eu resolvi contar-lhes o que havia acontecido. Elas acharam interessantíssimo, e, à tarde, na reunião que se realizava com um grupo de senhoras que preparavam enxovais para recém-nascidos, o fato foi contado em tom pitoresco.

"Aproveitei a oportunidade para fazer alguns esclarecimentos, demonstrando como estamos em um mundo de litígio, onde as Entidades impiedosas, voltadas contra o bem, procuram toda e qualquer oportunidade para dificultar as tarefas dos que desejam trabalhar pelos ideais superiores.

"Este fato me marcou profundamente, constituindo-me uma grande lição, de modo que a vigilância e a oração estivessem sempre presentes no meu caminho, a fim de não ensejar aos Espíritos mais perturbadores a oportunidade de desencadear armadilhas dessa natureza.

"Essa mesma Entidade, que me produziu aquela alucinação em sonho, um dia, conversando comigo, falou-me que desejava interromper minha marcha humana, não apenas por motivos pessoais em relação a mim, como também, pelo ódio contra o Cristo.

"Eu lhe respondi: – *Então, lute contra Ele e não contra mim.* Ela, usando de um sofisma muito interessante, assim respondeu-me: – *Você pode ser comparado a um poste, que tem na ponta da haste uma lâmpada acesa; um grupo de assaltantes que deseja tomar a cidade de surpresa, vendo-a iluminada, reúne-se e toma uma decisão: desligar a casa de força. Mas, como a casa de força está defendida por cercas eletrificadas, resolve arrebentar as lâmpadas com paus e pedras. As lâmpadas, todavia, estão defendidas por uma tela de arame. Depois de muito discutir, chega-se a uma conclusão: a melhor forma de escurecer a cidade é atingir o poste, porque este cai, quebra os fios, a lâmpada se arrebenta e tudo mergulha em trevas.* Assim, concluiu: – *Você é o poste; a luz é a Mensagem; a defesa que a envolve é a sua conduta; mas nós vamos enfrentá-lo e apagaremos a luz dessa fé que você diz renovadora, para que a baderna e o desequilíbrio desgovernem as pessoas, que é o que nos interessa. Nós nos nutrimos do plasma dessas pessoas e esta claridade impede que venhamos a usufruir o benefício de que temos necessidade.*

Bem se vê a arma covarde e impiedosa de que se utilizam essas mentes desencarnadas, buscando o desiderato da sua programação malsã.

– Eu me recordo que você me disse ter sido esse Espírito um admirável benfeitor em sua vida. Como entender essa sua afirmativa?

– Jesus conta que o Espírito mau abandona a casa, vai em busca de sete e retorna com eles. Se encontra a casa asseada e varrida, não toma posse; mas, se ela permanece suja, ele aí habita e serão oito. Ora, o médium necessita, muitas vezes, de seus adversários do passado, ou dos inimigos da Obra do Bem, para poder aquilatar a excelência do trabalho que realiza, por mais insignificante que lhe pareça. A par disso, uma Entidade de tal porte, visitando-me com frequência, ensinou-me muita coisa: como a paciência, para poder decifrar os enigmas dos problemas do cotidiano; a resignação ante os Desígnios Divinos; a necessidade de resgatar as dívidas, porque o sofrimento está na relação direta dos problemas que engendramos ontem, e ninguém ascende à montanha sem passar pelo vale...

"Depois, com ele, eu aprendi a confiar mais em Deus, sabendo que, aparentemente, quando o auxílio demora a chegar, já está a caminho. E, por fim, aprendi a amar esse Espírito, porque ele foi de uma impiedade tão característica que eu descobri que as suas deviam ser razões muito imperiosas. Nasceu-me, a princípio, comiseração, depois da comiseração me veio um sentimento de compreensão, e, por fim, de amor e reconhecimento. Assim, graças a ele, que estava sempre ao meu lado, eu me esforçava por uma conduta correta, não só por dever, mas, também, para não cair nas suas tenazes, nem nas suas armadilhas. Desse modo, nele, eu vi um "benfeitor" que me ajudava a manter o passo no bem, porque a sua vigília, em relação à minha pessoa, era de tal natureza constante, que eu *era obrigado* a manter uma conduta correta para fruir uma vida de paz."

— Você me disse que, toda vez que tentava uma reação, lembrava-se de que a única defesa era a serenidade.

— É verdade, porque, quando reagimos, estamos na faixa da violência, violamos o direito do outro, e, ao fazê-lo, abrimos brecha para que ele sintonize mais conosco e mergulhemos nos propósitos inferiores, aumentando a onda que vai vitalizada pela nossa intemperança. Por isso eu era sempre induzido a não reagir, mas a agir no bem, guardando as lágrimas na soledade e na ação da caridade fraternal, que me restabelecia e me fortificava para o prosseguimento da tarefa.

"A referida viagem ao Paraná aconteceu a instâncias do excelente amigo Sr. José Gonçalves Pereira, a quem eu conheci em Salvador, quando ele era alto funcionário da Companhia Lintas-Lever, que ali esteve por recomendação de Dona Zaira Pitt. Foi à nossa Casa Espírita e se emocionou com nosso trabalho de assistência social, através da *Caravana Auta de Souza*, que o estimularia a criar as campanhas Auta de Souza, na cidade de São Paulo, onde se destacou, também, a presença de um admirável trabalhador, o Sr. Manoel São Marcos. À época, 1951, nós fazíamos aquela campanha, de porta em porta, em Salvador, e o Sr. Gonçalves, que ali se encontrava visitando-nos, ficou sensibilizado e tocou-se muito pelo Espírito Auta de Souza que, de alguma forma, viria inspirar com outras Entidades a criação da Casa Transitória.

"Estando em São Paulo, em período de férias, para algumas palestras, fui-lhe hóspede, e ele, desejando colaborar com a Mansão do Caminho, sugeriu que eu deveria conhecer o parque de assistência social mantido pela Federação Espírita do Paraná, em Curitiba. Como modesto funcionário do IPASE, não dispunha de recursos para viajar. O Sr. Gonçalves teve a gentileza de brindar-me com uma passagem aérea de ida e volta. Telefonou ao Sr. João Ghignone para que me esperasse no aeroporto. Embarquei num avião *Douglas* e, quando estava no meio da viagem, me assaltou uma grande preocupação: eu não conhecia o Sr. Ghignone. Recordava-me, apenas, da descrição que me fizera o Sr. Gonçalves. Tratava-se de filho de imigrantes italianos, gordo, baixo, que estaria de sobretudo preto. Fiquei mais tranquilo! Mas, aí, me ocorreu outra preocupação. E se ele não estivesse no aeroporto? Nesse momento, chegou um Espírito muito simpático e me disse: – *Fique tranquilo. Eu sou Lins de Vasconcellos, amigo de seu anfitrião. Ele está lá, aguardando-o, e eu o mostrarei a você.* Então me falou do trabalho que teve a felicidade de realizar quando encarnado naquele estado. O avião pousou e, qual não foi a minha surpresa, verificando que havia dezenas de homens baixos, gordos e de sobretudo preto! O Espírito Lins de Vasconcellos, que ainda estava presente, informou-me:

– *Ali está o nosso Ghignone, acompanhado do Vice-Presidente da Federação, Sr. Abib Isfer.*

"Bati-lhe no ombro e perguntei: – *Sr. Ghignone?*

"Ele virou-se, assustado, e indagou-me: – *Quem é você?*

– *Eu sou o Divaldo.*

"Ele arregalou os olhos, interrogando-me: – *E como você me reconheceu?*

"Então lhe contei sobre o Dr. Lins de Vasconcellos. Abraçamo-nos e seguimos em direção ao local já mencionado."

– Então você não fez palestra em Curitiba, nessa data?

– Pois é! Na verdade, eu fui conhecer as obras assistenciais, como disse. Mas ocorreu um incidente muito curioso. O Dr. Ernane Cabral, uma das grandes expressões da tribuna espírita daquela época, era o orador convidado. Por deferência dos dirigentes da Casa, fui invitado à mesa. Eu me recordo que era uma noite muito fria e eu estava com um terno de brim claro, sem qualquer agasalho. Tremia muito e procurei encostar-me nas pesadas cortinas de veludo que estavam logo atrás de mim. Não tinha ideia, até então, do famoso frio do Sul. Eu achava que o povo exagerava. Mas, realmente, o frio não era brincadeira. O Dr. Ernane foi apresentado e começou a falar. Dez minutos depois ele informou que não tinha condições de prosseguir. Foi acometido de uma crise asmática, da qual sofria, e como era diabético, agravou-se-lhe o problema. Teve que parar. Ficou uma situação delicada, aflitiva. O presidente da mesa trocou ideias com os companheiros e alguém sugeriu meu nome, para que dissesse algumas palavras, a fim de preencher o tempo. Assim foi feito. Passaram-me a palavra. Eu me lembro de que o Espírito Amélia Rodrigues envolveu-me com suas vibrações carinhosas e transmitiu aos presentes emocionante mensagem do Evangelho de Jesus...

— Como foi que surgiram o Centro Espírita Caminho da Redenção e a Mansão do Caminho?

— Primeiramente, criamos um grupo na residência de Dona Naná, Sra. Ana Ribeiro Borges, na Travessa Roberto Correa, nº 2, em Salvador. Como o número de pessoas se fez muito grande, no ano de 1946 passamos a funcionar na Rua Barão de Cotegipe nº 216, na residência do Sr. Farias, que se situava no 1º andar. Mas o grupo continuou a crescer muito, quando então três senhoras viúvas, Dona Francisca, Dona Etelvina e Dona Sinhazinha nos convidaram para a Rua Barão de Cotegipe, 224, onde residiam.

"No mês de março de 1947 viajei a Aracaju e ali proferi a minha primeira palestra. Quando voltei, continuamos funcionando no endereço referido.

"No mês de setembro estava pregando, na Bahia, José da Costa Freitas. No dia 5 fui ouvi-lo na antiga União Espírita Baiana, tendo a oportunidade de ver as Entidades que o acompanhavam. Conversamos com ele, após a excelente palestra que proferiu, e o convidamos à casa da família Sá Roriz, onde tínhamos encontros fraternos. Inteirado do nosso trabalho modesto, ele sugeriu que se desse ao nosso Grupo o nome de Centro Espírita Caminho da Redenção. Ele ainda vive, e mora, hoje, em Governador Valadares, Minas Gerais. Ajudou-nos na elaboração dos estatutos, fazendo uma transposição do utilizado pela União Espírita Baiana. No dia 7 de setembro, pela manhã, por nós convidado, proferiu a palestra que inaugurou o Centro."

— Nesse tempo já havia o prédio atual? Possuíam algum imóvel?

– Não. Em 1947 começamos a funcionar, atendendo aos pobres. Em 1948, quando retornava do subúrbio de Plataforma, eu tive um desdobramento, no qual eu me via fora do corpo. Nessa visão eu me encontrei com a idade avançada e cercado de crianças, num local aprazível, como se fora um sítio. Ao retornar à consciência, comentei o fato com Nilson, que viajava comigo no trem. No mês de janeiro, numa segunda-feira, há uma festa pré-carnavalesca denominada *Festa da Ribeira*, com desfile de carros alegóricos pela Rua Barão de Cotegipe. Devido ao barulho, fomos fazer a reunião na residência do Sr. Abel Mendonça, e ali se manifestou, por meu intermédio, um Espírito que disse ter sido grego e falou muito sobre a criança, a todos sensibilizando. Informou que a nossa tarefa seria com a infância, o que empolgou muito o Sr. Abel, o Nilson, o Orlando Barros, e Antônio Martins da Cunha Sampaio, que eram nossos amigos, frequentadores do Centro, e estavam presentes. Estabelecemos então que deveríamos reunir os nossos recursos, comprar um automóvel e fazer uma tômbola para angariar o dinheiro necessário para a compra de um imóvel. Naquela época (1949) as tômbolas eram permitidas por lei. E assim o fizemos. A efetivação da compra do imóvel ocorreu no ano de 1950, na mesma Rua Barão de Cotegipe, 124, para aonde nos transferimos no dia 15 de agosto de 1952, data da inauguração da Mansão do Caminho.

– Já havia crianças nessa época?

– Não; nós nos mudamos e adotamos as seis primeiras crianças para inaugurar a obra. Dona Otília Gonçalves veio para tomar conta delas, permanecendo conosco até a sua desencarnação, ocorrida em dezembro daquele mesmo ano, ocasião em que o saudoso Joaquim Alves, o nosso Jô, estava sendo nosso hóspede. A partir dessa data, passamos a contar com Dona Isaura Perazzo, sogra da filha de Dona Otília, que dirigiu a casa até 1960, quando nos transferimos para a Colônia, onde permanecemos até hoje. O terreno da Colônia foi adquirido no ano de 1956, e a construção das casas-lares foi ocorrendo lentamente. Hoje temos um complexo de 32 prédios que somam 19 casas-lares[7], gráfica, padaria, marcenaria, sapataria, escola de datilografia, creche, escolas de 1º grau, escola pré-primária, jardim de infância, ambulatório médico, ambulatório odontológico, dentre

---

7. Atualmente não há mais casas-lares. Foram adotados e educados 685 órfãos. Atualmente a Mansão do Caminho possui 40 edificações e atende diariamente mais de 6 mil pessoas, das quais 3.150 crianças (nota da Editora).

outras edificações. A nossa obra social é mantida como qualquer Instituição Espírita. Contamos com a generosidade dos frequentadores da Casa e também de movimentos que realizamos na própria comunidade de nossa cidade. A frequência média de nossas reuniões públicas ultrapassa quinhentas pessoas. Realizamos campanhas diversas, como a do agasalho, a do cobertor, do enxoval, etc. Graças aos relacionamentos que propiciam nossas viagens, amigos generosos, que fizemos ao longo dos anos, sabedores do nosso programa de trabalho, têm-nos dado apoio nesse sentido. Mantemos um controle rigoroso de quaisquer donativos, enviando sempre o recibo correspondente, que permite ao doador deduzi-lo do seu Imposto de Renda, uma vez que a nossa Instituição é reconhecida de Utilidade Pública federal, estadual e municipal, é registrada no Conselho Nacional de Serviço Social e em todos os órgãos do gênero. Recebemos, ainda, auxílio da LBA, do Governo do Estado, da Prefeitura, como todas as Instituições. Mantemos convênio com o Governo do Estado e a Prefeitura para a manutenção das duas escolas de 1º grau, que se encarregam dos compromissos financeiros com o corpo docente e auxiliares. Contamos, também, com a valiosa colaboração da merenda escolar. Ressaltamos, igualmente, o convênio firmado com o *Lar Fabiano de Cristo*, que tem um excelente plano de atendimento a entidades assistenciais. Diga-se, de passagem, que o *Lar Fabiano de Cristo* tem ajudado de uma maneira impressionante, a quase todas as entidades que com ele firmaram compromissos, sem nenhuma imposição, nos seus estatutos, para com a entidade conveniada que ajuda e tem o próprio grupo de funcionários, que ali realiza o seu trabalho e presta contas do dinheiro aplicado.

"A partir de 1964, começamos a divulgar os nossos livros mediúnicos. Gravamos também discos e fitas cassetes. Os *direitos autorais* dos livros, nós os dividimos equanimemente com a *Comunhão Espírita Cristã*, de Curitiba, oportunamente, com a *Editora Spiritus*, que foi dirigida pelo Prof. Carlos T. Pastorino, com a *Editora O Clarim*, de Matão, com a Federação Espírita Brasileira, com o *Instituto de Difusão Espírita*, de Araras, com a *Sociedade Editora Espiritualista F.V. Lorenz*, do Rio de Janeiro e os demais à Mansão do Caminho.

"É muito agradável afirmar que 90% das pessoas que se relacionam comigo e às quais ora me refiro, ainda estão encarnadas, podendo dar o seu depoimento de que jamais recebi, direta ou indiretamente, qualquer retribuição a serviços espíritas ou contribuição pessoal, incidindo na insensatez da simonia. Ao receber passagens para atender convites de palestras, apoio-me no codificador, que planejava criar uma *caixa* para tal fim, conforme se lê em *Obras Póstumas* (11ª edição da FEB, pág. 309), não sendo tal conduta de minha parte uma exceção. Afirma o mestre lionês: *"Se os recursos o permitissem, instituir-se-ia uma caixa para custear as despesas de viagem de certo número de missionários, esclarecidos e talentosos, que seriam encarregados de espalhar a Doutrina"*. Certamente, não me considero nem missionário, nem talentoso, porém, esclarecido pela Doutrina e dedicado a vivê-la e a divulgá-la. Ademais, não são poucas as viagens de divulgação que tenho encetado por conta própria... Não havendo essa *caixa* e surgindo Entidades que se disponham a cooperar na divulgação do Espiritismo, é moral e legal que assim se proceda.

"Temos, também, no livro, uma fonte de receita para a manutenção de nossa Casa. Sempre doamos, em cartório, os *direitos autorais* das obras que recebemos mediunicamente dos benfeitores espirituais. Começamos a fazê-lo em 1964 e enfrentamos algumas dificuldades. Alguns amigos diziam que vender livros espíritas na Casa Espírita era profanação, venda junto ao altar. Eu sorria, porque não podia conceber um altar num Centro Espírita, achando que o argumento era falso. Era e é impossível que alguém doe livros espíritas para iluminar consciências, e possa continuar editando-os ou reeditando-os. Ora, nós sempre distribuímos, gratuitamente, um regular número de obras, quando as circunstâncias o permitam. Compreendendo a missão do livro, e, sendo o Espiritismo uma Doutrina racional, é necessário que se a estude. Ademais, alcancei o tempo em que as bibliotecas eram fechadas a cadeados, as estantes permaneciam trancadas, nas Casas Espíritas. Procuramos difundir a filosofia de pôr o livro espírita a circular. Então, fomentamos a circulação do livro. Criamos a *Livraria e Editora Alvorada (LEAL)*, e posteriormente o *Círculo de Leitura Espírita*, com o objetivo de fazer o livro chegar a todos os interessados. Em nossa Editora, jamais enviamos um título a cartório, referente a inúmeros confrades ou Entidades que deixaram de pagar duplicatas de livros adquiridos. Assim, lentamente, fomos melhorando a mentalidade sobre o livro espírita, sugerindo que se criassem postos de venda nas Instituições Espíritas, para atender aos próprios frequentadores; que se dinamizassem as bibliotecas, que passaram a multiplicar-se. E como sempre acontecia, após as palestras, as pessoas vinham abraçar-me, pedindo para autografar livros que não eram de minha lavra mediúnica, nem de minha lavra humana, já que, em estado consciente, nunca escrevi mais do que cartas. Passamos a criar os autógrafos antes e depois das conferências. Procuramos, no entanto, ter o escrúpulo de não assinar livros de outros autores que estejam encarnados, por motivos éticos. Quando a pessoa insiste no pedido, fazemos uma dedicatória, sem a presunção de autografar, favorecendo a promoção da imagem pessoal ou outra qualquer...

"Outra coisa que eu gostaria de ressaltar sobre as viagens, é que sempre tive o maior escrúpulo em não abusar da hospitalidade dos nossos anfitriões. Nunca aceitei qualquer recreação, mesmo quando nos propunham e propõem passeios, divertimentos ou convescotes numa que outra noite de folga, por eles mesmos estabelecida, para teatro ou cinema. Nunca os aceitei. Nunca me permiti, estando em tarefa doutrinária, ir conhecer recantos pitorescos ou bucólicos, sempre ficando em casa, para as atividades do meu trabalho normal, para psicografar, para correspondência que eu sempre a tive muito volumosa e somente saindo das residências para a palestra e voltando a casa, sempre acompanhado.

"No Brasil, nunca visitei um museu, estando em viagem. Eu nunca fui ao Museu da Independência, em São Paulo, nem, por exemplo, aos grandes museus do Rio de Janeiro, ao Museu de Arte Moderna, em São Paulo e a outros museus dos que existem na capital Bandeirante. Sempre mantive tal escrúpulo, para não parecer que me utilizava do ensejo para espairecimento. Nas viagens internacionais, sempre tive o cuidado de, nas horas sem compromissos doutrinários, ir visitar este ou aquele museu, como o Louvre, o Britânico ou de Nova Iorque, mesmo assim acompanhado pelos anfitriões, ou, quando estamos em hotel, acompanhado por Nilson, com finalidade cultural. Todas as horas eu as aplico no serviço espírita a que me dedico, e o faço com imenso prazer, pois que, para tanto vivo."

❖

Um fato que me chama muito a atenção é o que diz respeito ao número de palestras de Divaldo. Ele tem viajado, em média, 210 dias por ano. Raramente há uma noite vazia, sem palestra ou compromisso doutrinário. Assim sendo, ele vem realizando, no mínimo, quatro palestras semanais, durante quarenta anos ininterruptos. Isso porque, também, quando está em Salvador, participa e fala em três reuniões públicas e duas mediúnicas, no Centro Espírita Caminho da Redenção. Em um ano, temos cinquenta e duas semanas, portanto duzentos e oito palestras. Em quarenta anos, são mais de oito mil palestras[8], além de outros múltiplos compromissos que tem, seja em Salvador, seja em viagens. Aliás, quando Divaldo chega das viagens, habitualmente ele visita toda a Colônia, conversa com os tios, com os colaboradores internos e externos da Casa. Faz questão de receber as crianças, jovens e adolescentes que lá vivem e, em seu gabinete, enquanto examina a vasta correspondência diária, conversa com todos, distribuindo queimados (balas). Ele conhece todos e sabe a história de cada um, de memória. Conversa e ouve, sempre com carinho e atenção, tanto aos tios como aos *meninos*, como costuma chamá-los. Em toda parte, e também em Salvador, depois da conferência, ele permanece à disposição de todos, seja para autografar livros ou simplesmente ouvir as pessoas que lhe desejam falar. Ele é o último a deixar o recinto. Muitas vezes, ainda, sucedem-se reuniões confraternizantes nas residências dos anfitriões, onde lhe pedem para contar fatos e experiências ou ainda formular perguntas de interesse da comunidade local. Ocasiões há em que Divaldo fala oito horas consecutivamente, sem demonstrar cansaço ou má vontade. Está sempre disposto, alegre, sorridente.

---

8. Atualmente, Divaldo Franco já proferiu mais de 20.000 conferências e seminários, em mais de 2.500 cidades, em 69 países de todos os continentes (nota da Editora).

Divaldo visitando Irmã Dulce, acamada em seus aposentos, no Hospital Sto. Antônio, em Salvador – Bahia, em dezembro de 1987, às vésperas do Ano Novo. Foi um encontro fraternal de muita ternura, pois eram grandes amigos.

Irmã Dulce narra a Divaldo o quanto é grata a Deus pela bênção do trabalho. Divaldo [le]va-lhe notícias de Joanna de Ângelis e das atividades da Mansão do Caminho. Ela sor[ri] e agradece a visita do grupo.

Terezinha de Jesus Sardano, esposa do autor. Divaldo hospedava-se na residência do casal, em São Paulo.

Divaldo Franco, 1985.

Nilson de Souza Pereira e o autor, Miguel de Jesus Sardano, conversam descontraidamente na Mansão do Caminho, em visita que o último fez a Salvador. Nilson foi o presidente do Centro Espírita Caminho da Redenção e esteve ao lado de Divaldo desde 1945, como amigo, irmão, conselheiro, mas, sobretudo, como companheiro de todas as horas. Nilson é um exemplo de dignidade, trabalho e lealdade. Divaldo jamais conseguiria realizar o gigantesco trabalho que logrou sem o concurso anônimo do incansável Nilson.

Divaldo e Suely Caldas Schubert, em Juiz de Fora – MG, em novembro de 1986. Juiz de Fora possui um excelente Movimento Espírita que prestigia Divaldo com muito carinho.

Desde 1947, todos os anos, no dia primeiro de janeiro, Divaldo, acompanhado por uma caravana com cerca de trezentas pessoas, visita o hospital-colônia para hansenianos, situado no afastado bairro de Águas Claras, em Salvador.

É oferecida uma mesa fartíssima com frutas, doces, sucos, salgadinhos, etc. a todos os doentes e seus familiares.

Um variado show é apresentado sob o comando de Divaldo, com a participação de alguns internos também. No final, Divaldo dirige a palavra a todos, iniciando-se a visitação às enfermarias, logo após a mensagem.

Divaldo já esteve em diversas cidades visitando hospitais de hanseníase, como Curitiba (PR) – onde fica a Colônia de São Roque –, Curupaiti (RJ), Pirapitingui – Itu (SP), Bambuí (MG), Mirueira – Bélem (PA). Campo Grande (MS), Recife (PE), Aracaju (SE), Santa Izabel – Belo Horizonte (MG), alguns na África, sempre proferindo palestras e convivendo um pouco com os pacientes.

Divaldo procura alegrar os doentes internos do hospital-colônia de hanseníase durante a visita que faz todos os anos, desde 1951, no dia primeiro do ano, em Águas Claras.

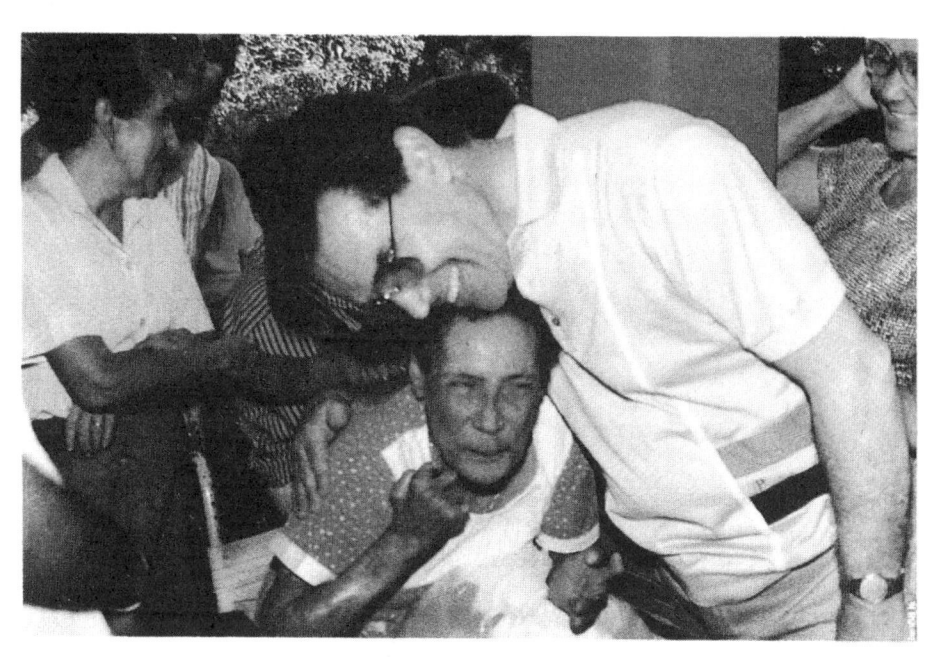

Divaldo abraça uma interna depois da prece e da aplicação de passes.

O abraço que se repete há 37 anos, desde a primeira visita de Divaldo ao hospital-colônia de Águas Claras – Bahia.

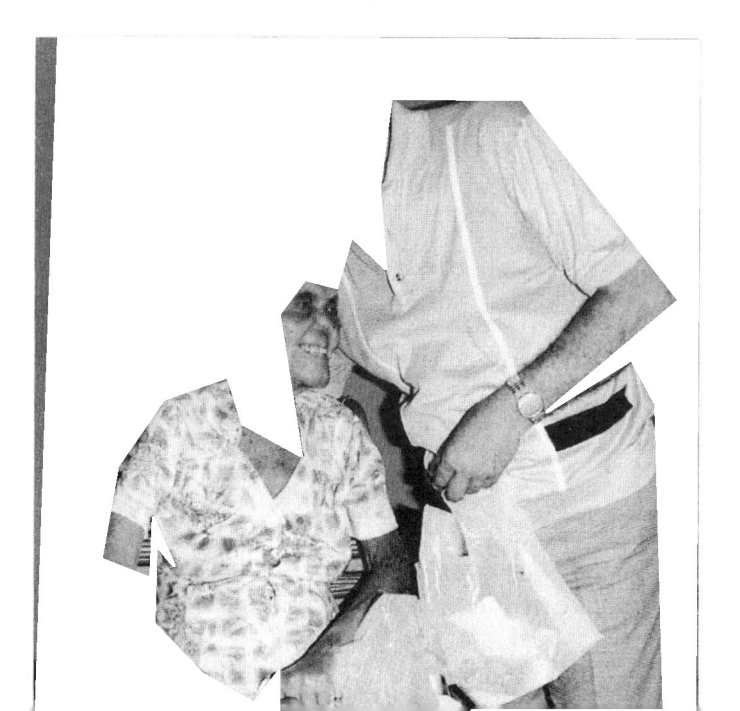

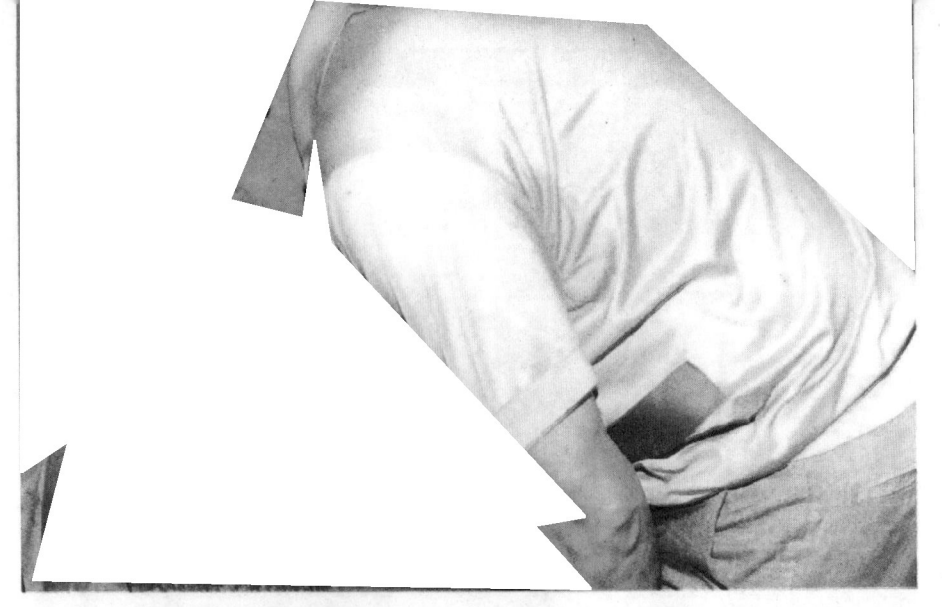

Após a oração feita por outro visitante, Divaldo, em uma das enfermarias, aplica os recursos do passe em uma paciente que não se locomove.

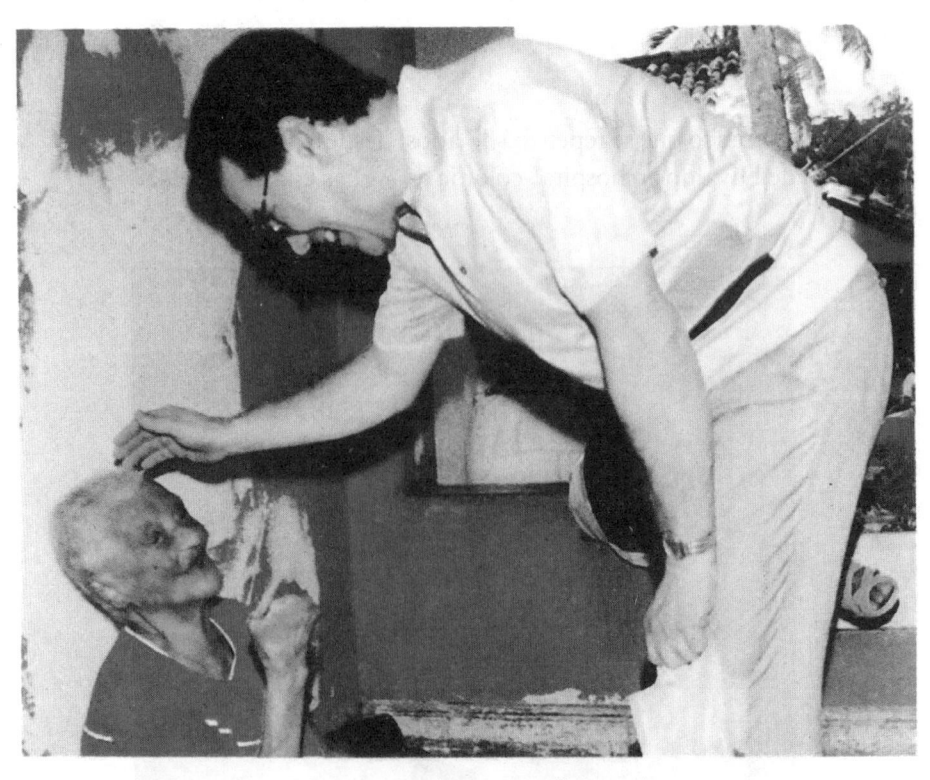

Numa das enfermarias do hospital-colônia, Divaldo se dirige a uma paciente, com palavras de estímulo e carinho. Na sacola, um presentinho para cada visitado.

Solenidade de entrega do Título de Cidadão Uberabense a Divaldo, 1980.

Divaldo já recebeu mais de 40 títulos de cidadania honorífica. Na foto, ladeado por um grupo de confrades e amigos de vários estados e cidades, ele exibe o título recebido em Rolândia, Estado do Paraná, em abril de 1986. No discurso protocolar de agradecimento, Divaldo sempre transfere o título à Doutrina Espírita e à equipe que o assessora, pois, segundo ele, são os verdadeiros merecedores da homenagem.

Recebimento da Medalha de Cavaleiro da Ordem do Mérito do Estado da Bahia, no Palácio governamental, em agosto de 1977.

Chico Xavier e Divaldo Franco "à sombra do abacateiro", Uberaba – MG.

Divaldo Franco e Chico Xavier na distribuição de víveres aos necessitados, em Uberaba – MG

Divaldo e Chico Xavier em Uberaba. Foto tirada em novembro de 1983, após o lançamento do livro psicografado por ambos, intitulado ...*E o Amor Continua*, ditado por Diversos Espíritos.

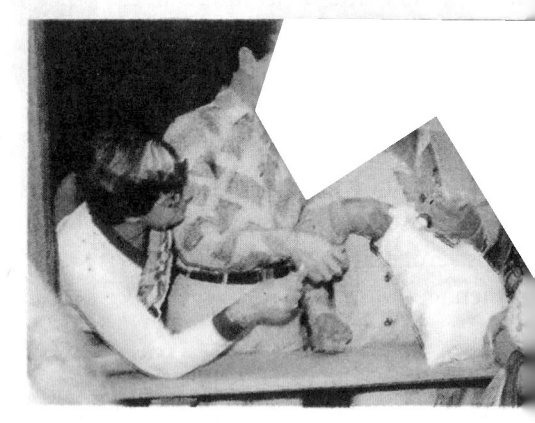

Chico Xavier cumprimenta Divaldo na entrega do Título de cidadania uberabense, 1980.

4

O MILAGRE DO TRABALHO

Durante estes 22 anos em que acompanho de perto o trabalho de Divaldo, recolhi incontáveis fatos e episódios que constituem imenso acervo de experiência de vida. Nessa árdua trajetória de seu mediunato, a vida escreveu uma epopeia de lágrimas e risos, onde a figura jovial de Divaldo mantém a firmeza inquebrantável de sua coragem, de sua fé e, sobretudo, do seu otimismo e de sua alegria de viver. Isso está bem retratado nestas palavras de Wallace Leal V. Rodrigues, ilustre figura que tem dado grande contribuição ao Movimento Espírita brasileiro, com sua pena brilhante de escritor emérito e tradutor de largos recursos. Assim se expressou, com relação a Divaldo, quando o visitamos recentemente em Araraquara, onde reside: – *É o mesmo de sempre, simples, humilde e atendendo a todos quantos o procuram carentes de informação e consolo. É o garotão de sempre e com o mesmo sorriso chinês, com a mesma alocução brilhante e rica de conhecimentos espíritas e paranormais, atualmente já com livros traduzidos para diversos idiomas e uma farta produção psicográfica. Muito se tem a dizer sobre Divaldo P. Franco.*

Como dissemos em nossa apresentação deste livro, não desejamos apenas fazer biografia. Pretendemos apresentar ao público leitor a visão histórica de um vulto que se inseriu na trajetória do Movimento Espírita mundial, destacando-se como figura relevante, graças ao seu trabalho perseverante como médium, orador, mas, sobretudo, como homem de ação na obra de construção de um mundo melhor. O grande êxito de sua missão evangélica, hoje gigantesca, é fruto, essencialmente, de sua dedicação ao trabalho. O trabalho tem sido a tônica marcante de sua vida, não conhecendo ele a *hora vazia*. Concentrou todo o poder de sua capacidade de trabalho na fé do ideal espírita, que abraça desde adolescente. Sua paixão pelo Mestre Galileu tem sido responsável pelo resultado positivo de sua tarefa apostolar.

Nestes 40 anos de atividades espíritas, Divaldo não teve sequer um dia de férias. Trabalhou no antigo IPASE, de 1945 a 1974, utilizando todos os fins de semana, feriados prolongados, períodos de férias, licenças-prêmio, para viajar pregando a Doutrina.

Quantas vezes eu o deixei, na segunda-feira, no primeiro avião para Salvador, indo direto do aeroporto para a repartição onde trabalhava das doze às dezoito horas?! Muita gente nos tem interrogado sobre a multiplicação milagrosa do tempo para Divaldo. E a resposta é sempre a mesma: *A eternidade é feita de segundos*. Ele aproveita os segundos. Há quem diga, com certa dose de razão, que Divaldo está fazendo três encarnações em uma só. Pode até ser, se considerarmos 40 anos, na base de 20 horas diárias de trabalho.

É como se ele houvera um dia assumido com o Meigo Rabi um compromisso de apresentá-lO ao grande público, falando-lhes d'Ele com a carinhosa intimidade do amigo fiel. Quando Divaldo iniciou sua oratória voltada para o Evangelho de Jesus, falava normalmente mediunizado. Com o passar dos anos, amadureceu na experiência e na vivência dos problemas humanos, crescendo e agigantando-se como instrumento dos benfeitores espirituais. As faculdades mediúnicas foram desabrochando, passando por várias fases ou estágios, se assim nos podemos expressar, indo desde efeitos físicos à psicografia, culminando hoje (1987) com mais de 80 livros psicografados.[9] A vidência, a audiência e a psicofonia sempre estiveram presentes, desde a infância, como narra o jornalista Fernando Pinto, em seu livro *Divaldo, médium ou gênio?*, editado em 1976, (edição esgotada): — Mas, até então (1947), o moço Divaldo não fazia ideia do grande poder mediúnico de que era dotado como psicógrafo, extraordinária sensibilidade de receptividade de mensagens transmitidas pelos Espíritos mais talentosos, assim como um moderno e-mail consegue captar eletronicamente transmissões dos mais varia-

---

9. Atualmente, Divaldo Franco já psicografou mais de 300 obras e os livros vendidos já alcançaram a alta cifra de mais de dez milhões de exemplares, dos quais mais de 151 títulos já foram traduzidos para 16 idiomas (nota da Editora).

dos lugares, equiparando-se, homem e máquina, na mesma rapidez e eficiência. A psicografia apareceu em Divaldo dois anos depois da primeira vez que falou em público, portanto, em 1949. Desta feita, o cenário foi em Muritiba, cidade próxima de Salvador, na residência do casal Rafael Veiga, numa sessão presidida por Abel Mendonça. Ali, Divaldo sentiu imperiosa vontade de escrever, impulso esse acompanhado de estranha sensação no braço, bem como de uma ansiedade que ele não sabia explicar. Providenciados papel e lápis, ele escreveu com uma rapidez incrível, no mesmo ritmo, assim como se a sua mão estivesse sob o comando de uma central de controle independente e com mensagem previamente gravada.

Divaldo Pereira Franco era agora um médium completo, conseguindo atingir com extraordinária perfeição as três faixas principais da mediunidade: vidência, psicofonia e psicografia.

Aos 20 anos de idade, Divaldo tinha tudo para vencer na vida e ficar rico sem fazer muita força: talento, saúde e mocidade. Graças à sua poderosa inteligência, ele, na certa, seria bem sucedido em qualquer carreira ou ramo de negócio a que se dedicasse. E não faltaram pessoas para sugerir ao jovem professor o caminho largo da riqueza, mas ele nunca se sentiu tentado por qualquer tipo de ambição material. A sua opção pela estrada estreita (e poucos são os que seguem por ela) era inabalável, tranquila, firme.

Além do seu trabalho na repartição (IPASE), conquistava o respeito, a amizade e admiração de seus novos colegas – ele era visto fazendo mil coisas diferentes, mas todas essas creditadas ao seu sacerdócio espírita. Pregava palavras de se ouvir, mas também fazia coisas de se ver. Ensinava que se deve praticar o bem sem olhar a quem, mas também dava o exemplo. Visitava enfermos, levava comida aos pobres, ajudava crianças órfãs, realizava verdadeiros milagres com os fluidos de seus passes magnéticos, amansava os perturbados de espírito. E pouco a pouco, o missionário de Feira de Santana ganhava fama na capital, muito embora sua humildade inata jamais cogitasse disso. Chegara a Salvador quatro anos antes, mas seu nome já era pronunciado com respeito por milhares de pessoas, nos bairros mais distantes, particularmente nos redutos onde a pobreza fincara suas raízes. Se a erva daninha tem facilidade para proliferar, Divaldo sabia que cruzar os braços não atenuava o avanço do mal. Ciente de que o bem é o único antídoto ao mal, ele procurava semear o bem de todas as maneiras, incansavelmente, cheio de fé e confiança no futuro.

Por falar em futuro, Divaldo àquela altura já acreditava que quem amparava uma criança salvava o futuro. E salvar criancinhas pobres era a mais forte de suas sublimes obsessões. E a visão do futuro se transformou em presente quando ele se encontrava num trem suburbano, retornando de Plataforma, aonde fora visitar uma doente que se encontrava obsessa. Mais ou menos ali pelas imediações de Lobato, de repente ele se viu fora do trem, muito embora a composição férrea continuasse correndo sobre os trilhos. Ele se encontrava sobre uma pedreira, num lugar muito bonito, e estava cercado de muitas criancinhas sorridentes, ele afagando aquelas cabecinhas. Sabia que não estava delirando. Sabia que seu corpo não saíra do trem em movimento. E viu a própria imagem como se estivesse diante de um espelho, naquele momento com o rosto envelhecido. Ele era um senhor de idade, mais ou menos uns 60 anos, cercado de criancinhas por todos os lados. E aí, emocionado até às lágrimas, ouviu uma voz que lhe disse: – Isto é o que te está reservado!... Assim como a mediunidade, a oratória também passou por constante aperfeiçoamento, indo dos temas evangélicos simples aos grandes temas científicos, filosóficos e sociológicos. Muitas vezes tem sido classificado como orador de grandes recursos técnicos, dotado de memória prodigiosa. Em verdade, Divaldo é um autodidata, tendo cursado apenas a escola primária e a Escola Normal Rural, de Feira de Santana, como já dissemos.

Realmente, ele possui excelente memória mediúnica, mas não chegaria a ponto de enfrentar centenas de emissoras de rádio e televisão, jornalistas argutos, no Brasil e no exterior, sem jamais consultar livros ou trazer apontamentos, e normalmente programas *ao vivo*, com a participação do público presente e telespectador, se além da assistência espiritual, não possuísse também um amplo preparo conseguido à custa de leituras e estudos evangélicos. Inúmeras vezes tem sido entrevistado por jornalistas implacáveis, que impiedosamente buscam massacrar o entrevistado, com perguntas de todo tipo. Não raro, comparecem, nesses programas, criaturas inimigas dos postulados espíritas, procurando embaraçá-lo. Mas ele não perde a calma. Sempre tranquilo, vai respondendo a todas as perguntas, à luz do Espiritismo. Aliás, nesses 40 anos de vida pública, Divaldo jamais deixou de responder a qualquer pergunta satisfatoriamente. Isso porque os benfeitores sempre estiveram presentes na hora de trabalho e responsabilidade, dando-lhe carinhosa assistência. Para tanto, ele se prepara convenientemente, fazendo jejum espiritual no seu mundo interior. Divaldo, aliás, é um homem que tem intensa vida interior. Um dos fatores do equilíbrio e da paz que desfruta está nessa sua capacidade de recolhimento interior. Mas isso, como tudo na vida, tem um preço e Divaldo o tem pagado a duras penas. Não obstante as lágrimas silenciosas, oriundas de testemunhos que lhe são cobrados pela incompreensão humana, ele permanece jovial, alegre e sempre otimista. Dentro dos limites humanos, Divaldo é uma criatura feliz. É amigo fiel, procurando gostar da pessoa tal qual é. Não condiciona sua amizade a nada. Coração generoso, desprendido, chega a sofrer com a dor alheia. Muitas e muitas almas têm buscado nele o apoio nas horas difíceis. Nunca demonstra cansaço quando se trata de socorrer alguém. Em dezembro de 1987, acompanhado de minha esposa Terezinha, visitamos, mais uma vez, a Mansão do Caminho, em Salvador, quando pudemos conviver um pouco com Divaldo e sua equipe. Aproveitei a oportunidade para enriquecer o conteúdo de nosso livro, conversando com Divaldo sobre sua vida em particular.

Um dia, quando estávamos a sós, em seu gabinete de trabalho, surgiu uma oportunidade rara e eu desejei saber como ele vê hoje sua própria vida, qual a diferença entre o Divaldo de 20 ou 40 anos atrás e o de agora; enfim, que mudanças ocorreram em seu mundo interior? E Divaldo, mergulhando o olhar distante, sempre tranquilo, com a voz pausada falou: – Eu noto em mim uma diferença capital, uma mudança interior ao enfocar a vida. Como era natural, há 20 ou 40 anos, a minha visão espírita do mundo era de uma angulação dogmática. Tratava-se de uma herança da religião a que me vinculara antes. Eu achava que a Humanidade, para ser salva, para encontrar o roteiro, deveria ser espírita. Acreditava que o Espiritismo iria comandar os destinos das massas. E concebia o Espiritismo dentro de um enfoque muito restritivo e com muitas exigências, que, no fundo, eram ainda resultado da intolerância religiosa herdada do Catolicismo. O tempo ensejou-me uma visão cósmica do Espiritismo e que a Humanidade não necessita de novos *ismos*. Necessita, sim, de renovação interior, de autorrealização, de maior compreensão da vida, de mais amor e respeito à criatura, sua irmã, em qualquer situação em que ela se encontre colocada. A maior transformação que se operou dentro de mim foi entender o espírito do Espiritismo. Constatei que o Espiritismo é a Doutrina que vai estimular cada pessoa, onde quer que se encontre, a ser melhor. Allan Kardec disse isso numa outra linguagem. Vai fortalecer a fé naqueles que já a têm, porque vai dar a estes a certeza da imortalidade da alma, da Justiça de Deus. E naqueles que não a têm, o Espiritismo vai despertar uma visão otimista e imortalista da vida. Isso para mim foi muito bom, porque me deu muita alegria de viver, me libertou de muitos tabus e me propiciou uma visão universalista da vida, que me faculta melhor compreender meu próximo, as deficiências da alma, as necessidades que cada um tem de evoluir e os processos de que a Divindade se utiliza para tal. Tenho hoje uma visão muito mais otimista da vida, porque, depois de haver convivido com muita gente, de haver participado longamente do Movimento Espírita, eu constatei que o essencial é a transformação moral do indivíduo e não o movimento no qual ele está vinculado. Todo movimento idealista superior é bom, quando logra transformar o indivíduo. E, como efeito, ainda, desta postura, se eu fosse uma pessoa dotada de talento literário, gostaria de deixar uma mensagem em um livro, nem que fosse um opúsculo, a respeito da criatura humana em si. Nestes quarenta anos de experiência (em 1987), eu constatei que o homem é o mesmo em qualquer parte da Terra. Nas vilas mais atrasadas, no campo ou nas cidades mais evoluídas do mundo, entre pessoas de costumes bárbaros ou supercivilizadas, o biótipo humano, o ser em si, é o mesmo. Tem os mesmos conflitos, as mesmas aspirações, os mesmos ideais. E fazendo uma pausa prosseguiu: – Eu acreditava antes, que o homem de Paris, o homem de Roma, o homem de Jerusalém, eram indivíduos superiores, pelo menos a mim. Que o homem de Atenas era um indivíduo melhor do que eu, pela cultura, pela tradição, pelos recursos de que dispunha.

Depois de haver estado nessas cidades e convivido com muitas pessoas, eu constatei que a criatura tem a mesma mesquinhez, a mesma pequenez e tem a mesma grandeza em todo lugar. É capaz de grandes voos de amor como de grandes delitos. Então, eu gostaria de dizer àqueles que talvez ainda tenham as ilusões que eu agasalhei por algum tempo, que o maior investimento da vida é o homem em si, onde quer que ele esteja. Cheguei à conclusão de que, e talvez outros a ela tivessem chegado igualmente, que não é o lugar que torna importante o homem, é o homem que dá importância ao lugar em que vive. Isso está exposto em um brocardo popular que afirma, a meu ver, de maneira equivocada que *o hábito faz o monge*. Foi alguém, que de tanto vestir o hábito, passou a caracterizar o estado de convicção, não foi o hábito que fez o monge, mas foi o monge que adotou uma forma de identificar-se. Então, não é a cidade que torna importante o indivíduo, mas sim, o indivíduo que, pela sua importância positiva ou negativa, projeta a cidade em que nasceu. Por isso, estas coisas, na sucessão dos anos, me deram um amadurecimento, me deram beleza interior, e curiosamente, uma beleza menos festiva, menos zoadeira, menos externa, mas muito interior, muito tranquila, que me ajudou a compreender as pessoas e a dar-lhes o direito de cada uma ser conforme quiser e não segundo o meu figurino. Esta foi a grande lição que me faz hoje uma pessoa diferente daquela de vinte ou quarenta anos atrás.

Em fevereiro de 1980, foi acometido de enfarto do miocárdio, estando por várias vezes desenganado pelos cardiologistas que o examinaram. Mesmo assim, contrariando todas as determinações médicas, não interrompeu as viagens ou qualquer outra atividade.

Divaldo possui uma vida muito disciplinada, metódica. Ele se policia 24 horas por dia. Numa das últimas crises cardíacas, recolheu-se ao leito, por recomendação médica. Era dia de sessão mediúnica. Quando faltavam 5 minutos para o início dos trabalhos, sua mentora Joanna de Ângelis apareceu-lhe no quarto onde se encontrava deitado. Ela o chama por tu. Perguntou-lhe: – Que tens? – Minha irmã, eu estou 80% morto, e a senhora me pergunta o que tenho?

– Não me admira isso, pois eu estou 100% morta. Vamos ao trabalho.

Divaldo reuniu todas as forças que ainda podia mobilizar e, com a ajuda de um dos meninos da casa, chegou à sala de reuniões, provocando espanto em todos.

A sessão começou; recebeu a mensagem de abertura pela psicofonia, depois um sofredor se manifestou e, finalmente, a mensagem de Joanna de Ângelis. Quando os trabalhos se encerraram, Divaldo estava ótimo. Desapareceram a dor e o cansaço.

É isto que ele recomenda a todos: trabalho edificante, como melhor terapia para todos os males.

5

A AMIZADE COM IRMÃ DULCE

Eram dezessete horas do dia trinta de dezembro de 1987, em Salvador, quando, a convite de Divaldo, fomos acompanhá-lo em uma visita de cordialidade que fez à abnegada freirinha Irmã Dulce.

Foi um encontro de fraternidade e de muita ternura. Eu não a conhecia pessoalmente, mas Divaldo já era seu amigo de longa data, mantendo com ela um relacionamento muito cordial, inclusive, correspondendo-se e telefonando. Formávamos pequena comitiva de sete pessoas. Ela estava acamada, devido a pequeno acidente. Lá estava ela aguardando com ansiedade a visita do amigo. *Zangou-se* com Divaldo, dizendo que desde a véspera o aguardava; que lhe haviam dito que a visita seria no dia anterior; então se preparou e, nada de Divaldo. Sempre alegre e bem-humorada, referiu-se a Divaldo com muito carinho. Na hora da fotografia, ela sorriu muito e perguntou ao nosso fotógrafo (José Luiz Cechelero) se ele sabia mesmo manejar a máquina. Todos rimos do excelente senso de humor.

Um dos motivos da visita de Divaldo era, também, levar à Irmã Dulce seiscentos panetones para seus doentes, os quais foram deixados na portaria do hospital-escola, onde residia, num quartinho bem simples. Os panetones faziam parte de uma grande doação feita por um industrial de São Paulo, num total de oito mil unidades. Na semana seguinte, Divaldo providenciou a remessa de mais mil panetones para os assistidos de Irmã Dulce.

Aliás, a história desses panetones é bem interessante. Recebemos um telefonema de um confrade de São Paulo, proprietário de uma indústria panificadora, dizendo-nos que, durante uma sessão mediúnica do Grupo Espírita ao qual está vinculado, Dr. Bezerra de Menezes comunicou-se e, naturalmente, entre outros assuntos, reportou-se ao Nordeste, seus problemas, sua miséria. Pediu aos presentes, e em especial a este nosso amigo, que não se esquecessem, neste Natal, dos sofridos irmãos do Nordeste. Chegando a casa, comentou com a esposa o ocorrido e, no dia seguinte, tomou a decisão: enviaria uma grande quantidade de panetones ao Nordeste. Mas, como enviá-los, distribuí-los? Então, teve um *estalo*. Ligou o nome de Divaldo ao Nordeste. Sim, porque ele precisava contar com alguém de confiança, que fizesse com que os panetones chegassem aos necessitados que, talvez, nunca tivessem comido deles em toda a vida. Foi assim que ele me telefonou e tudo foi arranjado, inclusive frete gratuito, graças à colaboração de outro confrade nosso, diretor de uma grande empresa de transportes.

Divaldo reuniu sua equipe e traçou um esquema para distribuir os panetones entre os milhares de assistidos da Mansão do Caminho, de Irmã Dulce, da Colônia de Hansenianos de Águas Claras e a outros beneficiados.

Divaldo retirou um panetone de uma das caixas e o levou para entregá-lo à Irmã Dulce, dizendo-lhe, em tom carinhoso: – Este é só seu, para a senhora especialmente, ao que ela respondeu, sorrindo: – Ah! meu filho, eu vou demorar um ano para comer tudo isso (um panetone de meio quilo), tirando uma lasquinha por dia, até acabar.

Irmã Dulce era um sopro de gente. Muito frágil fisicamente, mas, uma fortaleza espiritualmente. Irradiava uma simpatia e uma doçura que comovia a gente. Era a voz do exemplo, do amor imenso que ela tinha aos pobres e aos doentes, a quem sempre se referia com muito carinho. Mas ela estava atenta a tudo que se passava na Instituição, inclusive, à receita e às despesas.

A propósito, nunca vi tamanha fé em Deus. Em recente entrevista que concedeu a um jornalista, em Salvador (Limiro Besnosik, *Jornal Humanus*), que lhe perguntou como conseguia fazer de poucos recursos verdadeiros milagres, na administração do Hospital Santo Antônio, ela respondeu: – Nós não temos um planejamento, porque vivemos da Providência Divina. A nossa estrutura é confiar em Deus, e o trabalho sempre está indo para frente. Ainda agora, recentemente, nosso diretor médico me disse que estávamos sem recursos para o mês de janeiro, porque a folha de pagamento de dezembro, com o décimo terceiro salário, ficou a zero. Pois bem, recebia visita de um amigo que, sabendo de nossas dificuldades, imediatamente fez um cheque de alta soma. Outro amigo me telefonou dizendo que se lembrou de mim e informou que estaria mandando uma ordem de pagamento e mencionou o valor. Era uma quantia valiosa. O lema de Irmã Dulce é muito trabalho e muita fé em Deus.

Curiosa essa identificação de Divaldo Franco com Irmã Dulce! Divaldo é um homem de fé e um trabalhador incansável!

Quando Divaldo lhe contou a história dos panetones, ela sorriu, com muito respeito, e nos narrou o fato acima, como exemplo marcante da Proteção Divina ao trabalho do bem.

São dois gigantes da fé e do trabalho!

Contou-nos Divaldo que, nos anos cinquenta, Irmã Dulce com Frei Hildebrando, vendo a miséria em Salvador, sobretudo o sofrimento do operariado, antes das leis que beneficiaram essa classe marginalizada, ela, frágil, e aquele holandês corajoso do Convento de São Francisco, ergueram, no bairro de Roma, o Círculo Operário da Bahia. Não obstante, foram estigmatizados pela intolerância religiosa do então Cardeal da época, Dom Augusto Silva. Apesar de tudo isso, eles venceram e ergueram no Cine Roma a sede do Círculo.

Ainda hoje ela repetia: – Nosso trabalho é um milagre da fé. Tudo é possível a quem tem fé. Então, se a gente pensa firme em Deus, tudo vai para frente. Quando eu comecei a colocar mendigos em casas velhas, a arrombar casas abandonadas para botar doentes, nunca pensei chegar a esse ponto, mas sempre confiei em Deus. Sempre com fé e o negócio ia para frente.

Este fenômeno ocorre em quase todas as Instituições voltadas para o serviço da caridade com Jesus; o socorro sempre chega.

Divaldo nos contou, comovido: nossa Irmã Dulce, a exemplo da extraordinária Madre Tereza de Calcutá, recolheu os mendigos e doentes encontrados sob a marquise do 3º Centro de Saúde, no bairro da Calçada, bem como da Estrada de Ferro Leste Brasileiro, em homenagem a Ele, que um dia pedira água. – Tenho sede, disse Jesus, e ela quis dar a água que Ele queria.

Às vezes – falou Divaldo – eu me pergunto o que é que nós Lhe temos dado, a Ele, que deu a Sua vida por nós? Ele se nos desvelou na fé espírita, que nos devolveu a certeza da imortalidade da alma, que nos traz a presença desses querubins, que são nossos guardiões, como escreveu ainda ontem Joanna de Ângelis: "Nunca nos abandonam, jamais desistem. Gentis, não são coniventes com o nosso erro. Afáveis, não negligenciam com os seus deveres. São os nossos guias espirituais".

A Doutrina Espírita devolveu a fé na Humanidade, na Vida espiritual, a certeza de que a morte é uma porta que se abre para a vida e a tarefa que aqui ficou encerrada, nós a continuaremos.

Por isso – prosseguiu Divaldo – diminuamos as distâncias, acabemos com as fantasias e mudemos a Terra. Ontem, me dizia Irmã Dulce: – Quando o Presidente da República me perguntou como é que se pode fazer a paz, eu lhe respondi: Só haverá paz no mundo, quando o homem tiver paz.

O curioso é que Irmã Dulce repetia palavras que os Espíritos colocam na boca de Divaldo, quando aborda este tema. Divaldo sempre fala dessa paz pessoal que contamina o outro, o grupo, a comunidade e, finalmente, o mundo...

6

Divaldo: vultos que eu admiro

A galeria dos heróis que ilustram as páginas da história da Humanidade, felizmente, é bem grande, isso sem contar os milhares de vultos anônimos que se deram, em holocaustos, ao progresso e à liberdade. Todos nós, certamente, temos nossos heróis, os vultos que admiramos. E Divaldo, que hoje tem um extenso círculo de amigos e admiradores de seu trabalho, também elegeu alguns modelos que, a seu ver, são os maiores vultos do Cristianismo.

Transcrevemos, aqui, as palavras do próprio Divaldo, em palestra que gravamos, no Centro Espírita Caminho da Redenção, em Salvador, numa noite de 31 de dezembro, quando, tradicionalmente, ali se faz a comemoração do Ano Novo.

Depois da palestra e da prece, os abraços de confraternização e a troca de vibrações entre todos, num clima de grande espiritualidade, Divaldo abordou este tema, a meu pedido, pois eu já o ouvira antes e me recordo de ter-me comovido profundamente na ocasião.

Tenho absoluta certeza de que ele sensibilizará também o caro leitor.

— No Cristianismo, dentre as extraordinárias personagens que se eternizaram pela sua grandeza, sem nenhum demérito para outras tantas, a mim me fascinam três vultos excepcionais: uma meretriz, um jovem pulcro e um homem maduro. A primeira pode ser comparada a um pântano moral. O segundo, a um cacto enflorescido e o terceiro a um céu estrelado.

Desejo referir-me a Maria de Magdala, a atormentada Madalena, ao jovem doutor da Lei, Saulo de Tarso e ao eminente professor Rivail que, em épocas diferentes, deixaram rastros luminosos para que servissem de ponte entre os estágios do primitivismo e da redenção humana, ou entre o limite do homem e o ilimitado de Deus.

Maria, que ficou mais conhecida como *a pecadora de Magdala*, teve oportunidade de manter um encontro com Jesus, esfogueada pelas paixões, vitimada pelas circunstâncias sócio-morais da sua época. Ela *vendia perfumes e ilusões*, tragando insaciável a taça da sua própria amargura. Jesus se lhe desenha na tela mental como o esperado. Aquele que ela própria aguardava, desde quando ouvira um velho narrador de estórias contar que Ele viria um dia libertar os agrilhoados no crime e os esmagados no erro. E, ao vê-lo, em memorável noite estrelada, em Cafarnaum, na casa de Simão, sua vida experimentou uma guinada de cento e oitenta graus, e a mulher deboche, da ostentação, da luxúria, a vítima de si mesma, renuncia a si e, *após morrer* para todas aquelas fantasias, renasce dos escombros, à semelhança de um lírio no chavascal, que é sempre mais imaculado quanto mais dejetos tem nas suas raízes. E, de tal forma, Maria de Magdala se engrandeceu, que a ela Jesus apareceu, na sua ressurreição gloriosa, antes que a outrem qualquer. Ele a elegeu, não a Pedro ou a João, a quem tanto amava, ou a sua mãe, mas, exatamente aquela que logrou a mais notável revolução. Caldeou-se no buril do sofrimento e da amargura, limpou as arestas das imperfeições, para que em sua alma fosse refletida a face do Seu amor, em uma maravilhosa expressão de ternura, que ficaria para toda a eternidade como símbolo do que ele pode fazer numa criatura, elevando-a a Deus. Para mim, Maria de Magdala é mais do que um símbolo histórico, é a própria Humanidade na sua redenção. É a grande esperança de todos nós, aqueles que ainda estamos equivocados, que temos sede das estrelas e nos alimentamos no paul das paixões, os que sonhamos com as galáxias e estertoramos nas valas dos sofrimentos. Maria de Magdala tem um algo de cada um de nós, ou cada um de nós tem, de Maria de Magdala, um pouco dentro de si mesmo, e é por isso que nela vejo o exemplo da Humanidade que se vai redimindo ao longo da sucessão dos séculos e aos séculos da sucessão das horas.

Aquele jovem arrebatado, imaculado, casto, que a lei trabalhara as fibras da alma e lhe dera pulcritude que, não obstante, era cercado pelos espinhos de cactos como defesa, também me fascina. Na grandeza da sua castidade, ele era agressivo e na agressividade de sua pureza, ele se tornara de uma austeridade selvagem. O jovem Saulo, inteligência lúcida, manipulando habilmente a esgrima do grego, o conhecimento do latim e do idioma nacional, no qual lia as obras tradicionais de Israel, grego pela pátria, judeu de tradição, e romano, porque Roma se assenhoreava daqueles dois países, era o orgulho de uma raça, a esperança de um povo e a ansiedade de um coração. Por amor à Torah, ele matou; por fidelidade a Moisés ele apedrejou impiedosamente seu rival, Estêvão, que era uma flor imaculada, sem qualquer adereço de espinho, sem qualquer abrolho aos pés, sem qualquer jactância na haste, frágil e puro que se deixara imolar para suavizar o coração áspero do arrebatado doutor, que queria Deus na opulência da Terra, e um dia, porque marchasse na direção de Damasco para matar, Jesus se lhe apresentou, fê-lo cair da alimária, em pleno deserto de Sol escaldante, e, ao ver a luminescência que o cega, pergunta emocionado: – Quem és tu? A resposta vem imediata: – Jesus, aquele a quem persegues. Ele que era de uma dureza selvagem e de uma pureza hostil, agora, subjugado à presença do Amo, ao invés de fazer mil interrogações, apresenta apenas um pedido: – Que queres que eu faça? Nenhuma exigência, nenhuma condição, nenhuma justificativa da sua atitude feroz, antes, uma interrogação que também é sujeição: – Vai a Damasco – responde-lhe – e ali te será dito aquilo que deves fazer. Ele segue e faz o que deve fazer. Retorna como Paulo de Tarso e traz para o Ocidente a mensagem de renovação d'Aquele que é a *Luz do mundo*. Se Maria de Magdala é o pântano que se transforma em jardim, Paulo é o deserto que se faz pomar. Sem ela não haveria esperança para os atormentados, e sem ele não haveria Cristo para o Ocidente. Somos cristãos pela verve, pelo verbo, pela coragem de Paulo, que dá a sua vida pela do Amigo, que dera, também, a Sua vida para que todos a tivéssemos. A figura eloquente deste admirável regador, que diante das *águas salvianas*, em Roma, dobra-se, numa madrugada, sob as hostes de Tigelino, para que um soldado lhe decepe a cabeça com um alfanje, a mim me comove muito. Porque, no momento em que o soldado lhe vai cortar o pescoço, e treme, ele olha com ternura e diz ao soldado: – Cumpre com o teu dever, porque eu já terminei o meu. A lâmina fere o ar, e, somente no segundo golpe, derruba-lhe a cabeça, que rola nos abismos das *águas salvianas*, para que ele retorne ao seu Amor-não-amado.

Paulo é o exemplo estoico da coragem viril, do que pode a decisão de um homem, que foi também a decisão de uma mulher.

E o professor Hippolyte-Léon Denizard Rivail, que iluminara a consciência com as letras da cultura francesa, que ampliara o coração com as estrelas majestosas da sabedoria de Pestalozzi, e que viera a Paris para ser mestre, seguindo a velha tradição de uma lenda bíblica de Israel, de que Deus, toda vez que deseja mandar alguém salvar a Humanidade, sempre escolhe um pastor, ou mestre. Foi assim que Ele trouxe David, para reorganizar o *povo eleito*, que estava esparso. E da mesma forma que Ele chamou Jesus, para que se fizesse Mestre, pastor de almas. O mesmo procedendo com Allan Kardec, na condição de mestre, para que ele se tornasse condutor de vidas, e que, tendo oportunidade de ouvir a revelação da imortalidade da alma, numa terça-feira de maio de 1855, investiu toda a sabedoria de sua cultura, toda a cultura do seu sentimento, e todo o sentimento do seu amor, para devassar este mundo invisível e rico de vida, para que nós, na posteridade, pudéssemos, então, fazer a viagem através do estoicismo paulino e da redenção de Madalena, para o reencontro com Jesus.

Allan Kardec, ao abraçar a cruz redentora da Doutrina Espírita, tornou-se o vexilário de uma Era Nova que a mim me fascina, quando me recordo que ele dispôs de apenas quatorze anos, homem maduro, para poder afadigar-se nessa tarefa gigante, numa época de muitas dificuldades, dobrar-se sobre o cansaço das longas noites de labuta. Ele, que perdera amigos para não perder a honra, que se vira constrangido a trabalhar horas avançadas, para não ter seu nome ilibado em uma falência fraudulenta que um sócio desonesto por pouco não lhe impingira. Ao receber toda a galáxia de informações pelas longas noites de cansaço, anotou os apontamentos das vozes espirituais e elaborou sete livros, que são o mais completo compêndio de que a Humanidade tem notícia. Duas obras elementares *O Principiante Espírita* e *O que é o Espiritismo*, dois tratados de Ciência, em que a Filosofia entra na cultura científica e a investigação científica penetra na área filosófica; *O Livro dos Médiuns* e *A Gênese*, e como coroamento da Filosofia científica, *O Livro dos Espíritos*, em que se adentra na Religião, examinando profundamente a Teologia, a Teleologia, a Psicologia Existencial e a Filosofia Comportamental; também nos dá *O Evangelho segundo o Espiritismo*, traduzindo os *ditos indizíveis* de Jesus, e *O Céu e o Inferno*, interpretando o destino da alma na vida depois do véu e traduzindo as parábolas, mitos e dificuldades do conceito evangélico. Este homem, na calada da noite, trabalhava com um velho bico de pena de pato, utilizando-se da luz bruxuleante de um lampião a gás, revisando as provas que ele mandava para a tipografia, atendendo a uma correspondência vastíssima, que vinha da França e dos países francófonos, como a Bélgica, a Suíça, a Argélia, todo o norte da África, cotejando as mensagens e arrancando da ganga imprecisa a gema das informações. E, ainda assim, pôde elaborar uma revista, que ele próprio, a sós, compilava, escrevia e revisava, em onze maravilhosos anos que mediam o período de 1858 a 1868. A mim me fascina a grandeza extraordinária de Allan Kardec, o poder que ele teve de indimensionar o tempo e de agigantar o pigmeu das horas, ficando, muitas vezes, sem dormir, para que a mensagem de libertação pudesse projetar sua luminosidade sideral na noite contemporânea do século de todos os séculos.

A figura ímpar de Allan Kardec é o coroamento daqueles outros dois discípulos de Jesus, porque Kardec pôde associar o amor de renovação de Maria de Magdala, à cultura e sabedoria do apóstolo Paulo, na síntese grandiosa da revelação do *Espírito de Verdade*, sintetizada neste pensamento: "Espíritas, amai-vos, este é o primeiro mandamento; instruí-vos, este é o segundo, que completa aquele", porque, quando o amor não é lúcido, torna-se paixão dos sentidos, e, quando o conhecimento não ama, se torna presunção da inteligência.

Foi, talvez, graças a isso, que o Espírito Lázaro fez que constasse em *O Evangelho segundo o Espiritismo*, esta extraordinária mensagem: [...] Quando Jesus pronunciou a Divina Palavra – amor, os povos sobressaltaram-se e os mártires, ébrios de esperança, desceram ao circo. O Espiritismo a seu turno vem pronunciar uma segunda palavra do alfabeto divino. Estai atentos, pois que essa palavra ergue a lápide dos túmulos vazios, e a reencarnação, triunfando da morte, revela às criaturas o seu patrimônio intelectual...

(*O Evangelho segundo o Espiritismo* – Cap. XI. A Lei de Amor, item 8).

Sempre me fascinou a figura cândida da mulher arrependida, daquela que, sendo charco moral, pôde transformar-se na vertente luminosa da água cristalina da vida. A figura moça e fogosa daquele jovem sonhador que amava a lei até o absurdo do crime e que, ao amar a Jesus, deixou-se matar, por fidelidade à sua renovação. E, mais tarde, quando conheci Allan Kardec, este homem das horas ilimitadas do dever, que sintetizou a Doutrina do Amor, representada por Maria de Magdala e a Doutrina da Teologia, personificada em Paulo, numa frase: *Fora da caridade não há salvação*, a minha alma iluminou-se de fé e os sentimentos emudeceram de emoção pela virtude máxima que se apoia nos *pilotis* da fé e da esperança, para alcandorar-se nas alturas infinitas da busca de Deus...

Depoimentos

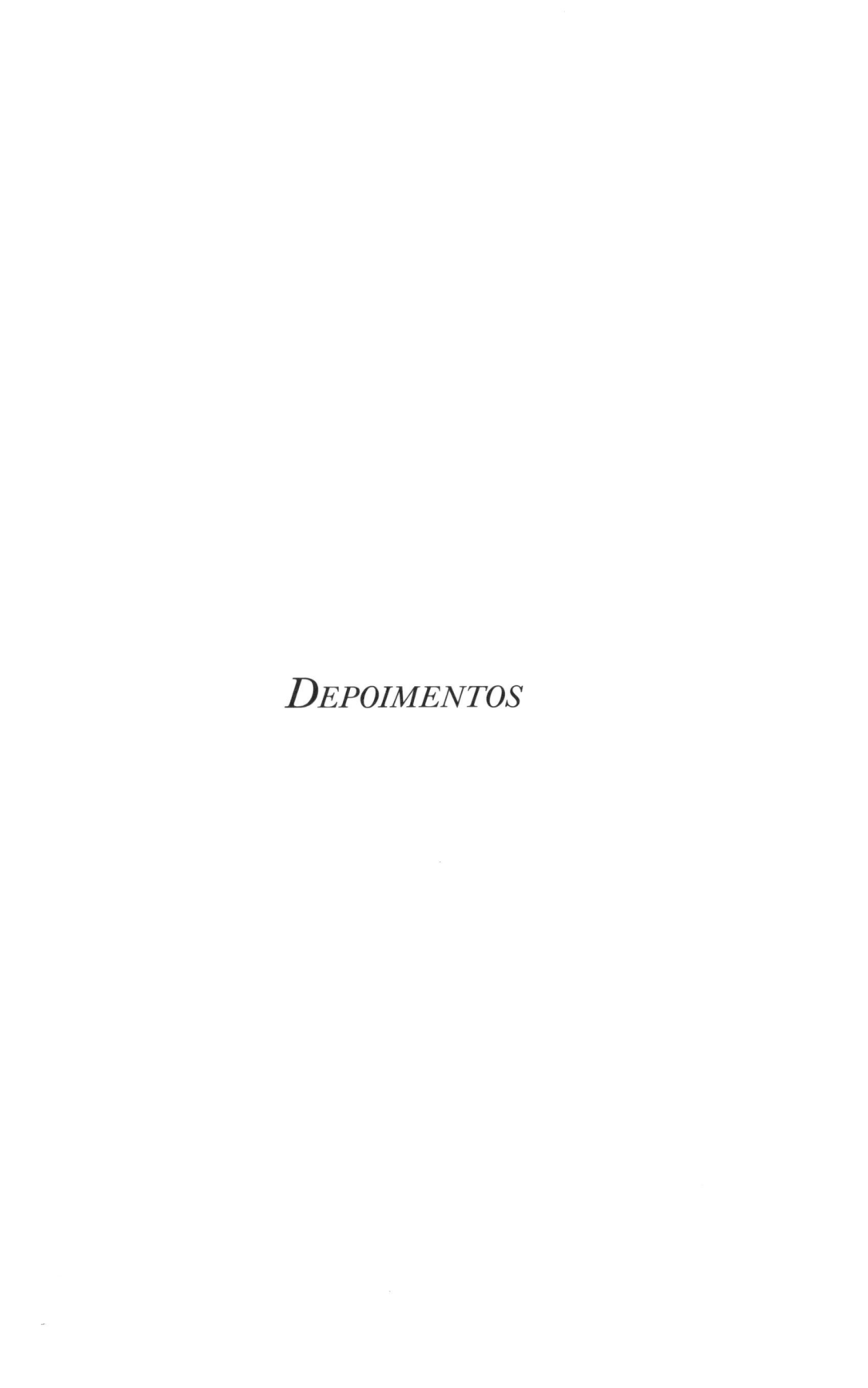

7

Divaldo Pereira Franco y yo

Juan Antonio Durante[10]
(Junio de 1987).

Encuentro anticipado

En 1957 participamos en la celebración del Centenario del *Libro de los Espíritus* en los actos programados por la Federación Espírita Brasileña y en carácter de representante de la Confederación Espiritista Argentina (C.E.A.) y en esa oportunidad, una compañera de ideal, de Rio de Janeiro nos habló de un joven orador espírita, oriundo de Bahia, que estaba promoviendo una verdadera revolución en el ambiente espírita brasileño, no sólo por su oratoria extraordinaria, sino también, por la obra asistencial que mantenía en Salvador, en favor de los carenciados y a fin de que tomásemos un mayor conocimiento de su personalidad, nos facilitó un artículo aparecido en un órgano de divulgación doctrinaria de ese país, donde se hacía referencia al mismo.

Por aquel entonces, y siendo miembro de la *Agrupación Juvenil Espírita Manuel S. Porteiro* de la mencionada C.E.A., vivíamos la preocupación de que no existían elementos juveniles dentro del Movimiento Espírita de la Argentina, pues, en más de una oportunidad, se nos había manifestado que la juventud no tenía tarea alguna a realizar dentro del Espiritismo, cosa que nos parecía absurda y por esa causa, luchábamos por la formación de un movimiento espírita juvenil que tuviera representatividad dentro del país, como hoy la tiene, y

---

10. Juan Antonio Durante, natural de Buenos Aires, desencarnou em 9 de novembro de 2011, com a idade de 82 anos (nota da Editora).

que los jóvenes de entonces, son los actuales dirigentes del movimiento espiritista argentino.

En conocimiento de que existía en Brasil un joven espírita que poseía tan relevantes condiciones, comprendimos que era un ejemplo de lo que la juventud – orientada por el Espiritismo –, podría llegar a realizar y con el solo objeto de llevar a cabo esa demonstración, publicamos, en julio de 1957, un artículo sobre Divaldo y su actividad, con el título *Un joven espírita excepcional*, en el órgano oficial de la C.E.A., y como queda perfectamente esclarecido, aún no lo conocíamos personalmente.

Persistiendo en nuestra idea de organizar un movimiento espírita juvenil en territorio argentino, manteníamos contacto epistolar con diferentes agrupaciones juveniles brasileñas y en enero de 1958 recibimos la invitación para participar en la IV Confraternización de Juventudes Espíritas del Norte y Nordeste del Brasil, la que con nuestra presencia, tomó carácter de internacional y nos trasladamos al estado de Piauí, en julio de ese año, para cumplir con el compromiso asumido y sólo entonces supimos que Divaldo sería uno de los oradores y que, en breve estaría en Teresina (capital del estado de Piauí). Debemos confesar aquí, que íntimamente guardábamos la esperanza de conocerlo en alguna oportunidad, pues sus actividades – de las que siempre estábamos informados por diferentes conductos –, servían de ejemplo para nosotros que teníamos confianza en el idealismo de los jóvenes, puesto al servicio de la Doctrina Espírita. Fue así, pues, que se realizó nuestro tan ansiado encuentro, en lugar distante, pero en el cumplimiento ambos de tareas que tenían un mismo objetivo: el Espiritismo. A partir de entonces, ya nunca hemos tenido distanciamiento alguno, que no fuera de orden material, pues una sólida amistad nos une desde ese encuentro hasta el día de hoy, que se ha manifestado en el respeto mutuo y en la valorización de las tareas de las que cada uno se encuentra abocado hasta el presente.

Interaccion de tareas

Con el correr del tiempo, los encuentros se hicieron más frecuentes y la correspondencia epistolar fue afirmando lazos fraternos que nos unían, sin lugar a dudas, de un pasado ignorado. Lo que sí importa es dejar aclarado que nuestra entrega total a la tarea espírita nos identificaba plenamente y con semejante objetivo, no podían existir discrepancias y sólo fue necesario que el tiempo fuera señalando la oportunidad de trabajos mancomunados, que se fueron dando en el momento preciso.

Volviendo al pasado, recordamos que la primera vez que escuchamos una disertación de Divaldo, sentimos el deseo vehemente que ese expositor debía ser presentado ante el auditorio argentino, pues su oratoria, sin parangones para mí hasta entonces, me mostraba la importancia de difundir la Doctrina en la Argentina, a niveles tan importantes como él la presentaba. Pero, a pesar de todos nuestros esfuerzos, fue necesario preparar durante cuatro años el ambiente de nuestro país, para que la siembra de Divaldo pudiera dar sus frutos en ocasión propicia.

Es menester aclarar que, para aquel entonces, el Movimiento Espírita argentino era refractario al sentir evangélico que primaba en el Brasil y se tenía la falsa idea de que aquellos que aspirábamos a introducir algún cambio en ese sentido, pretendíamos crear una nueva religión en las filas espíritas. Es que el pensamiento de los dirigentes argentinos estaba imbuido de un sentido plenamente filosófico, con tendencias científicas, pero que se encontraba mui lejos de conformar equipos de investigación científica, conformándose sólo con la idea que el término científico podía significar. Es que los viejos resabios de la vinculación con la iglesia, promovían una tremenda dificultad a todo lo que tuviera sentido evangélico.

En medio de ese clima, en 1962, es decir cuatro años después de nuestro encuentro en Teresina, Divaldo hizo su primera exposición en la Confederación Espiritista Argentina, en la Sociedad Constancia – decana del Espiritismo porteño y en un teatro que fue exprofeso alquilado, pues razones históricas nos inducían a presentarlo allí, ya que en el mismo salón había disertado, algunas décadas antes, el líder del Espiritismo argentino, Don. Cosme Mariño.

Naturalmente, la reacción no se hizo esperar. Los adversarios al pensamiento expuesto por Divaldo, con énfasis evangélico, señalaron su disconformidad, pero, en compensación, su conquista en el campo juvenil fue total y su presencia pasó a ejercer un liderazgo en el movimiento espírita juvenil que trataba de seguir la orientación que su prédica y su accionar señalaban, con grandes resultados para la no hacía mucho creada Federación Espírita Juvenil Argentina (F.E.J.A.), bajo cuyos auspicios Divaldo siempre se presentó en la Argentina.

A partir de entonces, casi anualmente realizaba una visita doctrinaria a nuestro país y por nuestro intermedio, promovimos la visita al Uruguay, a cuyo incipiente movimiento estábamos tratando de estimular, en horas difíciles de deserciones y no mucha capacidad doctrinaria.

Hoy, a casi 30 años de nuestro encuentro, vemos que nuestros destinos que marcharon paralelamente por rumbos diversos, han dado sus frutos, que en cada visita que Divaldo programa al país, programación que generalmente está bajo nuestra responsabilidad, surge una verdadera disputa entre las Instituciones Espíritas que reclaman su presencia, puesto que aun aquellos refractarios del pasado, se han convencido que su oratoria es más elocuente en una hora de exposición pública, que los muchos meses de escasa difusión que se efectúa por otros medios, y esto nos colma de satisfacción, pues estábamos seguros de que este objetivo se iba a lograr, sólo que era cuestión de tiempo...

El libro, tarea de futuro

Por esas *coincidencias* que la vida presenta, nos encontrábamos en Rio de Janeiro cuando Divaldo hizo la presentación de su primer libro psicografiado, *Mies de Amor*, de autoría de ese noble y sabio Espíritu, Joanna de Ângelis.

Tan pronto nos interiorizamos del contenido del mismo, sentimos que era un elemento más que debíamos ofrecer a nuestros hermanos argentinos y por ende, a todos aquellos otros de habla española, que participaban de nuestras ideas. Dos años después, también nosotros, que ya habíamos fundado la *Institución Espírita Juana de Angelis*, presentábamos a nuestros correligionarios, la versión en español del hermoso libro, en traducción nuestra.

Por increíble que parezca, a más de 20 años de aquel acontecimiento, sigue siendo el libro más procurado entre los elementos espíritas o profanos, lo que confirma, una vez más, que nuestra visión de entonces no había estado equivocada.

Con el correr de los años, tuvimos oportunidad de traducir al español otras obras psicografiadas por Divaldo, tales como: *Dimensiones de la Verdad*, *A la luz del Espiritismo*, *Primicias del Reino*, *Parias en redención*, *Herencias de amor*, *Al borde del Infinito*, *Recetas de paz*, *Acontecimientos diarios*, *Del abismo a las estrellas*, etc., algunos ya editados y que se encuentran recorriendo más de veinte países de habla española, llevando su cuota de consuelo y una alta dosis de terapia espírita a fin de aliviar a tantas almas que sufren por desconocimiento de las Leyes Divinas y que estos libros, profundamente doctrinarios, despiertan enorme interés en aquellos que se entregan a su lectura.

Evidentemente, nuestros nombres se encuentran entrelazados, una vez más, en ese maravilloso que hacer que es la difusión de la Doctrina Espiritista.

Abriendo nuevos caminos

Nadie ignora el infatigable peregrinar de Divaldo, al servicio del Espiritismo. Las ciudades visitadas se cuentan por miles, por decenas los países y en todos, el interés que despiertan sus exposiciones; en los medios profanos es tan grande que es de admirar cómo crece el número de adeptos al Espiritismo, luego de sus visitas.

En ese accionar, tuvimos oportunidad de acompañarlo en reiteradas oportunidades a diversos países, tales como Uruguay, ya mencionado, Paraguay, Colombia, España, Italia, etc., donde siempre dejó bien plantada la simiente espírita, con amplios conocimientos científicos, doctrinarios y evangélicos, despertando, en todos los casos, el interés de aquellos que concurrían a sus exposiciones y de las que salían con una sensación de haber asistido a un "fenómeno" antes nunca visto, por el torrente de conocimientos que exponía su garganta prodigiosa, con palabras accesibles a cualquier nivel de auditorio.

Muchas fueron las experiencias vividas en esas oportunidades en que viajando por América o Europa, teníamos el privilegio de reencontrar a Divaldo, en el cumplimiento de sus tareas. Pero de todos esos viajes, queremos rescatar uno, especialmente, por su contenido histórico y profundamente evangélico, que estamos seguros, nos marcó a todos cuantos realizamos esa visita, en un grupo reducido de espíritas.

A principios de 1981, en un encuentro que tuvimos con Divaldo, le manifestamos que pretendíamos visitar Israel, algunos meses después y nos prometió tratar de acondicionar sus compromisos para poder realizar juntos ese viaje, que luego habría de tornarse inolvidable. Y así fue. Cumplidos los compromisos doctrinarios en la vieja Europa, donde nos encontramos, marchamos hacia Tierra Santa, para cumplir también con un viejo anhelo.

En múltiples ocasiones tuvimos hartas pruebas de las facultades psíquicas de este notable médium, pero fue justamente allí donde las manifestaciones mediúmnicas se sucedían en forma casi constante, ante determinados lugares, reviviendo en los bucólicos parajes galileos o en la fría realidad de Jerusalén, las páginas inmortalizadas por muchos escritores, pero sentimos que ninguno, como el trabajo realizado por el Espíritu Amélia Rodrigues, en *Primicias del Reino*, había sabido captar poesía, historia, evangelio, filosofía y lirismo, y que Divaldo psicografió. Eran sí, páginas vivas que leímos por medio del psiquismo del notable médium baiano, quien orientado por sus númenes tutelares nos señalaba hechos, circunstancias y veracidad de los lugares que sólo estaban señalados por la tradición y aquellos que lo eran por la realidad, informada por el Mundo espiritual.

Aquel ha sido, sí, un viaje inolvidable que a todos nos enriqueció en detalles inimaginables, pues muchas de las cosas que aún vibran en nuestro mundo íntimo, no se habrían depositado allí, si Divaldo no hubiera compartido nuestra excursión.

Divaldo, el hombre

Cuando Allan Kardec escogió, como lema del Espiritismo, la máxima FUERA DE LA CARIDAD NO HAY SALVACIÓN, señalaba un rumbo muy cierto en todo hombre de buena voluntad, que tuviera conciencia de su paso evolutivo por la Tierra, ya que la experiencia carnal trae aparejadas muchas enseñanzas, pero ninguna tan acorde con el Evangelio como la que reza la frase citada.

No hay dudas de que Divaldo se concientizó de esto, cuando decidió fundar la Mansão do Caminho, pese a no ignorar en su momento, de las dificultades que ello le acarrearía a su vida – y a pesar de que era tan joven entonces! Aureolándose, permítasenos el término, con una actividad sin par y que habría de marcar – una vez más – un rumbo en todos aquellos para quienes el Espiritismo significaba algo importante en su vida.

Las más de tres décadas que esa Institución cuenta de vida y los muchos beneficios que ha aportado a tantas almas desvalidas, hablan de por sí de la importancia que tiene vivir la prédica, que no siempre tiene la debida resonancia en todos los predicadores, por falta de un apoyo moral. Su accionar caritativo, bien distante de los orfelinatos característicos que existen en el mundo, ha transcendido las fronteras de su país y ha señalado derroteros a seguir a cuantos entiendan que FUERA DE LA CARIDAD NO HAY SALVACIÓN, esencia implícita en toda la Doctrina Espírita.

Por eso señalamos *Divaldo, el hombre*, porque entendemos que su dedicación a una causa de amor, que no se realiza con palabras, nos habla en tono elevado de la fortaleza e integridad de este hombre que, al llegar a la madurez de su vida, ha alcanzado una vida pública digna de todo encomio y que ha sido reconocida públicamente, también, en la multitud de honras que se le han conferido (títulos honoríficos, medallas, diplomas, etc.), y que él ha transferido con mucho respeto y humildad al Espiritismo.

Este es el hombre de quien nos honramos de ser amigo, a quien mucho debemos espiritualmente, pues siempre ha estado presente, con su palabra oral o escrita en todos los momentos de estos últimos casi treinta años de nuestra existencia, señalándonos un rumbo a seguir con su propio ejemplo, confirmando con sus hechos positivos su prédica inspirada y renovadora.

Hoy, que han transcurridos tantos años de nuestro "reencuentro" piauiense, recordamos, con emoción, sus palabras de entonces: – Juan, qué bueno fue habernos encontrado… Gracias, Divaldo…

8

DIVALDO PEREIRA FRANCO

Guaracy Paraná Vieira[11]
(Conselheiro da Federação Espírita do Estado do Paraná, orador e escritor espírita).

Na noite de 29 de abril do ano de 1954, na sala de conferências da *Sociedade Espírita Francisco de Assis de Amparo aos Necessitados*, na cidade de Ponta Grossa, Paraná, conheci Divaldo Pereira Franco. Data memorável e que para minha vida trouxe novos rumos, luzes clarificadoras para o entendimento da Doutrina Espírita e a necessidade de vivenciá-la constantemente.

Naquela fria noite de outono, no salão da veterana Sociedade, juntamente com os saudosos irmãos João Ghignone e Abib Isfer, respectivamente, Presidente e Vice-Presidente da Federação Espírita do Paraná e o confrade Ernane Cabral, de Goiás, então renomado orador espírita, estava um jovem pálido, tímido, friorento no seu traje de tecido leve, próprio para o clima quente da sua Bahia, olhando com os olhos serenos e de um magnetismo envolvente aquele público sulino, curioso e reservado.

Depois da prece inicial, passada a palavra ao confrade Ernane Cabral, ele, após algumas referências ao acontecimento, finalizou dizendo: "Eu sou o tocador de bombo que venho anunciar o orador, que agora vocês vão ouvir e julgar."

Então o moço, modesto e quieto, levantou-se, saudou fraternalmente o auditório e começou a falar e a transfigurar-se. Diria mesmo que ele começou a entoar um hino evangélico, numa musicalidade, beleza e emoção como jamais alguém fizera naquela veneranda Casa Espírita.

---

11. Guaracy Paraná Vieira nasceu em Paulo Frontin, então município de Mallet, estado do Paraná, no dia 4 de agosto de 1918. Desencarnou aos 72 anos de idade, no dia 18 de junho de 1991, na Santa Casa de Misericórdia, em Curitiba, PR (nota da Editora).

Empolgado por estranha e arrebatadora vibração, o jovem falava numa oratória que era um misto de poesia e de prosa, pintando as belezas do cenário bucólico da Galileia, transportando os ouvintes ao ambiente dos tempos evangélicos. Parecia que todos nós estávamos cercados pela paisagem milenar que ele descrevia em minúcias com a beleza e a cor locais, ressaltando das suas palavras como tela viva onde todos nós estávamos envoltos.

E nessa oratória, ora dúlcida e suave como a brisa leve do entardecer, ora calorosa e viva como a hora do meio-dia, incisiva como a lâmina de uma espada ou terna como uma balada de ninar, Divaldo Pereira Franco foi relembrando, com detalhes e minúcias que os evangelistas não registraram, mas que ele descrevia por inspiração do Mais-alto, a cena inesquecível e plena de lições cristãs da cura de Natanael Ben Elias, o paralítico de Cafarnaum, numa tarde em que o Mestre Jesus, depois de um dia estafante de pregação, preparava-se para o justo repouso e lhe trouxeram aquele homem, cuja maca foi introduzida no recinto da casa pela claraboia do teto.

Nesse clima de emoções, de surpresas as mais gratas, na revelação da palavra de um autêntico arauto do Evangelho, atônitos e comovidos, magnetizados e empolgados pela mensagem ouvida e sentida, vimos o jovem orador baiano, depois de comovida prece, encerrar sua oração e sentar-se tranquilo.

Agora, era o moço tímido, pálido, porejando suor pelo rosto sereno, sentindo novamente o insulto daquela noite fria de outono.

Aturdido, vivendo um estado de espírito indescritível, incapaz de definir todas as emoções que turbilhonavam minha alma empolgada, feliz e ao mesmo tempo diminuída e até temerosa diante daquele fenômeno, retirei-me silencioso, sem falar com ninguém e voltei para casa respirando o ar frio da noite e tentando analisar tudo ao que assistira.

Célia, minha esposa, que não pudera acompanhar-me, estava curiosa e expectante, aguardando notícias. Tão logo entrei, indagou interessada:

– Como foi a conferência do jovem baiano?

Quis narrar tudo que ouvira e o que sentia, mas não pude; respondi, apenas:

– Venho com a impressão de que vi e ouvi um Espírito superior materializar-se e começar a falar numa linguagem sublime. Palavras não podem definir o que senti e estou sentindo. Divaldo é indescritível. Você precisa ouvir e ver para poder acreditar.

Célia, comovida e impressionada, ficou me olhando com um ar de frustração por não ter podido compartilhar daquele momento. Para seu consolo, eu disse:

— O Divaldo fala amanhã, em Curitiba, na Federação Espírita do Paraná; confiemos que Deus nos permita ir até lá para viver a mesma alegria.

Naquele tempo, com filhos pequenos e salário curto, fazer uma viagem até Curitiba apresentava obstáculos quase intransponíveis.

Mas, Deus permitiu, e no dia seguinte, lá estávamos nós na plateia, vendo, ouvindo, sentindo e agradecendo o jovem orador que a histórica Bahia nos mandava como verdadeira bênção.

Quando ele terminou sua mensagem cantada com toda aquela beleza, colorido e profundidade, nós e todos os demais tínhamos lágrimas nos olhos. Foi nesse clima de emoção que perguntei à Célia:

— Então, o que sentiu?

— Não tenho condições de definir. Sei apenas que esta é a noite mais feliz de minha vida.

Foi assim que conhecemos ou reencontramos Divaldo Pereira Franco e um amor fraterno muito intenso reviveu ou iniciou, sentimento esse que se irradiou por toda a família, que hoje reparte o júbilo inestimável da sua amizade.

Na sua próxima visita a Ponta Grossa, Divaldo já era nosso hóspede e assim continua sendo até hoje, para a alegria e honra de todos nós, que rogamos a Deus se prolongue indefinidamente.

Perfil de um trabalhador

No convívio que se estabeleceu, ao longo destes trinta e três anos, aquele jovem irmão, no desenvolvimento da sua missão e no amadurecimento da vivência cristã, foi revelando as inúmeras virtudes de trabalhador valoroso da seara da Doutrina Espírita, que enriquecem a sua personalidade, que traçam o perfil do seu espírito enobrecido nas lutas redentoras pela estrada da evolução.

Além dos dotes da inspiração no momento empolgante da oratória, numa quase permanente psicofonia, a clariaudiência, a psicografia, as manifestações de efeitos físicos culminando com materializações extraordinárias, valendo registrar, sucintamente, três a que assisti com o testemunho de outros líderes do Movimento Espírita local.

A primeira em minha casa, surgida espontaneamente, enquanto conversávamos após um café servido pela Célia, no retorno de uma palestra, com a presença do Espírito Scheilla, trazendo flores, lâmpadas de aplicação de *radium* e de luz infravermelha e essência de eucalipto com que perfumou e coloriu uma jarra de água.

Duas na *Sociedade Espírita Francisco de Assis de Amparo aos Necessitados*, perante cem pessoas, quando tivemos novamente a presença de Scheilla, do Dr. Joseph Gleber e do Frei Joaquim, um frade português do Século XV, que trouxe uma bonita vela rendada que, acesa por um assistente, foi usada enquanto ele transmitia uma mensagem em linguagem da época, andando pela sala sem que a chama da vela oscilasse com o deslocamento do ar.

Mas, além do capítulo da mediunidade, que vem enriquecendo com o correr do tempo o mérito da tarefa realizada, nesse longo período, além do orador ímpar e inimitável e do médium de matizes tão ricos, ressalta a figura do *irmão* que se revela no cotidiano.

O orador tem empolgado multidões em todos os recantos do mundo nos quais a missão de Divaldo Pereira Franco o tem levado inúmeras vezes.

Ministrando cursos, respondendo a entrevistas para rádio, televisão, jornais, revistas, participando de painéis, pinga-fogos, debates sempre de improviso, abordando todos os temas que lhe são propostos com extraordinária precisão e brilhantismo...

O médium, revelado em muitas ocasiões, tem regularmente colocado sua faculdade na psicografia de dezenas de livros e centenas de mensagens. Algumas particulares, de consolo, de notícias seguras de entes queridos que voltam para esclarecer e amenizar saudades.

Entretanto, é preciso não esquecer que o desempenho dessas sublimes atividades no campo da oratória e da mediunidade, fundamentadas na base sólida de uma vivência cristã, tem seu sustentáculo no valor moral desse querido irmão, cujo dia a dia é uma permanente lição de disciplina no cumprimento do dever assumido, quando se candidatou a ser um obreiro na Seara de Jesus, porque assim ele tem agido, desde que, nesta encarnação, as luzes da Doutrina Espírita lhe clarearam os horizontes da vida.

O verdadeiro espírita-cristão revela-se na sua maneira de agir nas mais diferentes circunstâncias.

Isso tenho testemunhado ao longo desses trinta e três anos de fraternal amizade.

Nesse período, Divaldo tem vindo a Ponta Grossa pelo menos duas vezes por ano. Por outro lado, pela Graça Divina, tenho podido, juntamente com a Célia e com outros confrades, acompanhar Divaldo em suas peregrinações doutrinárias por mais de uma centena de viagens, em vários estados e duas vezes ao exterior.

Enfrenta multidões as mais diversas, atendendo longas filas de criaturas necessitadas de uma palavra de fé, de esclarecimento, de consolo, de esperança ou de reconforto. Na Casa Espírita, em cinemas, clubes, teatros, Assembleias e Câmaras, onde quer que seja e nas mais difíceis oportunidades, ele é sempre autêntico, fraterno, tolerante, otimista, paciente, calmo, seguro. Jamais ouvi dos seus lábios uma recriminação, uma censura, mesmo diante das faltas mais sérias. Tenho ouvido pessoas ao longo desses anos que lhe dirigem as mesmas perguntas, pedirem conselhos que ele sempre repete pacientemente, sem jamais indagar por uma mudança de conduta que seria justo esperar depois de tanto tempo.

No convívio dos lares mais diversos onde se tem hospedado, nos hotéis, sempre a mesma conduta exemplar, disciplinada, pregando constantemente pelo exemplo, sem exigências, sem impaciências ou mau humor.

Estimulando companheiros, Instituições ou Grupos de labor espírita, Divaldo Pereira Franco tem contribuído para que muitos Núcleos se criem ou ampliem suas atividades no campo do bem, e graças a isso, milhares e milhares de pessoas têm tido suas misérias diminuídas, sua fome amenizada.

Aqui, em Ponta Grossa, a *Organização Espírita Cristã Irmã Scheilla,* criada por sua inspiração, em 14 de dezembro de 1954, e até hoje prestando inestimáveis labores no campo da assistência social e doutrinária, é um desses exemplos. A *Mansão Bezerra de Menezes,* criada em 1957, inicialmente um lar de meninos e hoje uma creche, nasceu pelo incentivo do que ele vem realizando na Bahia. Essa mesma entidade, posteriormente desdobrou-se na *Casa Transitória Fabiano de Jesus*, hoje entidade autônoma, ambas cumprindo abençoado programa de amor ao próximo.

Assim, por todo o Brasil e pelo exterior, muitas searas espíritas têm nascido e prosperado graças ao permanente exemplo que oferece o incentivo com que alimenta o esforço dos companheiros de ideal.

Temos convivido com Divaldo e sua equipe no admirável e ímpar labor cristão que se desenvolve no Centro Espírita Caminho da Redenção e nos seus múltiplos departamentos congregados na Mansão do Caminho, em Salvador, Bahia, no sítio, no bairro de Pau da Lima ou na cidade, participando como aprendiz e observador.

Ali, naquele abençoado oásis de amor cristão, que é a base e o campo maior de trabalho do nosso querido irmão, Divaldo Pereira Franco é o mesmo, apenas trabalhando mais, porque encargos maiores de um chefe exemplar de uma família de mais de 150 pessoas, entre filhos, *tios* e colaboradores, exigem cuidados e responsabilidades que se somam aos labores da oratória e da mediunidade.

Os fatos, as circunstâncias, os acontecimentos mais diversos têm mudado a conduta ou a disposição para o trabalho nas muitas searas que ele visita e estimula nos recantos do mundo onde tem cumprido sua missão, Divaldo, porém, permanece fiel ao seu compromisso, mudando apenas para melhor porque a prática do bem o faz evoluir.

Tenho estado com Divaldo em muitos momentos felizes e em instantes difíceis e dolorosos que a incompreensão, a inveja ou o estado obsessivo de algumas pessoas lhe têm proporcionado no curso de sua missão, provando que somente as árvores que dão bons frutos recebem pedradas. Em qualquer circunstância, vencendo a dor, superando a amargura justa e redobrando seu empenho em servir, ele tem-se mantido imperturbável, sem revides, sem queixumes, sereno com a própria consciência e esperando que o tempo, o infatigável solucionador de todos os problemas, lhe faça justiça.

Partilhando dessa jornada de amor cristão, costumo dizer que Divaldo é um *agitador* e um unificador.

Aonde ele chega, todos se agitam felizes, um alvoroço de júbilo cristão empolga os confrades, as Casas Espíritas se unem para patrocinar sua visita e compartilhar das memoráveis reuniões doutrinárias e confraternativas. Caravanas de espíritas de cidades próximas vêm em grande número participar desses momentos de festa espiritual. Mesmo as pessoas que não são espíritas, acorrem às suas conferências, ouvem as transmissões radiofônicas ou assistem pela televisão a bênção das suas mensagens.

Depois ele segue adiante no seu roteiro missionário, mas, nas cidades, fica o clima de bom ânimo, de esperança, de estímulo ao trabalho renovador.

Divaldo Pereira Franco, veio, agitou, unificou, renovou ideais e deixou a luz da Doutrina Espírita iluminando o caminho de multidões.

Que mais poderei dizer, senão agradecer a Deus por ter conhecido e tido a ventura, imerecida, de privar da benevolente amizade e estima de Divaldo Pereira Franco?!

Esse testemunho por certo poderá ser feito por centenas, por milhares de pessoas que, ao longo dos quarenta anos do labor espírita de Divaldo Pereira Franco tiveram a oportunidade abençoada de conhecê-lo e por ele terem sido estimuladas a lutar com mais vigor na tarefa do autoaprimoramento como fórmula única de conquistar a felicidade.

Deixo aqui, neste registro sem brilho literário, mas escrito com o coração e com as letras indeléveis do reconhecimento, a mensagem da Célia, de todos nossos familiares e minha, numa síntese que está plena de emoção e sinceridade:

– Muito obrigado, querido irmão Divaldo!

9

As previsões do profeta Joel

Agnelo Morato[12]
(Cirurgião-dentista, escritor e jornalista espírita – Franca, SP).

Assiste-nos o dever, nestes dias, de participar também das bodas espirituais que nos têm abençoado com as graças maiores. No mês de março deste ano de 1987, relembramos a soma de quarenta anos ininterruptos da atividade mediúnica do tribuno espiritista – Divaldo Pereira Franco. A definição desse arauto das primícias postulares do Espírito consolador como divulgador das verdades cristãs traz o selo de um testemunho heroico. Por isso, este evento merece dos que com ele convivem mais de perto e dos que lhe conhecem as atividades, uma referência de amor por vibrações fraternas, porque ele se tornou, pelo seu mediunato, mais um dos que confirmam as predições do profeta Joel.

A trajetória desse médium-tribuno se inscreve na própria história do Espiritismo do mundo, pois suas enunciações pela tribuna e pela psicografia confirmam-no como elemento capaz de dar novos rumos à Sociologia moderna.

Alguns traços da vida apostolar devem oferecer, a este nosso depoimento, reforço para nossos próprios argumentos, como lhe levamos, mais uma vez, nosso desvalido estímulo à sua posição de educador e orientador compromissado com as teses científicas e filosóficas dentro da prevalência religiosa indicada pela Terceira Revelação. Ainda adolescente, após ter despertado sua mediunidade em Feira de Santana, BA, ao receber as orientações e esclarecimentos da médium Ana Borges,

---

12. Agnelo Morato Junior nasceu em Franca no dia 4 de fevereiro de 1949 e desencarnou em 23 de julho de 1972 (nota da Editora).

não pôs em dúvida o desempenho que lhe cabia efetivar, embora tudo dependesse de seu sacrifício e renúncia. Sua primeira palestra na Tribuna Espírita deu-se em data de 9 de março de 1947, na sede da União Espírita de Aracaju (estado de Sergipe), quando teve sua apresentação numa reunião de poucos confrades, sob direção do Prof. Martins Peralva. Deve-se a esse insigne confrade a promoção de Divaldo Franco como orador incomum. Em sua primeira fala ao público, ele confessa sua inibição e insegurança, quando um Espírito amigo se aproximou e lhe deu esta certeza: "Fale e nós o ajudaremos". Nesse instante, uma assimilação das forças espirituais encontraram, em suas cordas vocais e disposição física, os elementos apropriados para uma mensagem de alto teor e significação.

Assim, aquela comemoração do mês de desencarnação de Allan Kardec, na capital de Sergipe, se transformou num marco para o rumo da sua extraordinária missão. Contava ele 20 anos de idade, e desde então se fez o porta-voz da Espiritualidade com uma extensa programação para o mundo civilizado.

Entregou-se com integral devotamento ao seu compromisso missionário e se definiu nesse dever ao abraçar como objetivo a assistência social em amplas proporções. Colocou em sua agenda de pregador o conceito cristão: Antes de divulgar a sua Doutrina, o espírita deve exemplificar. Por isso, se respaldou da necessária tarefa humanista junto à Mansão do Caminho, em Salvador, BA e em obediência do altruísmo em sua *Colônia da fraternidade*, onde estão abrigados centenas de crianças, velhos e viúvas.[13]

Lembramo-nos de sua emoção ao receber o Título de Cidadão francano, quando se referiu aos colaboradores dessa estância do amor maior, sustentada pelo seu desvelo cristão. Ao referir-se a eles, destacou três nomes que lhe dão retaguarda moral de suma importância. Disse lembrar-se deles, nessa hora solene de sua vida, e recordava com gratidão de Nilson Pereira, Ziza Oliveira e Lygia Banhos, porque, graças a eles, lhe permitiam as circunstâncias estar conosco naquela noitada histórica do Espiritismo de nossa região. Sua eloquência, segundo o testemunho de um velho jurista do nosso Fórum, que ouvira as

---

13. Os velhos e as viúvas são atendidos por meio da *Caravana Auta de Souza*, mas já não residem lá (nota do autor).

pregações cívicas de 1912 do grande Rui Barbosa, e sua oratória, possuem os mesmos arroubos do imortal *Águia de Haia*.

Suas viagens ao exterior alcançaram a maior parte dos países da América do Sul, Central e Norte, e se estenderam pela Europa e África. Em suas andanças por essas nações e repúblicas, tem-se preocupado em deixar marcos efetivos da Mensagem de que se tornou portador. Sua preocupação: fundar núcleos e grupos de estudos sob as orientações do Pentateuco Kardecista. Sua benfeitora espiritual Joanna de Ângelis lhe tem dado a segurança orientadora, enquanto guarda no escrínio de sua alma afetiva as lições perduráveis de sua mãezinha carnal – Dona Ana Franco, Espírito de escol e de virtudes transcendentes.

Inúmeras obras psicografadas lhe completam o mediunato valoroso nesses quarenta anos percorridos, nos quais se fortalecem os liames entre suas tarefas e a própria planificação do Alto em favor dos homens sofridos.

E, assim, nas comemorações de quatro décadas de suas atividades, no testemunho da Verdade que liberta, devemos vibrar fraternalmente para que haja continuidade desse seu trabalho para gáudio nosso e comprovações dos postulados espiritistas. Isso, também, porque neste século o Brasil se engrandeceu com os arautos desta estirpe sob as potestades maiores, como sejam: Chico Xavier, Barsanulfo, Cairbar, Anália Franco, João Custódio, Jerônimo Mendonça e muitos outros compromissados com a Espiritualidade, sob a égide do Cristo.

10

DIVALDO PEREIRA FRANCO

Jorge Andréa
(Médico psiquiatra, escritor e conferencista espírita, natural da Bahia, residente no Rio de Janeiro).

Foi na década de 50 que nos conhecemos, no Rio de Janeiro. Era pouco conhecido. Nessa época, o Movimento Espírita mostrava-se restrito e bastante insulado. Aqui e ali, Organizações vinham apresentando as projeções de suas atividades, sempre recebidas com reservas.

Numa tarde de inverno carioca fui assisti-lo. Senti sua potencialidade e quanto carregava consigo de entusiasmo e certeza de uma Verdade maior; verdade que se estendia para todos os quadrantes da vida. Sempre que possível, não mais perdi as suas conferências e palestras.

A nossa amizade estreitou-se cada vez mais, chegando a um ponto bem expressivo, quando, no início da década de 60 fui residir em Salvador, local de seus labores maiores. Nesse tempo participei com assiduidade das atividades do Centro Espírita Caminho da Redenção, inclusive, das sessões que exigiam privacidade. Foi, aí, em aproveitamento harmonioso das horas, que aprendi o que era o Espiritismo, suas finalidades e consequências; isto é, adquiri os alicerces necessários para o desfile dos dias, como constante aprendiz, para que melhor soubesse escolher os caminhos. Ao mesmo tempo pude perceber a estruturação psicológica de nosso Divaldo, figura de atitudes serenas, mas sempre corajosas, mostrando-se pessoa louvada como padrão de honra e dignidade e, como tal, espírita ardoroso e sincero. Pessoa que ama a vida pela sua significação; por isso, os fatos que o envolvem são sempre analisados, meditados e selecionados.

Pessoa de origem simples e de mais simples atividade no trabalho cotidiano que lhe deu sustento pessoal. Caldeado na atividade mediúnica, onde alcançou pontos dignos de nota, com quase uma centena de livros psicografados e outras tantas atividades, amparando e zelando pela comunidade, passou a ser roteiro de vida. Condições de tal quilate atravessaram fronteiras, alcançando novas sociedades em novos continentes. Passou a ser cidadão do mundo.

Revelou-se, também, um dos grandes tribunos e mui digno representante da Doutrina Espírita. Com isso, não desejamos fazer-lhe um panegírico, tampouco endeusando sua personalidade, mas, como um ato de reconhecimento pela sua imensa influência e atuação nos diversos grupos sociais que atinge com sua esclarecida palavra e sadios pensamentos.

Sabemos que as nossas palavras são de curto fôlego, sem preocupações de estilo literário, mas visando a verdade e procurando situar o companheiro no lugar que lhe cabe no cenário espírita de nosso tempo; consequentemente, está influenciando e fazendo a história do Espiritismo.

Divaldo, nos dias tumultuados e pouco compreendidos que atravessamos, representa o esclarecimento, a ordem, a estrutura luminosa de trilhas, atitudes e entendimento sobre o destino humano. Sempre dedicou um especial esforço psicológico na defesa da família e da sociedade, onde suas análises e interpretações, no estofo da Doutrina Espírita, continuam sendo, por excelência, plenas de realismo e precisão. A imensa e constante solicitação por parte da maioria, sempre desejando ouvi-lo, estar ao seu lado, impregnar-se de suas afirmativas, reflete-se em justa e natural liderança. Os líderes autênticos são colocados em seus respectivos lugares, mesmo contra a vontade e desejo pessoal.

Todo esse lastro que consigo carrega, pertencendo a Espírito caldeado em múltiplas reencarnações, e nos 40 anos de intensas e bem harmonizadas atividades, na atual romagem, e onde o mediunato tem sido ponto culminante, produz de modo preciso a autenticidade de suas atitudes e de seus atos.

A intensa e profunda tônica de seu verbo, sempre necessário, reflete-se no chamamento de um padrão evolutivo valoroso para o homem. E, mais do que tudo, a harmonia de suas palavras, iluminadas pelas máximas da Doutrina Espírita, é convite constante à ampliação da moral humana, a fim de suplantar as aflições e os desajustes de nossos dias. Transpor esses degraus pela instrução e entendimento, é como que buscar uma nova sociedade e participar de grande evento evolutivo. Divaldo tem contribuído fartamente neste sentido.

De berço simples, pobre e mergulhado nas dificuldades das famílias humildes, porém, com a refulgente estrela de uma missão, tem sabido dignificar e muito tem concorrido para a ampliação espiritual humana. Bem claro e compreensível, que os labores de uma vida difícil, disciplinada e plena de lutas, são ingredientes para um caminho ordenado, envolvido na paz.

Como todo ser, nesta encarnação, Divaldo tem o seu lugar e tem sabido preenchê-lo com as atitudes dos coerentes, dos alegres, dos sérios e dos que sabem por que se encontram na Terra. Como todo ser que faz alguma coisa, que trabalha com intensidade, tem sofrido ataques e incompreensões, apenas revidando-os com o bem e o esclarecimento, demonstrando o valor do amor-construção. À sua volta muitos têm lucrado imensamente com seus conselhos e orientações. Sentimos que é um autêntico pescador e orientador de almas. Está influenciando e demarcando o seu espaço e o seu tempo.

Alegres estamos por dedicar-lhe estas apreciações, que não representam um elogio a mais, porém, uma resposta reflexa de seu construtivo trabalho. Divaldo, obreiro intimorato, constitui, mesmo que assim não ache, uma das vigas mestras da dinâmica da Doutrina Espírita.

11

UM APÓSTOLO MODERNO

Emmanoel Martins Chaves[14]
(Fundador e dirigente de diversas entidades Maçônicas e
Espíritas. Escritor e conferencista. Uberaba, MG).

Conheço Divaldo Pereira Franco desde 1954, mesmo antes de sua primeira vinda a Uberaba.

No mês de dezembro daquele mesmo ano, chegou-nos a notícia de que o jovem orador deveria estar na vizinha cidade de Franca, SP, onde proferiria uma conferência, no salão do Educandário Pestalozzi.

Foi organizada uma caravana de confrades, composta por Waldo Vieira, Geraldo Miranda, Nubor Facure, Jorge Cussi e eu.

Predição confirmada

De minha parte, estava muito curioso, pois o meu velho pai, Prof. João Augusto Chaves, um dos pioneiros da Doutrina Espírita, em Uberaba, desencarnado em 1946, certa vez nos dissera que os Espíritos lhe haviam afirmado (pois era médium audiente) que muito em breve iria surgir um rapaz, no seio do Espiritismo, com grande capacidade oratória. Iria arrebatar as multidões com o seu verbo inflamado de inspiração e de ardor doutrinário, além de extraordinária mediunidade. Uma das grandes incumbências desse jovem, através de sua palavra, aonde quer que viesse pronunciar suas conferências, seria a de despertar o interesse arrefecido dos confrades, levantando os seus ânimos, o seu entusiasmo e despertando neles novas energias para o trabalho junto à Dou-

---

14. Emmanoel Martins Chaves nasceu em Uberaba, Minas Gerais em 27 de maio de 1917 e desencarnou em 15 de janeiro de 1995 (nota da Editora).

trina, além de exemplos que, com o tempo, haveria de demonstrar em todos os sentidos, e de novos adeptos que seriam esclarecidos através de seus pronunciamentos.

Fomos a Franca e nos dirigimos à Rádio Hertz, onde ele deveria falar, durante o dia. Realmente, quando lá chegamos, já se estava pronunciando através das ondas daquela emissora. Terminada a sua palestra, estávamos em pequeno grupo no auditório; vimo-lo pela primeira vez e notamos realmente tratar-se de uma pessoa muito jovem, de boa aparência, muito simpático. Fomos apresentados e passamos a conhecer-nos.

Logo nos vieram à lembrança as palavras do velho pai. Seria aquele jovem o moço que surgiria na Doutrina com tantas incumbências como aquelas que foram relatadas? Pensamos então: Vamos observar. O tempo dirá.

Ainda em Franca, reunimos o nosso grupo com o irmão Divaldo e outros da cidade, numa pequena sala, quando espontaneamente se manifestou por ele o Espírito Eurípedes Barsanulfo, transmitindo-nos linda mensagem. O irmão Waldo Vieira teve, nessa ocasião, um desdobramento, havendo, momentos depois, despertado muito comovido.

À noite, nosso irmão Divaldo pronunciou a conferência programada, quando todos ficamos extasiados, observando o seu entusiasmo, a forma de expressão e o tema abordado, o qual se relacionava com o corpo humano, suas funções e quanto deveria representar para nós, como valioso empréstimo da Providência Divina.

Depois da conferência, tivemos ocasião de abordar o jovem tribuno, convidando-o, em nome dos espíritas de Uberaba, para que viesse até a nossa cidade, a fim de pronunciar também aqui uma de suas conferências, dizendo-lhe ainda que tínhamos uma entidade assistencial para crianças em nossa terra, denominada *Lar Espírita*. Nosso irmão imediatamente se prontificou a nos atender, dando-nos o seu endereço, a fim de que entrássemos em contato com ele em posteriores entendimentos.

Despertando o Brasil Central

Assim fizemos, em nome dos confrades de Uberaba e foram estabelecidos os primeiros entendimentos para sua primeira visita à nossa terra, o que ocorreu no mês de julho de 1955, iniciando-se, aí, um trabalho de divulgação doutrinária no Triângulo Mineiro e parte do estado de Goiás, o qual já vai para mais de 30 anos.

Sua primeira conferência, em Uberaba, foi realizada no entroncamento da Rua João Caetano com a Avenida Fidélis Reis, a qual, nessa época, terminava ali, em frente à residência do confrade Dr. Inácio Ferreira, sobre um palanque armado pela Prefeitura Municipal de Uberaba.

A apresentação do orador foi feita pelo confrade Waldo Vieira, jovem Presidente, na época, da União da Mocidade Espírita de Uberaba.

Logo em seguida, Divaldo toma a palavra e pronuncia belíssima conferência, tendo-nos dito, posteriormente, o irmão orador que, logo ao levantar-se para falar, viu, no Plano espiritual, uma grande faixa com os dizeres: *Ave Cristo! Os que te vão servir te saúdam*!

Desde essa primeira vinda a Uberaba, ficou estabelecido que iríamos coordenar seus roteiros de conferências na região anteriormente referida. Nesse período, que se alonga por vários decênios, tivemos, então, a oportunidade de entrar em entendimentos com as cidades interessadas em sua presença, planificando, até mesmo duas vezes por ano, suas visitas, as quais se alongavam comumente por uma semana.

No Triângulo, nosso irmão Divaldo teve ensejo de falar em auditórios diversos das seguintes cidades: Uberlândia, Araguari, Monte Alegre, Tupaciguara, Ituiutaba, Centralina, Monte Carmelo, Patrocínio, Prata, Sacramento, Araxá, Patos de Minas, etc.

Em Goiás, em apenas algumas cidades próximas do Triângulo, pois as demais zonas estavam a cargo de outros confrades para a organização de roteiros: Morrinhos, Itumbiara, Catalão, Ipameri e Pires do Rio.

Fenômenos surpreendentes

Numa das primeiras visitas a Uberlândia, foi realizado um trabalho em casa da genitora de nossa irmã, Prof.ª Izabel Bueno. Ao final da reunião, depois de haver recebido mensagens através de suas faculdades psicofônicas, Divaldo, levantando-se, ensejou-nos observar e sentir os resultados de uma manifestação de efeitos físicos: ele sobrepassava as mãos, de cima para baixo, ora num ora noutro braço e esparzia sobre os circunstantes gotas de um intenso perfume de violetas.

Até depois do encerramento dos trabalhos, após a porta de saída para um pequeno jardim em frente da casa, ainda aspirávamos aquele perfume tão agradável a proporcionar a todos nós imensa alegria interior.

Também em Uberaba, tivemos ensejo de observar dois fenômenos dignos de nota: primeiramente, nos referiremos a um que se realizou numa das dependências da residência de nossos irmãos Geraldo e Dona Ida Miranda, de onde se originou a fundação da *Casa do Cinza*, templo espírita até hoje existente, com sede própria, à Rua Quirino Luiz da Costa, nº 50. Era realizado um trabalho com a presença de vários confrades, dos quais, além de mim mesmo, nos lembramos dos seguintes: Wilson Facure, Waldo Vieira, Dr. Odilon Fernandes, Hermilo Souto Nóbrega, Clever Novais, Geraldo e Dona Ida Miranda e possivelmente outros irmãos que minha memória não consegue situar. Sobre a mesa havia vários copos com água a ser fluidificada, ali colocados pelo próprio dono da casa, confrade Geraldo Miranda. Estando todos em concentração, de repente chamou-nos a atenção algo como se estivesse em efervescência, logo à nossa frente. Observando, notamos que a água existente naquele recipiente havia tomado uma aparência leitosa! Era um fenômeno de efeitos físicos que estava acontecendo diante de nós, em plena claridade! A água se havia transformado em medicamento, tendo o dono da casa distribuído um pouco a cada um dos presentes, posteriormente, ainda sob a admiração de todos.

Outro fenômeno, também significativo, realizou-se numa das primeiras viagens de Divaldo a Uberaba. Foi numa reunião em casa de nossos pais, contando-se com a presença de razoável número de pessoas. Em dado momento, nosso irmão Divaldo pede que se traga uma toalha de rosto. Notamos que, imediatamente, se materializou um aparelho com a extremidade em forma de funil, de onde jorrava uma luz. Dentre os presentes havia uma pessoa que estava com um problema de infecção na garganta. Divaldo dirigiu-se a ela, pediu-lhe que abrisse a boca, e então o foco da luz incidiu sobre a sua garganta, procedendo-se a um tratamento local. Os efeitos posteriores, segundo se pôde verificar, foram muito satisfatórios!

No ano de 1957, quando fomos, ambos, pela primeira vez à cidade de Ituiutaba, os amigos nos encaminharam à hospedagem no hospital fundado e dirigido pelo Dr. David Palis. Após o almoço, como é de seu hábito, foi deitar-se, a fim de repousar um pouco, preparando-se para a reunião. Ao despertar para o banho, então ele me disse que ali havia estado um Espírito que desencarnara recentemente e ainda estava preso aos despojos materiais, portanto, permanecendo no mesmo leito. Descreveu a Entidade, com a riqueza possível de detalhes, e nós, ao primeiro ensejo, entretendo considerações, narramos o fato ao médico diretor do nosocômio. Para sua e nossa surpresa, ele informou que era de se estranhar, porque aquele apartamento era novo e não havia sequer sido inaugurado! Nós é que o estávamos inaugurando e por ali não havia passado nenhum paciente, muito menos desencarnado alguém nas circunstâncias em que haviam sido referidas. O doente dizia-se portador de um distúrbio cardíaco muito acentuado, sem saber que havia desencarnado. E, sem maiores delongas, ante o fato inusitado, o Dr. David Palis resolveu investigar – homem coerente e justo –, não desejando contradizer, mas sendo um investigador sem compromisso com nenhuma doutrina filosófica nem religiosa, procurou saber da administração da casa, junto aos funcionários, e veio a ser informado do fato verdadeiro.

Chegara um paciente de emergência, e porque o hospital não tinha nenhuma acomodação, enquanto se aguardava a unidade de terapia intensiva, ele havia sido colocado exatamente naquele quarto e naquela cama, onde falecera havia menos de uma semana. O fato, portanto, revestiu-se de robusta prova da mediunidade, porque eliminava a hipótese telepática, a chamada hiperestesia indireta do inconsciente e a fraude, porque nem ele, que era o diretor do Hospital, tinha conhecimento do fato! Só mesmo o desencarnado é quem poderia apresentar-se ao médium e dizer o que lhe estava acontecendo.

Depois dos fenômenos anteriormente referidos, o próprio irmão Divaldo disse-nos que a Espiritualidade havia bloqueado a sua faculdade de efeitos físicos, a fim de lhe sobrarem energias para os trabalhos de divulgação doutrinária e de assistência social que teria de realizar.

Médium correto e responsável

Durante todos estes anos de nossa convivência com Divaldo, não só em suas viagens a Uberaba como nos roteiros de conferências, uma das suas grandes qualidades que pudemos observar foi sempre um enorme senso de responsabilidade. Jamais chegou atrasado ao recinto onde a conferência devesse realizar-se. Sempre plenamente equilibrado em todas as suas atitudes, desde a alimentação que tomava até as conversações que mantinha com todos. Houve sempre os momentos de *conversa séria* e as horas de descontração, em que nosso irmão dava largas ao seu espírito jovial, comunicativo e alegre, principalmente nos lares onde há maior intimidade pela convivência de anos e anos.

Divaldo teve também as suas horas de testemunho, indispensáveis a todos nós, com vistas à nossa maior maturidade. Porém, sou testemunha disso: em todas as circunstâncias manteve o seu equilíbrio, a sua fé, a sua firmeza, a realização de seu trabalho. Felizmente, tudo se ajustou para maior glória da Doutrina e de todos nós.

Desejava evitar relato de problemas de ordem pessoal. Mas o que Divaldo realizou pelo autor destas em dois períodos de testemunhos difíceis, precisa, merece ser sintetizado. Tomando conhecimento, por intermédio de dedicada amiga, de nossas provas em vários sentidos, nosso irmão nos telefona imediatamente e, depois, por várias vezes, trazendo-nos a sua palavra de encorajamento e de solidariedade sob todas as formas. Dizia-nos: – Todos temos a nossa hora de sementeira, de trabalho, mas, principalmente, de testemunho. É a sua hora de testemunho. Mantenha-se firme! Graças a Deus, as tempestades passaram, mas, conforta-nos saber que um verdadeiro irmão e amigo nos estendeu a mão forte e valorosa no momento certo e oportuno.

Obra assistencial modelar

Infelizmente, não conhecemos a sua Obra em Salvador, a não ser através de informações, por motivos alheios à nossa vontade. Mas temos acompanhado de perto a extensão dos trabalhos realizados e ficamos mesmo extasiados ante a soma de responsabilidades que lhe pesam sobre os ombros e sobre sua equipe de colaboradores. Haverá de chegar um dia em que o Centro Espírita Caminho da Redenção e todos os seus departamentos servirão de modelo aos próprios poderes constituídos para orientação em seus trabalhos de assistência e educação ao povo de nossa terra.

E hoje, quando constantemente estamos tomando conhecimento de suas viagens ao exterior, podemos imaginar a sementeira que esse companheiro tem esparzido por todos os continentes deste planeta. Um dia, haverá de vir a colheita em profusão.

E que dizer dos livros, das mensagens, das orientações que sempre o valoroso irmão conta em sua folha de serviços?! Só o tempo poderá ajuizar melhor o que está representando a passagem de Divaldo pela face do planeta. Que Deus o ilumine e lhe dê forças cada vez maiores para que possa continuar a sua jornada de luz e de trabalho. Nós, seus humildes companheiros, nos sentimos imensamente honrados em dar o nosso testemunho humilde, mas leal e sincero em todos os tempos.

12

DIVALDO – UM TESTEMUNHO PESSOAL

Hermínio Correa de Miranda[15]
(Escritor e conferencista espírita – Rio de Janeiro, RJ).

Prepare-se o ouvinte para agitar-se das emoções quando Divaldo se levanta para falar. Sem hesitações ou tropeços, a palavra flui ininterruptamente, por uma hora ou mais, eloquente e precisa no seu encadeamento, ora dramática, às vezes bem-humorada, não raro severa, ainda que compassiva e iluminada com toque de poesia. Nomes, datas e citações são colocados em tempo e lugar certos, historinhas do cotidiano ilustram pontos de vista, recortes de seus diálogos com amigos espirituais acrescentam ensinamentos, cenas descritas parecem armar-se diante de nossa visão interior, com toda a magia do movimento, dos sons e das cores, como se ali estivéssemos não apenas a ouvir o relato ou assisti-las, mas a partilhar da ação narrada. (A língua inglesa tem, para este fenômeno, uma expressão irretocável: *linguagem gráfica*, ou seja, a palavra que traz consigo o poder mágico de criar imagens vivas no espírito do leitor ou do ouvinte).

Uma pessoa como Divaldo não se improvisa, nem se forma em tantas ou quantas lições em cursos de oratória e dialética. Nossas existências na carne não são compartimentos estanques, são segmentos orgânicos de um passado de remotas origens e se projetam num futuro sem limites. A personalidade Divaldo Franco é um momento de sedimentada individualidade em processo evolutivo, de vez que somos seres inacabados, enquanto não alcançarmos os últimos e ainda remotos estágios da perfeição.

---

15. Hermínio Correa de Miranda nasceu em Volta Redonda, RJ, em 5 de janeiro de 1920 e desencarnou no Rio de Janeiro, RJ, em 8 de julho de 2013 (nota da Editora).

Os Espíritos disseram a Kardec que fomos *criados simples e ignorantes*, mas disseram também que o Espírito é o *princípio inteligente do Universo*. Somos, portanto, parte integrante e pensante do Universo que, em si mesmo, é pensamento de Deus. Como dizia Paulo: *vivemos e nos movemos em Deus e nele temos o nosso ser*, mesmo porque nada existe senão n'Ele. Acontece, porém, que é moroso o despertar da nossa consciência de participação e integração em Deus. A partir do momento em que alvoreça em nós tal conscientização, começamos a entender melhor os doces enigmas da vida e a entrever a verdade implícita nas Leis Divinas.

Não é, contudo, por um passe de mágica que assumimos esse estágio evolutivo. Ele resulta de um lento e quase sempre penoso processo de amadurecimento. É produto de considerável e obstinado esforço pessoal e não pode ser deixado ao sabor de nossas hesitações, fantasias e acomodações. Quando o Cristo nos ensinou que o *Reino de Deus está dentro de nós* e não aqui ou acolá, no tempo e no espaço, tinha em mente, por certo, o projeto pessoal de perfeição espiritual que Deus colocou em nós ao nos criar e que cabe a cada um desenvolver no ritmo que lhe for próprio e possível. Por isso, dizia há pouco que somos seres inacabados, pois muito há que fazer e refazer, na busca de uma perfeição não só possível e programada, mas inexorável.

Não obstante, essa perfeição parece afastar-se à medida que, paradoxalmente, nos aproximamos dela. É que, na relatividade de nossa visão, vamos descobrindo defeitos em *nossa imagem da perfeição*, jamais na perfeição em si mesma. É, portanto, em nós próprios, nas mais profundas raízes do ser, no silêncio mais denso da intimidade, que temos de trabalhar as sucessivas aproximações ao ideal que Jesus resolveu conceituar como o *Reino de Deus*, ou seja, aquele momento cósmico a partir do qual as Leis Divinas passam a reger o nosso ser e não mais as paixões e as imperfeições humanas que, por tanto tempo carregamos.

Não há dúvida de que esse momento de realização plena é a resultante de incontáveis conquistas menores, ao longo de uma difícil escalada. E, às vezes, até nos parece um tanto desproporcional o esforço empreendido ou pensamos que doeu demais a dor que guiou os nossos passos incertos até àquele ponto. Mas não foram excessivos, nem o esforço nem a dor— apenas a medida certa, o preço ínfimo que pagamos pelo acesso ao território luminoso da paz.

Paulo disse isso mesmo de maneira irretocável. Jamais esquecerei as emoções que me sacudiram ao ler este fragmento de sua dramática mensagem aos coríntios, escrito na pedra, em grego e em inglês, lá mesmo, em Corinto, numa luminosa primavera:

– Que importa a breve tribulação do momento que passa se nos aguarda um caudal de glória eterna?

Por isso, quando Divaldo fala, estejamos certos de que há por trás de tudo aquilo e na base de tudo, um longo e sofrido preparo, feito de renúncias anônimas, de pequenas e maiores conquistas, de silêncios, de coragens que parecem covardias, de angústias que se ocultaram em lágrimas invisíveis, ou até se apagam atrás de sorrisos heroicos.

Nas origens e consequências desse drama que não vai aos palcos da vida, adivinhamos o assédio de companheiros (encarnados e desencarnados) que, consciente ou inadvertidamente, pressionam por atitudes impossíveis, exigem soluções mágicas para problemas pessoais, questionam posturas, contestam observações, formulam perguntas farisaicas, disseminam críticas injustas, murmuram mal disfarçadas calúnias, tentam envolvimentos sentimentais, criam círculos de perigoso endeusamento ou patrulham gestos de comportamento.

Trabalhos, como o de Divaldo, que se estendem à psicografia, às tarefas da desobsessão, à assistência social, às viagens pelo mundo, exigem adequado padrão de dignidade e consistência para que se revistam do grau certo de credibilidade. São tarefas que precisam de sustentação da amizade singela e descompromissada, dado que nenhum de nós é ilha – somos partículas de um todo, feito de um infinito número de conjuntos solidários. Amigos que não exijam preferências e exclusividades, que se contentem com pouco e doem tudo o que puderem, em vibrações de afeto transparente e sem reservas, em preces, em apoio material, quando e onde necessário e possível, porque a obra tem a sua face material, o seu componente terreno, como o próprio ser, que é Espírito, mas se encontra transitoriamente acoplado a um corpo físico. Mas que esse apoio não assuma características de compra e venda, não se mercantilize, nem se avilte.

Não identifico na memória inibida pela matéria densa os registros de quando, onde e como *encontrei* Divaldo. Sei de um ou outro *reencontro* mais remoto e estou bem consciente dos vínculos afetivos que nos unem sem nos prender, porque ainda experimento, em relação a ele, certas inquietações – um tanto pueris, reconheço – como que paternais, ou impulsos de irmão e amigo de antigas romagens. Na passagem atual, têm sido poucas as oportunidades de convívio. Ele próprio me falou, certa vez, na linguagem poética da parábola, que somos pequenas sementes confiadas ao solo pelas mãos generosas do Senhor. Às vezes é até possível nos vermos a distância, quando cresce o caule e a espiga dourada estica o pescoço elegante e contempla a outra, ao longe, identificando nela a companheira de jornada, ambas, porém, presas ao solo, porque é ali, naquele ponto específico, que o Senhor nos quer, por ser ali que precisa de nós.

Há momentos, nesse convívio, quase sempre marcados por emoções impactantes. Lembro-me de alguns deles. Em 1961, por exemplo. Mais jovem que eu cerca de 7 anos, Divaldo era já nome nacional, enquanto eu dava os primeiros passos incertos na Imprensa Espírita.

Sentia eu a aproximação de uma turbulência nos horizontes da vida profissional. Com 41 anos de idade, filhos para criar e educar, via-me, subitamente assediado por apreensões e temores que, aliás, se concretizaram pouco depois.

Fora convidado para uma reunião em casa da nossa querida Lygia Ribeiro, no Rio e, a exemplo de outras pessoas, pusera meu nome numa folha de papel em branco, à espera de uma palavra orientadora dos amigos espirituais, para aquele momento de perplexidade e incertezas.

Observei, apreensivo, que, ao chegar à minha folha, Divaldo, em transe, deslocara-a para o último lugar. Será que me faltaria a ansiada palavra? Não, não faltou. De certa forma, confirmava meus vagos temores, anunciando um período de aflições e provações, mas era uma palavra serena, como se aquilo fosse mero incidente de percurso, simples solavanco na carruagem que se arrastava por ásperos caminhos. Mais que serena, acenava com perspectivas que, àquela altura, me pareciam impensáveis para mim, pois falava de *sementeira de luz*, a desdobrar-se em breve. Como iria eu ser portador de sementes luminosas se a sombra parecia fechar-se ameaçadora em torno de mim?

Li a mensagem com a possível atenção no tumultuar das emoções do momento. Com a sensação de quem se prepara para saltar na água fria e agitada, sem saber ao certo se conseguiria alcançar a outra margem.

Havia um nome ao pé da página: Joanna, simplesmente Joanna. Perguntei a Divaldo quem era. A resposta também foi simples: Uma amiga espiritual – disse ele. Alguma coisa, contudo, acontecera naquele dia de tensa expectativa. Coisa importante. Pouco antes, Divaldo, que mal me conhecia, me dera um discreto recado pessoal, que seria a sustentação de meu ser em futuro próximo e no mais remoto e no sempre.

– O senhor – me disse ele – é muito amado no Mundo espiritual.

Estranho recado aquele, e dramático. Guardei um silêncio emocionado, pois não tinha voz para falar. E me fiquei a perguntar: Por que eu? Que teria feito para merecer amigos assim, que, numa hora difícil me mandavam dizer que me amavam! E que amigos seriam aqueles, tão queridos, quanto anônimos e invisíveis? Não sei. O importante era que os tinha. Agarrei-me à inesperada informação que iluminaria os momentos mais dolorosos sempre que atravessasse os sombrios espaços a percorrer.

Através de Divaldo e de outros medianeiros confiáveis, alguns daqueles amigos anônimos assumiram, com o tempo, identidades, e se fizeram presenças consoladoras. Não faltaram palavras de alento, especialmente nas encruzilhadas mais aflitivas da viagem. Lembro-me do amado Bezerra a recomendar-me que, a despeito das dificuldades, não desistisse, como eu pensava fazer, das experimentações com as técnicas de regressão de memória. Lembro-me dele ainda, numa longa, emocionada e inesperada comunicação psicofônica, a falar-me compassivamente de minhas lutas e de propósitos que trouxera para esta existência. Lembro-me dele, novamente, a convocar-me, também sem que eu o esperasse, para tarefas que só *eles* do lado de lá pareciam ter conhecimento, mas que, como soube mais tarde, estavam meticulosamente planejadas de muito, muito tempo, à espera paciente de que nós oferecêssemos aquele mínimo de condições necessárias à sua dinâmica.

Lembro-me de uma noite, em Salvador, já passados os 60 anos de idade, inquilino de um corpo físico cansado por mazelas, e pensava estar concluída, ou em vias de concluir-se minha tarefa, quando Amélia Rodrigues, irmã e amiga de milênios, veio trazer-me a doce expressão do seu afeto e advertir-me de que ainda havia muito a fazer.

Meu Deus! Depois de centenas de artigos e de uma dezena de livros publicados? Pois era verdade. Eu tinha outra dezena de livros a escrever e não sabia...

Lembro *recados* breves e emocionados de minha mãe, o último deles ainda há pouco e que, mais uma vez, me deixou sem fala e sem saber o que fazer de minhas emoções.

E ao escrever agora sobre isto, é como se recuperasse, em toda a sua pureza cristalina, a magia daqueles momentos, a carga emocional, as lágrimas, o consolo, a esperança que se renova, quando tudo parecia vestir a túnica cinzenta do desalento.

Por isso, quando vejo Divaldo levantar-se para falar, ou sentar-se para se concentrar no intercâmbio com os Espíritos, recolho-me a uma postura de silencioso respeito e me faço lembrar que não é fácil ser Divaldo, como não o é ser Chico Xavier, ou ter sido Petitinga, Cairbar Schutel, Barsanulfo ou Yvonne Pereira.

Mas, pensando bem, não é fácil viver segundo a Mensagem de Jesus, mesmo vivê-la imperfeitamente, como o fazemos. Ademais, Ele não iludiu a ninguém com a promessa de facilidades, isenções e mordomias. Ao contrário, advertiu logo que havia uma cruz para cada um daqueles que se dispusesse a segui-lo, pois é assim que costumava fazer com seus amigos. *Por isso* – disse-lhe, certa vez, com infinita ternura e doce intimidade, a nossa querida Teresa de Ávila – *é que tens tão poucos amigos!*

A diferença, como declarou Paulo, é que esses amigos trazem no corpo, e no Espírito, as *Suas* marcas indeléveis, não como condecorações a serem exibidas nos torneios da vaidade, mas como testemunhos vivos de uma fé que se transmutou no ouro puro da convicção.

13

Um missionário de nossos dias

Maria Edwiges Borges[16]
(Presidente da Federação Espírita do Estado do Mato Grosso do Sul).

Foi no ano de 1956 que, em Vitória do Espírito Santo, participamos do Congresso de Religiões Irmanadas.
Dentre os oradores inscritos, estavam o Prof. Rubens Romanelli, Dr. Noraldino de Melo e outros, tendo para o encerramento do programa o jovem Divaldo Pereira Franco.

Nós já o conhecíamos de nome, mas, jamais supusemos tratar-se de um caso *sui generis*. Desde a sua saudação ao público, ficamos embevecidos e, no decorrer da palestra, emocionada, não conseguia esconder o espanto por causa da naturalidade e da beleza de suas colocações.

Era um rapaz quase imberbe, que falava com absoluta profundidade de expressão, grande conhecimento religioso e histórico, fazendo vibrar toda a plateia, comovendo os corações.

Ao término, todos o procuraram, entusiasmados e eu também, convidando-o para que viesse a Mato Grosso para espargir esses magníficos ensinamentos, convite que foi por ele aceito e já, em julho do ano seguinte, Divaldo foi o orador oficial da 1ª Concentração Espírita de Mato Grosso, quando este ainda era um só estado.

Desde então, muitas vezes este missionário da III Revelação tem estado entre nós, no desempenho dessa tarefa apostólica. Várias vezes visitou outras cidades do estado, mesmo em caravana por terra, abrangendo Aquidauana, Dourados, Ponta Porã, bem como Três Lagoas e

---

16. Maria Edwiges Borges nasceu em 18 de outubro de 1918. Desencarnou em Campo Grande, MT, em 25 de julho de 2000 (nota da Editora).

Parnaíba. Corumbá, Rondonópolis e Cuiabá sempre fizeram parte de suas jornadas e por elas Divaldo também foi condecorado.

Em Campo Grande, ele foi distinguido com a Comenda de Cidadão Campo-grandense, concedida pela Câmara Municipal e posteriormente, tão logo foi dividido o estado, lhe foi oferecida a 1ª Comenda de Cidadão Sul-mato-grossense, tendo em vista os relevantes serviços prestados à nossa gente através desse acervo de cultura de que é portador e muito bem aproveitado pelo Plano espiritual.

Em todos esses anos, Divaldo tem trabalhado até ao sacrifício na divulgação da Doutrina Espírita, e o faz sempre com muito amor, superando inúmeras dificuldades na manutenção da obra social por ele criada e mantida com muito carinho, isso desde a sua juventude. Estamos nos referindo à admirável Mansão do Caminho, obra de benemerência que muito serviço tem prestado à população baiana e mesmo a de outros estados.

Agora, ao completar 40 anos de mediunidade cultivada com as flores da dedicação, também nos referimos com muito carinho às obras por ele psicografadas, sendo, cada uma, verdadeira fonte de conforto e de ensinamentos, e, estamos certos que, ainda por muitos anos, seremos contemplados por outras tantas pérolas literárias hauridas do Plano espiritual, por suas mãos abençoadas.

Em se tratando da Doutrina Espírita, para Chico Xavier e Divaldo Pereira Franco nós tiramos o chapéu.

14

Divaldo: ontem e hoje

Therezinha Oliveira[17]
(Oradora e escritora espírita residente em Campinas, São Paulo).

Abril, 1958, São José do Rio Preto. Algumas centenas de jovens espíritas dos estados de Goiás, Mato Grosso, Minas Gerais e São Paulo participando da XI Concentração de Mocidades Espíritas do estado de São Paulo. Era a noite de encerramento e o moço Divaldo falava. Oratória envolvente, voz sincera, coração vibrante.

Assim conheci Divaldo e, como todos, encantei-me com a sua pessoa e mensagem espiritualizante. Já era ele, então, o idealizador e fundador do Centro Espírita Caminho da Redenção e de seu departamento assistencial, a Mansão do Caminho, que oferecia a crianças órfãs e desvalidas uma acolhida providencial e assistência carinhosa, sem as quais provavelmente feneceriam no vício, no crime, na marginalidade.

Seu renome como orador espírita atingia o país todo e sua palavra lastreava-se num labor doutrinário, mediúnico e assistencial digno de respeito e apoio.

A mediunidade, que se lhe manifestara espontânea e pujante desde os tenros anos, afirmava-se na disciplina e no estudo espírita, abrindo perspectivas promissoras para as tarefas que trazia da vida além, como programa para a atual encarnação.

Divaldo! Na tônica da jovialidade e da ternura, sua vida jovem que inspirava outras jovens vidas, qual a minha, no rumo do ideal espírita, do serviço cristão ao próximo, socorria, motivando e norteando também aqueles a quem a vida amadurecera.

---

17. Therezinha Oliveira nasceu em Cravinhos, SP, em 2 de Outubro de 1930 e desencarnou em 28 de agosto de 2013 (nota da Editora).

Hoje, sua influência inspiradora se faz em proporções mais amplas e ritmo mais intenso, ainda que outrora, pela sabedoria e vivência que, diligente e perseverantemente, ele soube tirar do tempo e lhe constitui merecido tesouro espiritual, próprio e incorruptível.

Divaldo! Haverá quem não o conheça no Movimento Espírita nacional? Multidões o aplaudem e estimam, tributando-lhe admiração pelo devotamento no labor espírita. E incansavelmente ele percorre as cidades brasileiras, de Norte a Sul, em verdadeiras maratonas de amizade e luz.

Internacionalmente, os que buscam espiritualidade requerem-lhe a presença edificante. E Divaldo desdobra-se por atender à semeadura doutrinária além de nossas fronteiras. 2.500 cidades de 40 países, em 4 continentes, já foram por ele visitadas, algumas por diversas vezes. Outras cidades e países aguardam conhecê-lo e ouvir-lhe a palavra inspirada e esclarecedora.

Divaldo! Através de sua mediunidade psicográfica, apurada e sublimada, autores espirituais diversos – especialmente sua mentora, Joanna de Ângelis – vêm enriquecendo a literatura espírita com várias centenas de livros, em repetidas edições e traduções para vários idiomas, no Brasil e no exterior, confortando almas, semeando compreensão e fé, otimismo e bondade.

Divaldo fez da Mansão do Caminho o seu lar na Terra e, ao impulso de sua fraternidade e dinamismo, tornou-a uma quase cidade, um lar para muitos que não o tinham, um reino de ordem e trabalho, de paz e de amor.

Ali [...], menores órfãos ou carentes recebem pão e ensino, exemplo e afeto. E centenas de adultos, tangidos pela enfermidade, desemprego e miséria, encontram amparo amigo, que os leva a superar suas dores e problemas ou a suportá-los, consolados e com dignidade.

Divaldo! O bom seareiro do Senhor completa quarenta anos de mediunato (Em 1987). No coração, alegro-me com ele e por ele, ante os triunfos espirituais que sua perseverança e dedicação vão conquistando na atual existência e em resultados felizes se estenderão, mais e mais, além e sempre.

Quantos, agradecidos e afeiçoados a ele, lhe envolverão a alma em votos amigos, neste marco de vida-luz!

Uno-me a eles, com a flor de uma prece: Divaldo amigo, Deus te guarde e abençoe!

15

Tarefas em Goiás

Paulo Daltro de Oliveira[18]
(Cirurgião-dentista, espírita militante em Goiás).

"*Para escalar a montanha salvadora, fitemos quem brilha à nossa frente.*" (André Luiz).

Divaldo é para nós o irmão, o companheiro que brilha à nossa frente. Empolga-nos com sua palavra vibrante e arrasta-nos com o seu exemplo de renúncia e amor à nossa Doutrina.

Conhecemo-lo há trinta anos, aproximadamente, e desde 1965 temos tido a felicidade de hospedá-lo em nosso lar, em Goiânia.

Se, ouvindo-o em palestras, nos extasiamos e sentimos enorme vontade de estudar e vivenciar os ensinamentos de Jesus, na intimidade do lar, ouvindo-o mais descontraidamente, a nossa admiração cresce a ponto de querermos melhorar mais rapidamente para que a distância evolutiva que dele nos separa desapareça, e, na Vida maior, possamos fazer parte não só de sua equipe, mas também de sua família espiritual.

Nossos filhos têm por ele um carinho todo especial. É o querido *tio* Divaldo.

Em 1971, passamos 23 dias na Mansão do Caminho e pudemos constatar esse mesmo carinho pelos companheiros de sua equipe e pelas crianças, seus filhos. Divaldo é o pai que viaja muito, mas que é sempre, ansiosamente, esperado por todos.

Há um pensamento que assim se expressa: *"A sós, vigia teus pensamentos; no lar, vigia teu gênio; em sociedade, vigia tua língua."*

---

18. Paulo Daltro de Oliveira foi fundador do Posto de Atendimento Espírita (PAE), do Berçário Espírita Joanna de Ângelis, da Sociedade de Estudos Espíritas Paulo de Tarso e da Gráfica e Editora Paulo de Tarso. Desencarnou em 28 de janeiro de 2004 (nota da Editora).

Durante os dias que convivemos com Divaldo, na Mansão, pudemos verificar que, em seu lar, ele é o mesmo; sempre alegre, espirituoso, paciente e firme em suas decisões. Sentimos que ele não precisa, no lar, vigiar o seu gênio. É, naturalmente, espontaneamente, o Divaldo que todos conhecem, nos conclaves, nas palestras ou nas reuniões mais íntimas com dirigentes do Movimento Espírita Brasileiro, e, temos certeza, no exterior, em suas viagens realizadas com o objetivo de divulgar a Doutrina Espírita.

O estado de Goiás, e principalmente Goiânia, durante mais de trinta anos recebe seus esclarecimentos, suas orientações e suas vibrações de amor e carinho. As suas vindas são precedidas de uma verdadeira euforia espiritual, e quando volta para Salvador ou continua seu roteiro de palestras para outros estados, deixa a todos que o ouviram, ou com ele dialogaram, não só o entusiasmo, a energia e a motivação para continuarem suas lides espirituais, mas também a luz para a solução de muitos problemas íntimos e familiares. Sua presença é certeza de que milhares de pessoas serão esclarecidas, centenas de livros serão vendidos e, o que é mais importante, para um público do qual um terço, aproximadamente, das pessoas presentes, é de leigos ou apenas simpatizantes da Doutrina Espírita.

É o Espiritismo sendo levado fora dos arraiais espíritas. Em nossa capital e no interior conhecemos centenas de pessoas que se tornaram espíritas depois de ouvirem suas conferências ou lerem os livros por ele psicografados.

O Movimento Espírita goiano, dirigido anteriormente pela União Espírita, hoje Federação, sempre se beneficiou com seus esclarecimentos doutrinários, em palestras ou em reuniões íntimas com seus diretores.

Na área da assistência e promoção social, o trabalho por ele desenvolvido na Mansão do Caminho tem servido de incentivo e modelo para inúmeras Instituições goianas.

No setor da música ele sempre foi o maior incentivador do coral da Federação ao qual sugeriu o nome *Coral Vozes da Esperança*.

Em 1985, Divaldo tornou-se Cidadão Goiano e Cidadão Goianiense, títulos recebidos na Assembleia Legislativa e na Câmara Municipal, respectivamente. Foram dois acontecimentos verdadeiramente históricos para o Movimento Espírita Goiano. Nas duas sessões, sempre inspirado, ele revelou fatos e relatou datas que trouxeram subsídios para a história de Goiás.

Ao terminar estas nossas considerações, gostaríamos de registrar o único ponto que as palavras de Divaldo não nos convencem. É quando ele nos tenta explicar por que vem tão pouco a Goiás.

16

Um homem, um amigo, uma lição de vida

J. Raul Teixeira[19]
(Professor, médium e conferencista espírita – Niterói, RJ).

Quando me acerquei de Divaldo pela primeira vez, envolveu-me uma emoção profunda.

Estávamos num encontro de Mocidades Espíritas, e ele se dirigia aos jovens com o entusiasmo e a confiança de quem orienta para Cristo, em meio ao turbilhão de conflitos humanos. Dessa data para cá, já se passaram uns vinte anos...

A princípio, em meio à emoção, imaginei o quão difícil seria ultrapassar os limites daquela grandeza para dizer-lhe, ao menos, uma palavra, abraçá-lo, quem sabe?! Minha surpresa, porém, foi imensa, quando me aproximei daquele ser especial e fui enlaçado num olhar de fraterno carinho e num abraço de velhos amigos...

Dali em diante, aos meus olhos, Divaldo só cresceu. O tempo passou e pude conhecê-lo melhor. Fui por ele convidado a visitar a Mansão do Caminho. Conheci a intimidade do seu cotidiano, cotidiano de um homem que vive em contínuo trabalho, donde se destaca a criatura notável, o amigo atencioso que não se olvida do mínimo detalhe, quando se trata de fazer alguém feliz.

Pude confirmar, com o passar do tempo, o quanto Divaldo é humano, o quanto ele é gente, vibrando com a alegria dos que o procuram, quanto se amargurando pelos tormentos e dores dos seus irmãos de luta terrena, inobstante a sua inabalável postura espírita. Capaz de

---

19. José Raul Teixeira nasceu em Niterói, no estado do Rio de Janeiro, no dia 7 de Outubro de 1949. Fundou em 4 de Setembro de 1980, com um grupo de companheiros de ideal, a Sociedade Espírita Fraternidade, em Niterói (nota da Editora).

emocionar-se até às lágrimas, transfunde essa sensibilidade nas palavras e nos gestos de ternura que exterioriza, na dosagem certa.

Nesse homem incrivelmente grande, que se apequena para atender os pequenos, tenho um amigo e incentivador, sempre pronto a orientar e repassar as suas experiências valiosas para tantos que se encontram nas veredas que ele já conheceu de perto.

Divaldo é assim...

Grave, quando se agiganta falando da formosa Doutrina Espírita, desfolhando as lições de Deus, da alma, da vida, da esperança e do amor, empolga, arrebata, convence, com sua argumentação pródiga de bom senso e lógica...

Suave, quando atende os sofredores de todo matiz, evocando os ensinos da fé, da coragem, do esforço próprio e do trabalho, sustenta, enxuga lágrimas, renova, instrui, envolto na sua simplicidade grandiosa e no halo de fraternidade que o ilumina...

Descontraído, na intimidade familiar, dedicado a espalhar alegrias, dissemina otimismo, jovialidade, salutar euforia, que reconforta, participa, aproxima, fazendo com que jamais seja esquecido por quem teve o ensejo de conhecê-lo assim...

Em tudo quanto faz, vemos a marca da lisura e os propósitos do bem e do progresso, que sempre se dispõem a cooperar.

Guardando n'alma um grande amor a Jesus, em toda sua vida tem-se constituído num dos Seus mais eminentes cantadores, levantando sua voz para afirmá-lO em toda parte onde se apresenta.

Jamais estando inativo, sua vida é um hino ao trabalho que ele procura realizar sem complicar os que o cercam.

Tendo acompanhado algumas de suas lutas, quando a sombra investe, iracunda, babujando pela boca ou pela pena dos incautos adversários da luz, com o fim de denegrir e magoar agressivamente, encontro nesse nobre Espírito, reencarnado entre nós, uma capacidade formidável de entender, perdoar e prosseguir estendendo mãos e coração em benefício dos próprios agressores, convertendo pedras em pães, espinhos em flores, dores em bênçãos para si mesmo.

Nestas evocações tão simples, nas quais procuramos e não conseguimos, com facilidade, os adjetivos que correspondam, de fato, aos nossos sentimentos de carinho e respeito, gratidão e louvor, em relação ao nosso Divaldo, entendemos porque ele atinge as quatro décadas de serviços com Jesus, com o vigor que as dificuldades da saúde não conseguem obstaculizar, com essa fibra que os múltiplos problemas do mundo, ao longo da sua existência, não conseguem empanar.

Em 40 anos de lide ininterrupta, todos recebemos dele excelente lição de vida para que melhoremos a própria caminhada, espelhando-nos nos seus feitos de dedicado lidador, que, certamente, pela maior proximidade com o Espírito do Cristo, serve-nos de balizamento, nos conturbados momentos da Terra.

Desejo, assim, neste momento de fraternal ternura, rogar ao Supremo Senhor para que mantenha por muito tempo ainda, entre nós, nas vibrações somáticas, esse homem feliz, a fim de que, refletindo nessa epopeia de amor, que dura já 8 lustros, firme e luminosa, vigorosa e fiel, tenhamos a certeza de que nossas responsabilidades crescem, perante a Vida, depois que logramos a bênção de partilhar do trato afetuoso e bom, delicado e fraterno, com essa vida portentosa que é a de Divaldo Franco.

17

ALTER EGO

J. Raul Teixeira
(Professor, médium e conferencista espírita – Niterói, RJ).

É muito difícil chegar-se aos 40 anos de uma atividade espiritual, com a qual o lucro maior é a paz da consciência pelo dever retamente cumprido. É bem raro, mas ocorre.

Estamos vibrantes pelas quatro décadas de total integração do nosso Divaldo Franco com o trabalho de Jesus Cristo, entregando todo o seu tempo, sua voz, sua inteligência, sua saúde, no ministério glorioso da renovação da Humanidade, na construção do mundo novo.

Ao reconhecermos que não é fácil alcançar 40 anos de labores, com dedicação plena, com viagens incessantes, atendimentos diários a necessitados de diversas ordens, auxílio aos inumeráveis enfermos do Mundo espiritual, no trato de dramas obsessivos de gravidade inquietante, cuidando da tarefa do livro espírita com essa profusão que empolga e emociona, vemos em Divaldo esse bandeirante do progresso, que se esqueceu de si próprio para devotar-se à causa do Cristo, nos trilhos do Espiritismo, adentrando os territórios, muitas vezes inóspitos, das almas, cavoucando-lhes, com amor, ao longo dos anos, com as ferramentas da palavra e do exemplo, até encontrar as esmeraldas da paz ou os filões auríferos do amor em sua intimidade, além de ampliar as dimensões do sentimento cristão nos corações sintonizados com as fontes do bem.

Entretanto, vale lembrar, a história registra, com observações curiosas e importantes, uma realidade que não se pode esquecer ou menosprezar. Todos aqueles que se destacaram, singrando mares bravios, ou que desbravaram selvas, ou se tornaram heróis por vários motivos que os consagraram, e tantos que se santificaram no bem, não o lograram sem a participação de outra alma dedicada que os apoiou, sustentou, auxiliou, de alguma sorte.

Temos desde Sancho Panza, no famoso romance de Cervantes, personificando o bom senso realista ao lado do extremo idealismo de Dom Quixote, até a excelente atuação de Anne Sullivan, mestra devotada da menina Helen Keller que, aos dois anos de idade, ficara cega, surda e muda, transformando-se, com a assistência de Sullivan, a *fazedora de milagre*, na expressão cinematográfica de Arthur Penn, numa mulher detentora de diversos títulos universitários, conhecida e festejada em todo o mundo.

Conhecemos dedicações como a de Frei Leão para com o *paizinho seráfico*, Francisco de Assis, até o reforço tranquilo e sem alarde de Amélie Boudet, a doce Gaby, ao gigantesco trabalho de seu esposo, Allan Kardec.

Tantos outros exemplos poderiam ser destacados, se o nosso escopo, aqui, não fosse enfocar a figura de Divaldo. Ao seu lado, na condição de amigo, irmão, guardião e apoio, ergue-se uma figura que encanta pela simplicidade e amor ao trabalho, que sensibiliza por seu devotamento à Obra que, juntos, fundaram e por sua incansável versatilidade atuando nos serviços de pedreiro ou gráfico, de carpinteiro ou eletricista, de mecânico de automóveis ou de pintor, unindo tudo isto à sua condição proeminente de pregador e doutrinador de largos recursos: Nilson de Souza Pereira.

Se não é fácil ser grande durante 40 anos, diante de câmeras, de jornalistas, luzes, aplausos e pedradas públicas, igualmente não é simples o trabalho de firmar os alicerces, que ninguém vê, quando tantos anseiam por aparecer, por projetar-se na claridade dos outros. Não é simples, também, o empenho de aprender a ouvir atencioso, quando se sabe também falar; não é banal a grandeza de renunciar à prática mediúnica na condição de médium ostensivo, para dedicar-se ao diálogo instrutivo e emocionante com aqueles tidos como mortos, mas que cantam ou choram, bendizem ou blasfemam, no Além. Pois bem, o nosso Nilson escolheu tal posição, adotando a humildade operosa como bússola para a sua vida.

São 40 anos de labores santificantes de Divaldo, com a presença das lágrimas e dos testemunhos árduos que poucos suportariam com a mesma fibra, todos esses anos e episódios acompanhados, sentidos e sofridos por esse batalhador incansável, que é Nilson, sempre envolvido com os sobrinhos, que são seus verdadeiros filhos do coração, na Mansão do Caminho.

Divaldo, na Mansão, é bem o coração que, diante de alguma questão disciplinar, põe os meninos *de castigo*, ao seu lado, ouvindo músicas suaves e recebendo queimados (balas), enquanto ele mesmo trabalha. Nilson, então, é o instrutor que disciplina no trabalho, ensinando e cobrando o aprendizado daquilo que lhes será também necessário ao enfrentamento da vida no mundo, logo mais. Ambos, porém, amados pelos filhos que as Leis da Vida colocaram em seus caminhos, vêm conduzindo, no passar desses 8 lustros, os materiais vários, pesados, sem dúvida, para o erguimento do Reino de Deus na Terra.

Eis por que, ao levantarmos a voz para louvar a Deus pelos quatro decênios em que Divaldo espalha luz pelas plagas distintas do mundo, não podemos silenciar quanto a esse apóstolo silencioso que lhe prepara o suporte, mantendo na retaguarda o grupo de trabalhadores em ação, em prece pelo amigo em contínuas viagens.

Quando conhecemos de perto a extensão e a importância da obra de Divaldo, em Salvador; quando percebemos o papel de Nilson no seu plano de atividades, já não conseguimos pensar nela sem os dois que, embora distintos, se complementam, nesse compromisso fulgurante com Jesus, que se espraia por quatro dezenas de anos, nas terras do Brasil, vitorioso e abençoado.

18

RECADO ESPIRITUAL AO VIZINHO

Antônio César Perry de Carvalho[20]
(Cirurgião-dentista, professor universitário, escritor espírita
e líder do Movimento na região de Araçatuba, SP).

Em visita que fizemos, em junho de 1985, às atividades criadas por Divaldo Pereira Franco, em Salvador, aproveitamos para percorrer mais em detalhes a Mansão do Caminho, que se localiza na periferia daquela cidade. Trata-se de obra modelar de apoio à infância, com lar para internos, creche, escolas e atendimento à família.

Participamos, também, de reuniões do Centro Espírita Caminho da Redenção, local onde, habitualmente, expõe o famoso orador espírita. Na reunião mediúnica, Divaldo Pereira Franco psicografou mensagem de Benedita Fernandes intitulada *Lesões ignoradas*. A referida mensageira espiritual foi pioneira em nossa cidade – Araçatuba, SP –, fundando, nos idos de 1932, a Associação das Senhoras Cristãs que representou ativo núcleo de assistência material e espiritual para a região. Divaldo já recebeu várias mensagens e recados de Benedita Fernandes.

No final da reunião, após a leitura da mensagem citada, Divaldo descreveu vários Espíritos que estavam relacionados com nossa presença e de minha esposa. Na oportunidade, anotamos mais de dez Entidades espirituais, entre familiares e vinculadas a atividades materiais e espirituais.

A certa altura, Divaldo fez referência a um Espírito, nomeando seu sobrenome – Lebrão –, e que seria filho de alguém que morava nas

---

20. Antônio César Perry de Carvalho nasceu em Araçatuba, SP, no dia 21 de maio de 1948. Diretor da Federação Espírita Brasileira (FEB), além de Secretário-Geral do Conselho Federativo Nacional e membro da Comissão Executiva do Conselho Espírita Internacional (CEI).

vizinhanças de nossa residência em Araçatuba. Como, de imediato, não identificamos seu sobrenome, o Espírito descreveu a fachada da residência de seus pais. Em vista do detalhe fornecido, localizamos quem seria o vizinho. No cotidiano, chamamos os referidos vizinhos apenas pelos nomes – o casal João e Maria Augusta. Após localizarmos mentalmente a residência, perfeitamente descrita, e o casal, nos recordamos de que eles perderam um filho adulto – o qual não conhecemos, pois residia em outra cidade – uns quatro anos antes daquela reunião. Em seguida, o Espírito transmitiu um breve recado consolador a seus pais.

Ao retornarmos a Araçatuba, éramos portadores da mensagem de Benedita Fernandes e de dezenas de pequenas anotações para recados rápidos, inclusive, o destinado à família Lebrão.

Acontece que, meia hora após chegarmos de viagem e com o carro guardado na garagem, a campainha tocou. Para surpresa nossa, era o pai do Espírito identificado na reunião. Sem saber que havíamos viajado e muito menos chegado há pouco, o Sr. João Lebrão nos procurava para entregar doações para obras assistenciais a que estamos vinculados, a Instituição Nosso Lar e a Casa da Sopa Emília Santos. Assim, sem saber de nada e sem ser chamado, o próprio pai veio ao encontro do recado de que éramos portadores.

O recado transmitido encheu de emoção e de tranquilidade o casal. Embora tenham elementos espíritas em sua família, são apenas simpatizantes do Espiritismo.

O episódio é interessante pelos detalhes fornecidos pelo Espírito na reunião de Salvador, e depois, pela *coincidência* do seu progenitor nos procurar momentos após chegarmos de viagem com toda a família. Será que o pai não foi movido mentalmente pelo próprio filho desencarnado?

Em *O Livro dos Espíritos*, Kardec anota que a influência que os Espíritos exercem é *maior do que supomos e que frequentemente são eles que nos dirigem* (questão nº 459).

A identificação espiritual, possível pelos dados fornecidos por Divaldo Pereira Franco, e depois a *coincidência* na visita paterna a nosso lar e a benfazeja aceitação do recado espiritual, deixam bem evidenciados a continuada ação espiritual, integrando os mundos material e espiritual.

19

DIVALDO FRANCO NO RIO GRANDE DO SUL

Teltz Farias [21]
(Tenente-coronel do Exército, residente em Santa
Maria, RS. Militante no Movimento Espírita).

Começarei então relatando que meu primeiro contato, na atual encarnação, com nosso querido baiano deu-se quando eu ainda era menino – por volta dos 14 anos – ocasião em que o vi pela primeira vez em uma foto publicada na capa da revista da Boa Vontade (da Legião da Boa Vontade). Ele ali aparecia com dois meninos ao colo, sendo um de pele branca e outro de pele escura – com aquele sorriso de alegria e felicidade que todos conhecemos – como a chamar a nossa atenção para a necessidade da fraternidade real entre os homens, sem distinções de qualquer natureza. Aquela foto muito me marcou... Nunca mais a esqueci e aquele jovem (deveria ter na época 23 anos, mais ou menos), que segurava com tanto afeto aqueles pequeninos, me fez sentir alguma coisa que, na época, não soube definir ou descrever como o primeiro momento do reencontro, na atual experiência física. Era, aproximadamente, o ano de 1954.

Os anos correram então. Somente em 1968 (14 anos depois) tive a felicidade de conhecê-lo pessoalmente. Estávamos morando em Brasília, por força de minha profissão militar, e lá assisti à majestosa palestra que ele proferiu em um barracão de madeira, na sede da FEB (Federação Espírita Brasileira), que na nova capital iniciava a construção do complexo diretivo que hoje orienta o Movimento Espírita no

---

21. Teltz Cardoso Farias é o representante, para o Rio Grande do Sul, da Cruzada dos Militares Espíritas, atual presidente do Abrigo Espírita Oscar José Pithan e do Núcleo da Cruzada dos Militares Espíritas, de Santa Maria, RS (nota da Editora).

Brasil. Não chegamos a falar-nos. Vi-o e ouvi-o, de longe, no meio da multidão.

Sua voz de "cantor do Evangelho" ecoou pela primeira vez em nosso íntimo e continua a ecoar até hoje... Não o esqueceríamos jamais a partir de então!

Foi, entretanto, em 1971 que tivemos a ventura de falar-lhe pela primeira vez – já no Rio Grande do Sul, em Santa Maria – quando jantamos juntos, em casa de um amigo comum, após mais uma de suas maravilhosas palestras. De lá para cá temos acompanhado seus roteiros pelo Sul – anualmente ou bienalmente – e estreitado os laços de amizade e fraternidade que nos unem, aprendendo com ele e enriquecendo-nos com seus exemplos e sua dedicação à causa da divulgação do Evangelho de Nosso Mestre e Senhor.

Em diversas ocasiões tivemos a honra de coordenar alguns de seus roteiros pelo Rio Grande, especialmente na área de influência de nossa cidade, testemunhando seus esforços de paladino no trabalho incessante e batalhador infatigável para que os Espíritos humanos – na carne ou fora dela – se cristianizem, e, por consequência, se melhorem e se felicitem.

Dizer então sobre o que Divaldo significa para nós, individualmente, é muito importante (não padeça dúvida), entretanto, julgamos que perde qualquer importância diante do que ele significa para as centenas ou milhares de almas e Espíritos que vibram com sua pregação apostolar; com seus exemplos de cristão autêntico; com sua capacidade de renúncia de si mesmo em benefício dos semelhantes; com sua firmeza de convicções; com seu conhecimento doutrinário; com sua fidelidade ao ideal abraçado. Quantas vezes o vimos ou o sentimos doente, mas trabalhando sem parar para que outros corações pudessem ter a luz (amor) e se sentissem aliviados! Quantas vezes sentimos suas preocupações ocultas e seus sofrimentos (ele dificilmente os revela) pelos companheiros que são atingidos por esta ou aquela provação ou por sentimentos que não condizem com a fé abraçada! Quantas vezes o vimos sofrer atingido pelas incompreensões que grassam entre irmãos ou entre instituições de nossa amada Doutrina! Somente uma alma de seu quilate conseguiria tanto!

Divaldo é, sem dúvida, o bandeirante moderno que, ao longo desses 40 anos de ação constante, como médium do bem, vem abrindo novos caminhos e dando novo colorido às verdades eternas, das quais – para nós cristãos – Jesus foi o maior e mais sublime exemplo entre os homens.

No Rio Grande do Sul – aonde ele vem desde o ano de 1957 –, muito marcantes têm sido suas participações. Nos primeiros anos, ainda desconhecido, precisou vencer algumas dificuldades que seu coração abnegado e cheio de amor ao próximo soube superar sem desânimo. Rompidas as primeiras barreiras, sua ação cristã foi crescendo em importância para nós, gaúchos, a tal ponto que, hoje, desde a pequena povoação à capital do estado, quando é anunciada sua presença, os auditórios – por maiores que sejam – tornam-se pequenos para receber o público que para ali acorre. A importância de sua palavra evangélica, o seu extraordinário magnetismo pessoal e sua invulgar mediunidade, entre outras virtudes, têm arrastado multidões para vê-lo e ouvi-lo falar das excelências dos ensinos de Jesus, clarificados pelas luzes da 3ª Revelação Divina – o Espiritismo.

Seu trabalho aqui – como por certo em todo o Brasil e até mesmo no exterior – muito contribuiu para que nossa abençoada Doutrina adquirisse foros de verdadeira cidadania, passando a ser respeitada por todas as mentes despidas de preconceitos e, até mesmo, amada e compreendida por muitos dos que se afirmavam seus inimigos. No campo dos *despertamentos interiores*, sua abnegada ação também tem deixado marcas indeléveis. Inúmeras obras sociais para a prática da caridade com Jesus têm sido criadas pela força de sua palavra candente e de seus exemplos de amor ao próximo. Sua palavra e seus exemplos têm sido força motivadora de excelentes iniciativas no campo assistencial com vistas à legítima fraternidade entre as criaturas.

Divaldo, por tudo isso e por muito mais que nossa pequenez não consegue alcançar e/ou descrever, é bem o exemplo do semeador peregrino que tomou as sementes e saiu a semear... Para ele – temos a certeza –, não importa quantas sementes se perderam ou deixaram de, por enquanto, germinar. Como protótipo do Trabalhador Divino, ele não espera resultados imediatos nem mesmo se preocupa com eles. Confia em Deus, entrega-se integralmente a Jesus e com abnegação de desprendimento, sem similares, no setor onde atua, trabalha pelo mundo melhor, que virá quando nós pudermos viver o Evangelho, em espírito e verdade, como ele vive.

Divaldo, como nós todos sabemos, é luz na Terra a clarear nossos caminhos; é bênção dos Céus para os dias difíceis que nos cabe ultrapassar; é pérola preciosa, desengastada de colar luminífero, que o Pai nos enviou para auxiliar-nos na pobreza e indigência espirituais que nos caracterizam. É joia rara, o qual Jesus permita que permaneça conosco porque sabe que precisamos de arrimo e escora que nos sustentem.

Sei que o que escrevi até aqui, de maneira alguma pode dizer o que ele é e representa. Por mais eloquência que tivéssemos não conseguiríamos fazê-lo com a devida propriedade.

20

40 anos de dedicação ao Bem

Sérgio Lourenço [22]
(Advogado, escritor e conferencista espírita – Presidente Prudente, SP).

Quero desencarnar na tarefa. Roguei ao Senhor uma sobrevida, pedindo-lhe a honra de morrer no trabalho, que é o pão de nossas vidas.
Divaldo Pereira Franco

Tudo começou na cidade de Aracaju, capital do estado de Sergipe. Ali, em 1947, aquele ainda jovem, quase menino, Divaldo Pereira Franco, iniciava a sua vida pública divulgando a Doutrina Espírita e amparando os carentes.

Nesses 40 anos de atividades, esse extraordinário tribuno espírita e médium de inconfundíveis qualidades, derramou por quase todos os países do mundo, a paz, a consolação e a esperança.

Como não poderia ser diferente, enfrentou tormentas de incompreensões, mas, firme em seus propósitos e fiel à sua missão, rompendo as dificuldades, não naufragou. Venceu. E com isso ganharam muitos que, atrelados aos seus exemplos, hoje cantam as bênçãos da redenção.

Alma sensível e dócil, serve de medianeiro para quase duas centenas de bondosos Espíritos que, numa atividade incrível, derramam para os homens de fé e sem preconceitos, conselhos e orientações para bem viver a Boa-nova. Analisando esse trabalho, parece que os dias desse seareiro são mais longos.

---

22. Sérgio Lourenço nasceu em 15 de setembro de 1930, em Penápolis, SP e desencarnou em 19 de agosto de 1990, em Presidente Prudente, SP. Foi um seareiro de grande valor, pois disseminou o Espiritismo em várias cidades no interior de São Paulo (nota da Editora).

Alma bondosa e caridosa, abriga em sua modelar Instituição, que tem no Centro Espírita Caminho da Redenção, o sustentáculo, crianças carentes, educando-as e encaminhando-as para a vida útil do País. Desde a fundação da Mansão do Caminho, para mais de 600 criaturas passaram, como filhos adotivos desse missionário, a ocupar seu lugar na sociedade. São pessoas que, embora a origem, orgulham-se do lar onde viveram. Ali se planta e se colhe amor. Nessa obra e em seus departamentos fica provado, na prática, o que recomendam os ensinamentos sublimes de Jesus.

Após cantar por quase todo o Brasil as glórias da Boa-nova de Jesus e os princípios redentores da Doutrina Espírita, que ama e reverencia com decisão, Divaldo Pereira Franco rompeu as fronteiras. Foi pregar onde era preciso. Foi dizer em quase todos os países do mundo, que a fraternidade, a tolerância e a igualdade não têm fronteiras. Que os homens, filhos de Deus, são todos iguais. As diferenças ainda notadas na cor da pele, na economia, na cultura e na política, são enganos dos homens e não agradam ao Senhor.

Foi cantar ao mundo a Vida após a morte. Foi dizer ao mundo que a Justiça Divina está na reencarnação dos Espíritos. Foi provar a todos os povos que os Espíritos se comunicam com os homens.

Isso lhe rendeu um desgaste físico que, no entanto, não o impede, pela convicção que tem, de continuar sua nobre e redentora missão.

São 40 anos de trabalho em favor dos semelhantes, muitas vezes esquecendo-se de si mesmo. Nisso reside sua grande vitória.

Enquanto muitos amealharam nesses 40 anos recursos econômicos de alto valor, Divaldo Pereira Franco amealhou os verdadeiros recursos da Vida Verdadeira. Aqueles recursos que *a traça não rói e os ladrões não roubam.*

Que este marco se renove muitas vezes! A época difícil de transição por que passa a Humanidade precisa de voz que cante e mãos que distribuam o bem, o amor, a esperança e a paz.

Parabéns, Divaldo Pereira Franco, pela lição de persistência em favor de todos os carentes!

Chico Xavier e Divaldo Franco na distribuição de gêneros, em Vila dos Pássaros Pretos, Uberaba – MG.

Divaldo agradece a Chico Xavier sua presença na solenidade de entrega do título de cidadania.
Uberaba, 1980.

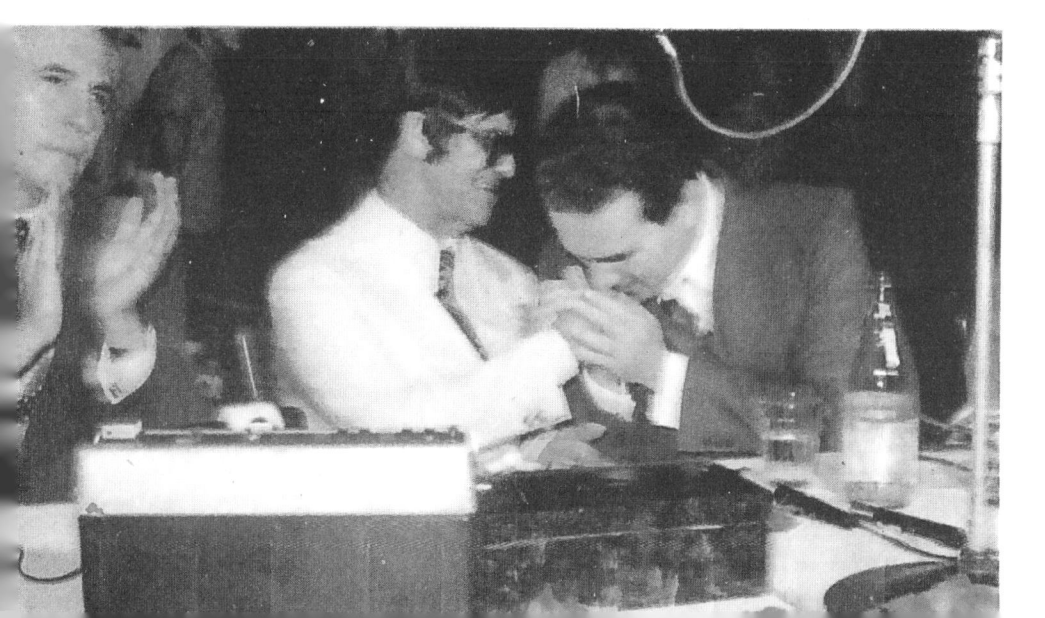

Miriam Portela, da *Folha Espírita*, Divaldo Franco e Cláudia Bonmartin, [re]sidente em Paris, entrevistados pela primeira. Santo André, julho de 198[ ]

Divaldo Franco visita o IBPB, em São Paulo. Na foto, Dr. Gustavo Sáez (Argentina), Divaldo e Dr. Hernani Guimarães Andrade. Dezembro de 1986.

Visita de Divaldo a Palmelo, Goiás, em novembro de 1977. De pé, o Sr. Jerônimo Gomide. Ao lado de Divaldo, o autor.

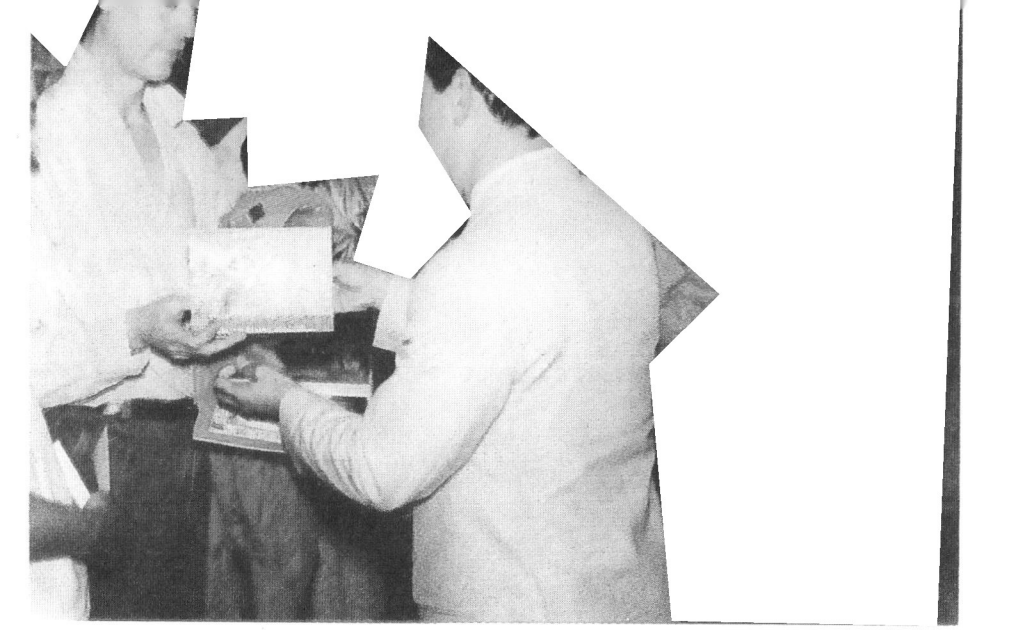

Autógrafos concedidos no lançamento do livro *Sauvé de la Folie* (Grilhões Partidos), em 20/03/85, na Salle Central, em Genebra – Suíça.
Sentada à direita, a Dra. Terezinha Rey.

Neuchâtel, Suíça, 20/05/85 – Hotel Balmoral.
Divaldo e a intérprete.

Um dos muitos auditórios do Hotel Dorall In, no coração de Nova Iorque, onde Divaldo tem proferido conferências, anualmente, há vários anos, a um público que varia entre duzentas a trezentas pessoas. Em Nova Iorque um grupo espírita se reúne quinzenalmente na Rua Trinta e Um, numa sala alugada da Igreja de São Francisco. A frequência média é de vinte pessoas. Eu tive oportunidade de participar de uma das reuniões, a convite de minha irmã Angelina Scoz, que é membro do grupo. Este grupo espírita está muito ligado a Divaldo.

Culto do Evangelho no Lar, residência do Sr. Júlio Oshiro, em Scarsdale, Nova Iorque (E.U.A.), agosto de 1986.

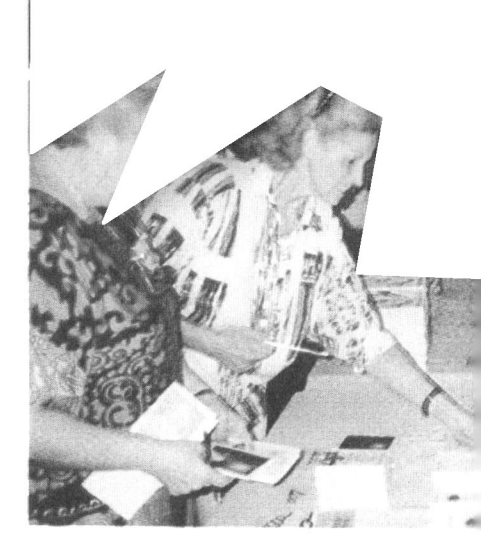

Exposição de livros de Divaldo, em espanhol e inglês. Hotel Doral Inn – Nova Iorque – E.U.A. – agosto de 1986.

...valdo, antes da palestra no Hotel Bal-...ral – Neuchâtel, Suíça. 21/05/85.

Bruxelas, Bélgica, 25/05/85.
À direita de Divaldo, o então secretário geral da *Union Spirite Belge*.

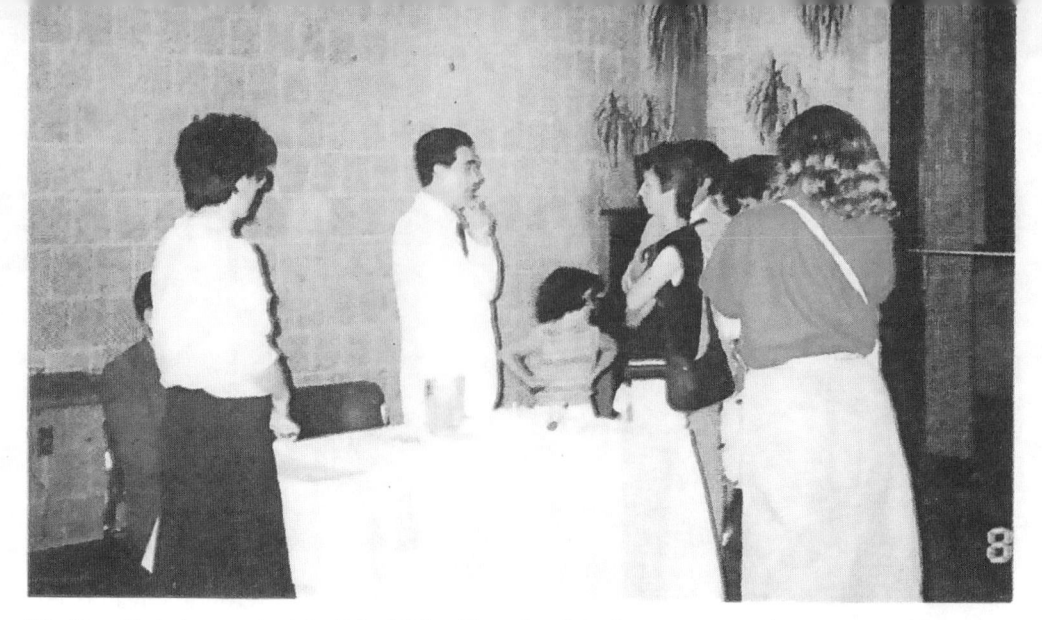

Na Pensilvânia, capital da Filadélfia, Estados Unidos, após a palestra em inglês, Divaldo conversa com um grupo de pessoas que buscam mais esclarecimentos sobre o Espiritismo. O Prof. João Zério serviu de intérprete. Divaldo se expressa muito bem em espanhol. Do inglês ele tem uma boa noção, mas não fala com fluência. O Prof. João Zério é um excelente intérprete, pois além de dominar o inglês, é um grande estudioso da Doutrina Espírita.

Gilda Rios, grande comunicadora da Rádio Wado, de Elizabeth, Nova Jérsei, E.U.A., de fala hispânica, entrevista Divaldo em seu programa, que é campeão de audiência.

Palestra em Elizabeth, Nova Jérsei (E.U.A.), agosto de 1986.

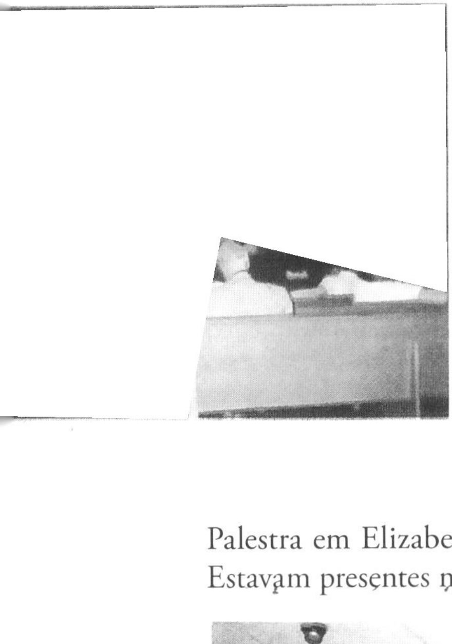

Interior da Igreja Comunitária de Hatford, capital de Conecticut (E.U.A.), onde Divaldo proferiu conferências inúmeras vezes. Ao fundo, no púlpito, Divaldo acerta com o Prof. João Zério os últimos detalhes da palestra. Normalmente neste local o público não excede cem pessoas e o nível cultural é muito bom.

Palestra em Elizabeth, Nova Jérsei (E.U.A.), agosto de 1986. Estavam presentes mais de 300 falantes da língua espanhola..

Divaldo com uma de suas crianças
(foto da *Revista Veja*).

O médium, na Mansão do Caminho, falando a um grupo de assistidos da casa (foto da *Revista Veja*).

21

DIVALDO: O ORADOR, O SENSITIVO E MÉDIUM POLIVALENTE, O MISSIONÁRIO E MENSAGEIRO DO CONSOLADOR

Jose Naufel [23]
(Advogado, Procurador da República, escritor e conferencista. Radicado no Rio de Janeiro, RJ).

I – Divaldo, o orador

No início do segundo semestre de 1974, em circunstâncias aflitivas, como sói acontecer com a maioria da Humanidade planetária, tomávamos contato, eu e meus familiares, com a Doutrina Espírita.

Guiados pela mão amiga e segura de um verdadeiro sacerdote da Medicina e apóstolo do Espiritismo, Dr. Syllo Gomes Valente, desencarnado em 1986, iniciamo-nos no aprendizado da Doutrina Cristã rediviva, escoimada dos erros humanos que nela se enraizaram ao longo de vinte séculos.

No ano seguinte, preparamo-nos para ouvir o notável pregador Divaldo Pereira Franco, cuja fama nos chegava envolta numa aura de admiração e respeito.

Foi numa tarde de domingo de agosto quando acorremos, pela vez primeira, ao Centro Espírita em que ele iria proferir esperada palestra.

Entristeceu-nos a frustração de termos ficado de longe, sem lograr uma cadeira, e o que foi pior, sem conseguir ouvi-lo, porque a aparelhagem do som estava com defeito e a sua fala só nos alcançava enfraquecida e completamente desarticulada, impossibilitando a compreensão do discurso.

---

23. José Naufel nasceu em São Luis, MA, em 1929. Desencarnou em 28 de maio de 2014, com 85 anos de idade (nota da Editora).

Na quinta-feira seguinte, tendo persistido no propósito de ouvi-lo, fomos ao Grupo Espírita André Luiz, na Rua Jiquibá, 139, nas proximidades do Maracanã, no Rio de Janeiro.

Foi nessa Casa, que depois se tornaria tão querida para nós, que tivemos ensejo de admirar, enlevados, a extraordinária e extasiante oratória de Divaldo.

Não sabíamos o que admirar-lhe mais: se o linguajar castiço e escorreito, a beleza das imagens, a sonora musicalidade do verbo ou a sabedoria profunda da Mensagem de que se fazia intérprete, com facilidade e extraordinário fulgor.

Ouvindo-o, no silêncio místico das nossas almas, ficava-nos a nítida impressão de que ele era médium do Espírito de Verdade, do Cristo Consolador, a falar-nos dos Planos superiores:

Venho, como outrora aos transviados filhos de Israel, trazer-vos a verdade e dissipar as trevas. Escutai-me. O Espiritismo, como o fez antigamente a minha palavra, tem de lembrar aos incrédulos que acima deles reina a imutável verdade: o Deus Bom, o Deus Grande, que faz germinem as plantas e se levantem as ondas. Revelei a Doutrina Divinal. Como um ceifeiro, reuni em feixes o bem esparso no seio da Humanidade e disse. Vinde a mim, todos vós que sofreis.

Venho instruir e consolar os pobres deserdados. Venho dizer-lhes que elevem a sua resignação ao nível de suas provas, que chorem, porquanto a dor foi sagrada no Jardim das Oliveiras; mas, que esperem, pois que também a eles os anjos consoladores lhes virão enxugar as lágrimas.

Nunca mais perdemos suas edificantes palestras. Sempre que fazia a costumeira temporada no Rio de Janeiro, peregrinávamos por onde quer que ele levasse o verbo fulgurante.

Nos três anos em que residimos em São Paulo, de 1977 a 1979, acompanhávamo-lo também, não só na capital, mas ainda nas demais cidades do interior paulista, juntamente com seus velhos e fiéis amigos Dr. Miguel de Jesus Sardano e Dona Terezinha.

Às vezes, ele nos dizia:

– *Vocês tiveram de ouvir outra vez a mesma palestra. Fico muito penalizado.*

E respondíamos-lhe, com absoluta sinceridade:

– O tema pode já ter sido focalizado, mas a roupagem é toda nova. Ficamos felizes e com a alma enriquecida ao ouvi-lo e esperamos poder continuar sempre a fazê-lo.

E quem se cansará de ouvir o sublime *Poema da Gratidão*, de Amélia Rodrigues, de beleza inexcedível e de profunda poesia, que Divaldo recita com a alma na voz grandiloquente e nos gestos largos e expressivos, como se quisesse fazer que a Terra, genuflexa, se elevasse para oscular o céu benfazejo?

Não há qualquer exagero em dizer que Divaldo é um orador inigualável. Ninguém lhe possui as qualidades, verdadeiramente próprias e inimitáveis. Bossuet, que disse ser o estilo o próprio homem, veria em Divaldo a personificação perfeita do seu feliz conceito.

Há, na inflexão da voz de Divaldo, uma musicalidade específica, profunda e agradável, que não se encontra no timbre de qualquer outro orador.

Diríamos que essa musicalidade não é só do homem Divaldo, mas também do médium, que imprime à mensagem a melodia transcendente das Esferas superiores, de que se faz fidelíssimo intérprete, não só do pensamento, mas, principalmente, do sentimento.

O equipamento mediúnico de Divaldo, todavia, não se constitui na simples aparelhagem transmissora das mensagens do plano invisível, mas é vibrátil, afinado e afinizado com os mentores espirituais. Não apenas transmite, mas associa-se às emanações da fonte, com que vibra em uníssono.

Divaldo não é tão somente o médium dos oradores espirituais, o instrumento automático dos seus ensinamentos.

Se bem que, por vezes, ele fale em processo de incorporação sonambúlica,[24] como quando, transfigurado, nos transmite as paternais mensagens do abnegado benfeitor Dr. Bezerra de Menezes, e, de outras vezes, em processo de incorporação consciente,[25] não raro o teor

---

24. Incorporação sonambúlica – processo de incorporação em que o Espírito comunicante se assenhoreia totalmente do equipamento mediúnico do sensitivo.
25. Incorporação consciente – modalidade de incorporação em que a Entidade espiritual se imana ao médium pela corrente nervosa, possibilitando a este conhecer-lhe a mensagem ainda na formação, o que torna consciente o processo (notas do autor).

da conferência lhe é apresentado pelos Espíritos num teleponto[26] usado em televisão.

Noutras ocasiões, Divaldo recebe o pensamento dos instrutores espirituais pelo processo mediúnico da conjugação de ondas[27] e, finalmente, ele fala por si, para narrar suas próprias experiências ou enunciar conceitos próprios.

Ora, sabemos que, no processo mediúnico de conjugação de ondas, ou, noutras palavras, no processo telepático, a mensagem dos Espíritos não chega verbalizada ao médium, mas, sim, por meio de símbolos ou imagens. Cabe ao medianeiro, nesse caso, verbalizar o pensamento alheio que lhe chega, utilizando os próprios recursos, no estilo que lhe é peculiar, de acordo com o seu nível cultural e o vocabulário próprio.

Divaldo fala sempre no mesmo estilo escorreito, com a eloquência que lhe é peculiar, manejando com mestria o vernáculo em sua imaculada pureza e com características próprias.

Dentre estas, podemos mencionar a inflexão e a musicalidade da voz e um inconfundível *enjambement*, geralmente só encontradiço nos poetas parnasianos e simbolistas.

Para os que não estão familiarizados com o termo, permitimo-nos explicar que *enjambement*, palavra francesa, significa o deslocamento da pausa lógica de um verso para o verso seguinte. Exemplo: "Se a cólera que espuma, a dor que mora n'alma, e destrói cada ilusão que nasce"... (Raimundo Correia, *Mal secreto*) – No encadeamento dos versos a pausa lógica seria n'alma, mas ela não coincidiu com o primeiro verso, passando para o seguinte.

Na oratória de Divaldo ocorre, frequentemente, essa figura métrica. No encadeamento melódico do pensamento, ele, às vezes, faz inflexão crescente seguida de uma parada, como se fosse o fim de um verso, para dar-lhe seguimento naquilo que se poderia chamar de verso seguinte.

---

26. Teleponto – equipamento eletrônico em cuja tela o locutor, ou entrevistado, lê a fala ou discurso que fará por circuito de televisão.
27. Conjugação de ondas – processo mediúnico mediante o qual a psicofonia (ou psicografia) decorre da captação do pensamento do comunicante por sintonia vibratória. Processo telepático (notas do autor).

Não diríamos que o discurso divaldiano seja metrificado, como se se construísse em versos. Mas, afirmamos que nele há uma cadência melódica peculiar, ensejando a ocorrência do elegante *enjambement*.

De tudo isso, concluímos que Divaldo possui grande e relevante mérito próprio como orador, não sendo apenas o médium, como muitos, desavisadamente, supõem. Ele é detentor de um profundo vocabulário, a par de uma riqueza verbal e fluência admiráveis, que se associam em primorosa e rica retórica.

Tudo isso é tão natural nele que, inegavelmente, faz parte de sua bagagem espiritual, que se manifesta, inclusive, e até, durante as incorporações conscientes e sonambúlicas, sendo facilmente manipulada pelos instrutores espirituais.

II – Divaldo, o sensitivo e médium polivalente

O insigne Allan Kardec já ensinava que, usualmente, só se qualificam como médiuns a*queles em que a faculdade mediúnica se mostra bem caracterizada e se traduz por efeitos patentes, de certa intensidade, o que então depende de uma organização mais ou menos sensitiva. É de notar-se, além disso, que essa faculdade não se revela, da mesma maneira, em todos. Geralmente, os médiuns têm uma aptidão especial para os fenômenos desta ou daquela ordem, donde resulta que formam tantas variedades, quantas são as espécies de manifestações.* (*O Livro dos Médiuns*, nº 159).

Divaldo, entretanto, do ponto de vista da amplitude de sua mediunidade, foge à regra enunciada por Kardec, porquanto é um sensitivo extraordinário e possui aptidão para fenômenos não só desta e daquela, mas, praticamente, de todas as ordens.

Ele não é tão somente médium, no sentido específico de intermediário entre o plano material e o extrafísico, mas também um extraordinário sensitivo.

Suas faculdades parapsíquicas são imensas e variadas. O pensamento alheio, tendo-o por alvo, lhe chega com nitidez e em fortes vibrações. O fenômeno telepático lhe é constante e se produz com a maior naturalidade.

Certa vez, viajamos com ele para Uberaba. Mal desembarcamos no aeroporto daquela simpática cidade mineira, cercou-o grande número de confrades e admiradores. Ficamos de lado, sem ânimo de interromper-lhe a animada palestra com os circunstantes, apesar de precisarmos pedir-lhe os bilhetes da bagagem. Bastou, no entanto, a vibração do nosso pensamento. Com a maior naturalidade, como se nos estivesse ouvindo no nosso silêncio, Divaldo, sem interromper a conversa, meteu a mão no bolso e entregou-nos os bilhetes, sem sequer nos fitar. Foi uma resposta muda a um pedido silencioso.

O desdobramento, também chamado de projeção do corpo astral ou projeção da consciência, é um fenômeno constantemente vivenciado por Divaldo e de modo plenamente consciente.

Pedimos-lhe, certa feita, por uma prima, residente em Niterói. Morávamos em Laranjeiras, nessa ocasião. No encontro seguinte que tivemos, ele nos disse que havia ido, em desdobramento, à casa da nossa prima e, em seguida, nos visitara, ainda no mesmo estado, em nosso apartamento em Laranjeiras (que ele não conhecia), descrevendo-o em minúcias e rememorando em que cômodo nos encontrávamos com outros familiares, assim como o que estávamos fazendo, mencionando dia e hora. E tudo com admirável precisão.

Uma das nossas filhas, sempre que enfrentava problemas, corria a fazer-lhe uma carta com pedido de orientação. Frequentemente, não se animava a postar a missiva, guardando-a numa gaveta. Alguns dias após, recebia a *resposta* de Divaldo à carta que lhe não enviara.

Fato interessantíssimo ocorreu, em agosto de 1980, no recinto de reuniões públicas da Mansão do Caminho, em Salvador.

Sérgio Lourenço e nós fomos convidados por Divaldo a fazer, cada um, meia hora de Evangelho, enquanto ele psicografava, junto a nós, à mesa em que nos encontrávamos.

Vendo Divaldo em pleno transe, não tivemos qualquer constrangimento em deitar falação ao lado do grande orador. Sérgio Lourenço soltou-se e fez a assistência rir francamente, quando disse que cada jararaca tem o *jararaco* que merece (falava de marido e mulher). Nós também nos entusiasmamos e, diante da aparente *impunidade*, fizemos algumas incursões audaciosas.

Ao término da reunião, Divaldo virou-se para nós e teceu comentários em torno da nossa fala. Eu e Sérgio Lourenço nos entreolhamos, estupefatos. Como? Então, ele nos ouvira? Verbalizei a nossa admiração, com veemência incontida e Divaldo explicou-nos:

– Entrei em transe e entreguei meu equipamento mediúnico à Entidade que se propunha a escrever a mensagem do dia. E desdobrei-me, desprendendo-me do corpo, para ir sentar-me na primeira fila, de onde fiquei apreciando-os.

Divaldo nos havia pregado uma peça!

Até aqui, vimos apenas o sensitivo, produzindo fenômenos que classificaríamos de parapsíquicos, porque estabelecidos entre encarnados ou pessoas vivas, como preferia chamar Kardec.

No campo mediúnico, não menos extraordinárias são suas qualidades.

Ao focalizarmos suas qualidades de orador, vimo-lo como médium vidente, audiente, lúcido, de incorporação e de efeitos físicos.

Em determinadas ocasiões, ele descreve para a assistência os Espíritos que acorrem ao recinto, atraídos pela motivação das comemorações. E, muitas vezes, ainda transmite suas mensagens circunstantes.

Quando enfrentado por incrédulos, muitas vezes pessoas ilustres no meio científico ou social, que lhe negam as qualidades mediúnicas, fundados na negação da comunicabilidade dos Espíritos, frequentemente, Divaldo assinala a presença de familiares do contestante, transmitindo-lhes certos detalhes que os desarmam, levando-os a render-se à evidência.

Em outras partes deste livro, os leitores encontrarão o relato de fatos nos quais Divaldo foi guiado por Espíritos amigos, conhecidos da atual existência, ou desconhecidos, mas com esta relacionados, e que o conduziram em cidades estrangeiras a determinados endereços, no desempenho de incumbências recebidas no Brasil.

Divaldo vê os Espíritos, ouve-os e com eles dialoga como nós o fazemos com as pessoas que se encontram no nosso plano. Notável nele é, também, como já assinalamos, a faculdade de desdobrar-se e ir a outras localidades, em estado de plena lucidez e consciência.

Admiráveis são, ainda, as incursões que, em projeção do corpo astral, faz a localidades do plano extrafísico em que repousam e se recuperam companheiros mergulhados no sono pós-morte.

Muitas são as pessoas cuja identidade em encarnações pretéritas ele conhece. Outras vezes, ele se torna instrumento de confirmações nesse campo.

Temos conhecimento, em virtude de vários fatos, peculiaridades e mensagens inter-relacionadas, da personalidade pretérita de nossa filha Márcia Maria, bem como lhe conhecemos um dos protetores, de nome Ahmed.

Divaldo revelou-nos ter dialogado com esse Espírito, falando-lhe este a respeito de Márcia.

— *Não entendo, porém,* — comentou Divaldo conosco — *por que esse Espírito, sempre que me fala de Márcia, só a chama de Fátima...*

Sorrimos, porque para nós não havia mistério nisso. Sabíamos perfeitamente que o Espírito de Ahmed fora casado, no Líbano, com nossa avó, Fátima, e que esta reencarnara como nossa filha Márcia Maria.

— *Ah! agora compreendo* — tranquilizou-se Divaldo, satisfeito. (Será que ele também alimenta alguma dúvida quanto à sua própria mediunidade?).

Inúmeros outros casos nos foram contados pelo próprio Divaldo, a respeito de Espíritos que ele conheceu, quando ainda na Erraticidade,[28] e que reencarnaram e foram por ele reconhecidos.

Ocasiões há em que os enjeitados que ele recebe como filhos queridos na Mansão do Caminho, em Salvador, lhe são previamente apresentados pelos respectivos fiadores espirituais, como o caso daquele antigo babilônio que o falecido Dr. C. Chaves lhe pediu para amparar na atual existência.

Divaldo, naturalmente, conhece muitas das suas próprias encarnações anteriores, mas conserva-se muito discreto nesse sentido. Para respeitar sua discrição, nada revelaremos, salvo o seguinte episódio:

Estivemos, em agosto de 1980, na Mansão do Caminho, em Salvador, e tivemos o privilégio de participar de uma sessão mediúnica, na qual, a nossa querida Joanna de Ângelis nos revelou, pela psicografia de Divaldo, que havíamos participado da I Cruzada, induzido pelo verbo ardente de Pedro, o Eremita.

Após a reunião, Divaldo comentou conosco:

---

28. Erraticidade: os Espíritos (desencarnados) que ainda necessitam reencarnar para se aperfeiçoar, enquanto aguardam (no Plano espiritual) uma nova encarnação encontram-se na Erraticidade. É o intervalo em que se encontra o Espírito de uma encarnação para outra. Os Espíritos puros que atingiram a perfeição não são errantes, porque não precisam mais reencarnar. Vide questões 223 a 233 – Espíritos errantes, do *Livro dos Espíritos*, de Allan Kardec (nota da Editora).

– Agora, sabemos que você foi Cruzado. Mas – acrescentou – *resta saber quem terá sido Pedro, o Eremita...*

Como se tomado por uma súbita intuição, indagamos, por nossa vez:

– Não terá sido você?

Divaldo deu uma sonora gargalhada, mas não disse sim nem não.

Como psicógrafo, não há necessidade de falar de Divaldo. Aí está sua obra, variada e rica, ofertando-nos o tesouro da sua bendita mediunidade. Colocamo-lo, sem hesitação e privilégio, no mesmo plano do abnegado medianeiro Francisco Cândido Xavier.

Os belos romances mediúnicos de Victor Hugo, a prosa poética e a própria poesia de Amélia Rodrigues, bem como a poesia oriental e profunda de Rabindranath Tagore; os estudos doutrinários de Vianna de Carvalho e os de Joanna de Ângelis, ao lado das preciosas mensagens que este Espírito querido nos lega em seus breviários ungidos de sabedoria e amor; os romances e verdadeiros tratados de obsessão e desobsessão de Manoel Philomeno de Miranda; os florilégios do inesquecível orador sacro Monte Alverne; e muitas outras joias vertidas da Imortalidade para o plano das lutas provacionais e retificadoras, constituem o precioso acervo mediúnico-psicográfico com que Divaldo enriquece a literatura espírita.

A psicografia de Divaldo associa-se, frequentemente, à xenoglossia, isto é, fenômeno pelo qual o médium transmite mensagens em língua estrangeira, que lhe é desconhecida ou na qual não é versado na encarnação atual.

Por mais de uma vez, em entrevista na televisão, em várias localidades, Divaldo psicografou mensagens em inglês e no sentido inverso (especular), só sendo possível sua leitura com o auxílio de um espelho, para fazer reverter a escrita psicográfica à sua ordem natural.

Na Itália, diante da incredulidade com que foi encarado por eminentes personalidades do meio científico, certa vez, ele psicografou, no mais castiço italiano clássico, uma mensagem do insigne Ernesto Bozzano, cuja autenticidade filológica foi reconhecida por autoridades então presentes. E Divaldo não sabe italiano!

Em entrevista à TV Gaúcha – Canal 12, sendo entrevistador o jornalista Mendes Ribeiro, em 1975 e 1976, este fez a seguinte pergunta a Divaldo, obtendo a resposta que também transcrevemos:

M.R. – *O médium sente o que está escrevendo ou só se apercebe do que escreveu depois de ler?*

D. – *No meu caso, não tenho a menor noção do que escrevo. No entanto, o fenômeno da mediunidade pode manifestar-se em três estágios: perfeita consciência (a mediunidade inspirativa), semiconsciente (a mediunidade em que o indivíduo toma parte) e a sonambúlica, em que ele é inconsciente. No meu caso somente me inteiro do assunto posteriormente. Quando se trata de um romance, eu tenho a sensação psíquica de que estou a ver as cenas que se desenrolam pelo lápis; ao ler, depois, o que escrevi, constato que aquilo que eu via é exatamente o que eu escrevera. Sendo que tenho uma visão muito mais ampla do que o que foi grafado* (Do livro *Viagens e entrevistas*, p. 107).

Note-se a característica da sua mediunidade psicográfica, assinalada por ele próprio.

Outro aspecto da mediunidade de Divaldo é a conjugação de efeitos físicos com a incorporação, de modo a produzir o fenômeno da transfiguração.

Por mais de uma vez, vimo-lo, ao final de palestras, geralmente na Federação Espírita Brasileira e em leprosários, incorporar o Espírito Dr. Bezerra de Menezes e transfigurar-se no venerando benfeitor espiritual, ao mesmo tempo em que a sua voz se transmudava de modo a reproduzir-lhe o timbre e a entonação, impressionante e pausada.

Divaldo é abnegado trabalhador na seara dos médiuns, investido da nobre missão que André Luiz chama de mandato mediúnico, já, porém, na fase futura, em que lhe está reservado *o desempenho de preciosas tarefas* (vide *Nos domínios da mediunidade*, psicografia de Francisco Cândido Xavier; FEB, 11. ed., Cap. 16, p. 151).

Utilizando uma expressão que Divaldo aplica sempre a Chico Xavier, asseveramos que ele, sob as bênçãos de Jesus e o constante amparo de Joanna de Ângelis e demais mentores espirituais, exerce, com dedicação e amor, um verdadeiro mediunato.

III – Divaldo, o missionário e o mensageiro do Consolador.

Múltiplos são os aspectos da missão que Divaldo cumpre, com dedicação e constância.

Como João Batista, a voz que clamava no deserto, Divaldo, falando aos corações, endireita as veredas do Senhor, preparando os homens para a nova vinda do Cristo, no terceiro milênio, a fim de inaugurar a era planetária do mundo de regeneração, em que se transmudará a Terra.

Ele prega a Doutrina Cristã Espírita em todas as cidades do Brasil, de Norte a Sul, de Leste a Oeste, irradiando a Pátria do Evangelho para além do Prata, ou nas faldas dos Andes, descendo às costas do Pacífico e remontando aos países do norte da América do Sul.

Avança, no labor doutrinário incessante, pela América do Norte, cruzando os Estados Unidos em todas as direções, para subir ao Canadá, esparzindo a luz do Espiritismo por todo o novo mundo.

Seu apostolado demanda também as terras da Europa, atual berço das antigas civilizações, dos fenícios, gregos, espartanos e atenienses, romanos e cartagineses, na transmigração dos povos no processo palingenésico que se desenvolve nas sendas evolutivas do planeta.

As terras do *apartheid* também lhe ouvem o verbo iluminado, com a mesma comovida unção com que os negros escravos viam os seus anseios de liberdade cantados pelo estro do condoreiro poeta baiano, em *Vozes d'África*.

Israel e Líbano, do Médio Oriente, já tiveram, igualmente, oportunidade de conhecer a oratória e o amplo conhecimento doutrinário de Divaldo.

Notícias pormenorizadas e interessantíssimas dessas vilegiaturas doutrinárias pelo velho e novo mundo são encontradas em alguns livros seus, principalmente em *Viagens e entrevistas* e *A serviço do Espiritismo* (Divaldo Franco na Europa), este em coautoria com Nilson de Souza Pereira.

Ele é o grande e valoroso divulgador do Espiritismo em todas as partes do nosso mundo, utilizando-se, por vezes, de intérpretes, ou pregando diretamente em castelhano. Temos notícias de que, vivenciando mecanismos mediúnicos, já psicografou em italiano, inglês, espanhol, africâner, bem como em dialetos encontradiços na África.

Uma ocasião, em Roma, durante uma palestra doutrinária para um grupo interessado, comandado pelo Dr. Gerardo Campana, durante a qual este servia de intérprete, os Espíritos pediram para que ele não mais fizesse a versão, ocorrendo, então, digamos, um pequeno Pentecostes – como está narrado em *Viagens e entrevistas* (pp. 46

e 47) – *porque todos nos entendemos, embora ali continuássemos falando em português, e os presentes nos entendessem como se fora em italiano, num movimento de alta espiritualidade que a todos conduziu às lágrimas.*

Ao mesmo tempo, todavia, em que põe o seu talento e a sua mediunidade a serviço da divulgação da Doutrina Espírita, pela oratória e pela psicografia, Divaldo é o apóstolo da caridade, consolando e orientando os aflitos da Terra.

Após suas edificantes palestras, formam-se filas quase intermináveis daqueles que lhe querem falar diretamente, para pedir-lhe orientação, aconselhamento, ou notícias de familiares queridos já desencarnados, às vezes, prematuramente e em circunstâncias trágicas.

No Centro Espírita Caminho da Redenção, no bairro da Calçada, na Cidade Baixa, em Salvador, na Rua Barão de Cotegipe, nº 124, essas filas se prolongam até a madrugada. A clientela é vasta e variada.

Perguntas são dirigidas ao medianeiro sobre problemas pessoais e familiares, ou relativamente a obsessões, doenças, infortúnios, familiares desencarnados, problemas doutrinários, etc.

E a todos Divaldo ouve pacientemente, a despeito de, muitas vezes, estar com a saúde abalada, em situação de desconforto e até de sofrimento físico.

Muitos convites são atendidos, na medida do possível, no sentido de participar do culto evangélico nos lares de amigos ou de pessoas que lhe são recomendadas, por estarem passando por transes difíceis e situações perturbadoras.

Quando ele ia ao encontro de Chico Xavier, em Uberaba, o que acontecia periodicamente, colaborava com aquele outro insigne trabalhador da seara de médiuns, no Grupo Espírita da Prece, fazendo palestras evangélicas, enquanto Chico trabalhava no receituário espiritual, ou psicografando à mesma mesa que este.

O labor incessante de ambos, iniciado às 19 horas, rompe a madrugada e se prolonga até os primeiros albores da aurora, na sacrificial tarefa de transmitir aos tristes e desesperados as mensagens que os familiares desencarnados lhes enviam do outro lado da vida, pelas mãos abençoadas desses tarefeiros incansáveis do Consolador.

Nós mesmos, em 1981, fomos a Uberaba, levando a nossa família e os pais desolados, recém-ingressos na Escola Espírita, ansiosos por notícias do seu jovem filho único, que, aos 26 anos, fora brutalmente assassinado por policiais militares, sob o inaceitável pretexto de terrível engano.

O fato está relatado no livro de Divaldo *Vidas em triunfo*, no capítulo dedicado a Roberto Kaufmann.

Já ia alta a madrugada, quando seus pais foram chamados para a leitura e recebimento da mensagem.

Não foi Chico, no entanto, quem a recebera, mas Divaldo, que nos relatou, depois, a cena que se desenrolara no Plano espiritual, quando Roberto, Espírito, se assenhoreara de sua equipagem mediúnica, para derramar sobre o papel o lenitivo para a dor afligente e a saudade incontida dos seus genitores.

Foi um bálsamo sublime que ungiu aquelas almas doloridas e lhes pensou as feridas cruciantes.

No referido livro, Divaldo transcreve mensagens de outros jovens, também desejosos de comunicar-se com os pais, mergulhados em nostalgia e, às vezes, até em quase desespero, para afirmar-lhes que a vida continua, além dos umbrais da morte e que os reencontros gratificantes acontecerão um dia.

Além dessas tarefas múltiplas e relevantes na Seara Espírita, Divaldo, auxiliado pelo seu primo, Nilson de Souza Pereira, e por uma equipe de dedicados colaboradores, mantém a Mansão do Caminho, que abriga órfãos de pais vivos, abandonados logo após serem trazidos à luz. Proporciona-lhes lares e uma tia que lhes serve de mãe, abrigando-os em casas, onde reúne, geralmente, oito crianças. Não só as abriga e alimenta, mas dá-lhes o carinho de verdadeiro pai e esmerada educação cristã-espírita, preparando-os com objetividade e sabedoria para as lutas no proscênio físico.

A creche A Manjedoura constitui também a concretização de um dos seus antigos sonhos e ergue-se imponente e acolhedora, ao lado da Mansão do Caminho.

Anciãos e famílias marginalizadas são, igualmente, amparados, com dedicação e amor, por Divaldo e sua equipe, que se esforçam por recuperá-los e integrá-los na sociedade.

Escolas, que vão do maternal ao 1º grau completo e que amparam cerca de mil e quinhentas crianças, proporcionam-lhes, além da instrução, boa educação, alimentos e recreação, tudo isso coroado pelas lições evangelizadoras, que as preparam, com maior eficiência, para a vida pontilhada de desafios.

Divaldo, como se vê nestas resumidas linhas, renunciou a uma vida de comodidades, e a constituir sua própria família para tornar-se pai devotado de desventurados, bem como para pregar a Boa-nova e proclamar o advento do Consolador, por todos os países da Terra, aos quais leva o verbo flamejante, preparando os caminhos do Senhor.

Com a sua oratória e psicografia, Divaldo é o grande divulgador das verdades eternas, o fulgurante continuador da Revelação Espírita, um desses abnegados missionários cantados por Castro Alves, do Parnaso de Além-túmulo:

> *Oh! bendito quem ensina,*
> *quem luta, quem ilumina,*
> *quem o bem e a luz semeia*
> *nas fainas do evoluir;*
> *terá a ventura que anseia*
> *nas sendas do produzir.*
> *Uma excelsa voz ressoa,*
> *no Universo inteiro ecoa;*
> *para frente caminhai!*
> *O amor é a luz que se alcança,*
> *tende fé, tende esperança.*
> *para o Infinito marchai.*

22

Divaldo Pereira Franco
Atravessando o jardim de nossas vidas

Joao M. Zerio PhD.[29]
(Presidente da *Allan Kardec Educational Society* Philadelphia, PA, E.U.A.).

Favor não pisar na grama! Cuide das rosas, elas são seu prazer! Respeite a vida! Ame intensamente as suas flores! Estes são alguns dos cartazes que o jardineiro Divaldo Franco vem afixando nas almas dos norte-americanos. Viajando por nove cidades em sete estados dos E.U.A., mais Montreal e Otawa no Canadá, Divaldo Franco acaba de cumprir outro extenso programa de difusão da filosofia espírita. Ao todo cumpriu ele 9 palestras, 4 seminários/*workshops* de dia integral, 3 encontros de debates, e concedeu 4 entrevistas – tudo isto no período de 12 de maio a 4 de junho de 1987.

Pautando suas apresentações por um profundo respeito às filosofias e crenças existentes no *New Age* americano, e a este aliando o desejo de demonstrar a validade dos fundamentos da Doutrina Espírita, este jardineiro da verdade levou muitos às lágrimas e ao reencontro com uma forma de viverem que a purificação dos sentimentos seja a razão maior. Embasando as abordagens com argumentação científica e procurando sedimentar a compreensão dos ouvintes com imagens e casos de profundo conteúdo emocional, Divaldo Franco vem, pouco a pouco, construindo nas vidas que o tocam a imagem do homem transformado que habitará a *New Age*.

---

29. Assistant Professor of Marketing American Graduate School of International Management Thunder Bird Campu — Gloudate AZ 85036. Tradutor e intérprete de Divaldo, nos Estados Unidos e Canadá. President da *Allan Kardec Educational Society*. P.O. Box 22336, Philadelphia, PA 1914118 (nota do autor).

A fim de que este relato não seja desvirtuado pelo ufanismo exagerado de alguns, me permitirei citar sempre o tamanho das plateias nas diversas cidades. Acima de tudo é importante manter este relato dentro da perspectiva correta de que este trabalho é pioneiro, de desbravamento puro e simples, e as manifestações que se podem chamar espíritas são apenas embrionárias. A população americana se situa hoje em torno de 243 milhões, relativamente bem distribuídos geograficamente, onde a força religiosa predominante ainda é o protestantismo em suas múltiplas ramificações. E como seria natural, as conceituações protestantes em grande medida influenciam o pensamento e o comportamento de grandes segmentos desta população. No mosaico racial e filosófico dos E.U.A. os simpatizantes das ideias de *New Age* (modernas sucessoras do espiritualismo) devem representar aproximadamente 4% da população. Além disso, a bem da verdade, é importante que tenhamos em conta que o nome Allan Kardec, de forma geral, é totalmente desconhecido nos E.U.A. e que a Doutrina Espírita jamais tocou as praias, ou os aeroportos americanos, e que o Movimento Espírita jamais existiu nos E.U.A. até meados de 1980. Note-se que esta realidade tem como exceção as minorias de língua espanhola, principalmente em Miami, onde o Movimento Espírita, a julgar-se pela afluência a eventos conjuntos de centros locais, deve contar aproximadamente 5.000 simpatizantes.

A pequena chama que existia no período 1960 - 80 era o trabalho individual de tradução de livros (três) e mensagens do Sr. Salim Haddad, no estado de Carolina do Norte. Somente a partir de 1983 é que tivemos o surgimento da primeira célula de atividades espíritas regulares na Philadelphia, célula esta que germinou das viagens de Divaldo Franco, e que posteriormente levou à fundação da *Allan Kardec Educational Society*. Publicações brasileiras há, que por muitas décadas têm noticiado atividades espíritas nos E.U.A., as quais, em verdade, não existem, nem jamais existiram. Em verdade, faço esta afirmação com segurança, após 7 anos de pesquisas nas principais livrarias, revistas e associações espiritualistas. O que há, em realidade, são igrejas espiritualistas com serviços religiosos repletos de cantos, sermões bíblicos, comunicações mediúnicas (*estilo buena dicha*) passagem do chapéu para doações a cada hora. E por cúmulo, ao fim de cada coleta, o ministro ou pastor *coroa* o ato com uma bênção às cestas de dinheiro em nome de Deus, com o sinal da cruz e verve de estilo. A menos que eu não tenha entendido bem Kardec ainda, creio, sinceramente, que isto não é Doutrina Espírita. No fundo, creio eu, o problema se encontra na tradução incorreta por alguns, da palavra *Spiritualism*, que significa Espiritualismo.

A programação anual de Divaldo Franco no continente norte-americano, com exceção de Miami, vem sendo promovida e organizada nos últimos três anos pela *Allan Kardec Educational Society*, sempre em colaboração com grupos locais em cada cidade. As apresentações são, em sua minoria, feitas em inglês (com intérprete), e também em espanhol, no caso das apresentações para a colônia hispânica de Nova Iorque e Nova Jérsei.

Em 12 de maio iniciava-se a programação em Los Angeles, com um encontro de debates com um grupo de 40 pessoas, na sua maioria, americanas, mas, com alguns brasileiros e hispânicos também. É importante que se enfatize aqui, que uma parte dos americanos que participavam era constituída de frequentadores do grupo espírita liderado por Rachel Levi (uma alma belíssima) em Los Angeles, grupo este fundado há poucos meses graças ao apoio intenso e à dedicação sacrificial do médium Luis Gasparetto. O tema do encontro foi *Man and the task of sublimation* (O homem e o esforço de sublimação). Foi, sem dúvida, uma oportunidade excepcional para que se travassem amizades sob a inspiração da temática discutida. Além do mais, tornou-se aquele encontro o ninho para a fertilização de nova Célula Espírita em Los Angeles, a qual iniciara atividades em julho de 1987 sob a coordenação de Márcia Benjamin.

Na noite seguinte, dia 14 de maio, *Peace as a state of consciousness* (Paz – um estado consciencial) foi o tema da palestra em Los Angeles a um público de aproximadamente 90 pessoas reunidas no *Sheraton-Wilshire*. Considerando o homem na sua realidade tríplice, Divaldo Franco ressaltava que a paz consciencial seria resultante de uma busca incessante do homem para realizar as tarefas requeridas pela integração gradual em sua realidade divina. Segundo Divaldo Franco, paz não resulta de contemplação passiva, mas de ação no bem, bem este idealizado pela consciência esclarecida nas verdades perenes.

No dia seguinte, marchamos para Phoenix, Arizona, onde, sob os auspícios do capítulo local da *Spiritual Frontiers Fellowship*, Divaldo Franco realizaria palestra e *workshop* seguido de encontro de debates. O tema da palestra realizada no auditório do *Logos Center*, no dia 15 de maio, foi outra vez *Peace as a state of consciousness* (Paz – um estado consciencial), abordado, entretanto, de forma bastante diferenciada. A ênfase, desta vez, foi calcada nas teorias de Gurdjieff e nos estados biorrítmicos através dos quais ele demonstrou o processo de interação das forças conscienciais e suas consequências para a harmonia do cosmo celular. No dia seguinte, sábado, 16 de maio, o programa incluía um seminário experimental, aqui denominado *workshop*. O tema do seminário, em tempo integral, era *Doorways into the perennial truth: spiritual experiences in the christian pathway* (Acesso às verdades eternas: experiências do roteiro cristão).

O objetivo do seminário era posicionar os participantes na realidade espiritual histórica que vivemos, levando, desta forma, as pessoas a conhecerem melhor sua essência, assim abrindo-lhes uma nova rota para a vivência da realidade imortalista. Os principais tópicos tratados foram: *Sabedoria Antiga e a Espiritualidade no Cristianismo, A dinâmica do crescimento espiritual, As Leis da Evolução Espiritual, Reforma íntima – período de turbulência, Acesso ao Eu Superior – Minha experiência pessoal*.

Embora filosoficamente profundo, o seminário teve seu ponto supremo no conteúdo emocional. Levados por Divaldo Franco a uma profunda sensibilização de valores emocionais, os participantes, durante a meditação para vitalização do eu interior, entraram, em sua maioria, a chorar copiosamente. Tendo sido induzidos a um estado de libertação do mundo físico através de um semiêxtase, a maioria se sentiu espiritualmente tocada nas fibras mais íntimas, abrindo a alma numa catarse espiritual balsamizante. A atmosfera espiritual tornou-se tão sublimada que, em vista das lágrimas dos participantes, Divaldo viu-se obrigado a encerrar o seminário uma hora antes do previsto. E aí, para surpresa nossa, todos permaneceram por quase mais meia hora sentados, admirados do que lhes tinha acontecido, embevecidos pelas sensações e com olhos de sonho. Gradualmente, voltando a si, eles, e nós também, acordávamos de um verdadeiro momento de união cósmica em que o Espírito falava com a vida sem palavras, mas com a poderosa linguagem do amor e da fé.

No dia seguinte, domingo, 17 de maio, verificamos cabalmente o impacto sobre as pessoas. Para aquele dia se havia programado um encontro de debates com membros mantenedores da *Spiritual Frontiers Fellowship*, na residência de seus diretores Jason e Joy Burton Khum. Entre os presentes havia pessoas que não puderam participar do seminário do dia anterior. Mas, algo especial nos esperava: pairava no ar, entre todos que ali estavam, uma nuvem fluídica invisível muito diferente do que até ali havíamos visto. Todos os presentes, agora conhecedores dos eventos do dia anterior, agiam e reagiam para com Divaldo Franco, numa forma que denotava profunda reverência e respeito, aquele tipo de deferência que reservamos normalmente àqueles que sabemos não pertencer à craveira comum. A imagem de servidor cristão que as pessoas conheciam da publicidade sobre o trabalho de Divaldo Franco à frente da Mansão do Caminho se consolidava agora, integrada no poder de sua mensagem espiritual. A forma como lhe dirigiam perguntas e o cuidado em anotar suas respostas, fazia-nos ver que Divaldo era agora visto sob uma nova aura. E a confirmar isso, lá estava também uma das mais notáveis médiuns e oradoras do *New Age* americano, Francis Steiger, para discutir e esclarecer com mentores de Divaldo Franco pontos complexos das instruções que seus guias lhe haviam transmitido. Para quem quisesse ver, aquela era uma prova insofismável de que a mensagem trazida por Divaldo Franco era vista como de origem puríssima por alguém reputado como uma *notável* na área. Mais fascinante ainda foi o notar nos posicionamentos de Francis Steiger que a Mensagem Divina também se transmitia pura e límpida através de seu trabalho. Ela, que jamais havia ouvido falar de Kardec até o ano de 1986, estava compartilhando com o mundo uma mensagem *tão surpreendente* semelhante à da Doutrina dos Espíritos. A confirmar, portanto que grande revelação é a do Espírito.

Na segunda-feira, 18 de maio, a programação previa outro encontro de debates com membros do *Study Group for Consciousness Development* (Grupo de Estudos para Desenvolvimento da Consciência), que dirigimos, na cidade de Phoenix. Este encontro se realizou na residência de Elizabeth Bleaker, contando com 24 participantes. Desta vez os debates foram centrados no tema *Seeking the inner voice* (A busca da voz interior).

Para o amanhecer do dia 19, a programação indicava uma parada na cidade de Waco, estado do Texas, para uma palestra a um grupo de 30 pessoas na residência de Jeneane Prevatt. O tema para aquela noite era *Controling the turbulences of your inner transformation* (Enfrentando os desafios da reforma íntima). Divaldo Franco conduziu a palestra em torno da taxonomia psicológica de Gurdjieff e da desmaterialização do materialismo segundo a conceituação einsteiniana. Levando a audiência a logicar sobre o *existir* sem quebra de continuidade, ele procurou dissociar a imortalidade dos véus dogmáticos e conscientizar as pessoas do que será o *existir* na próxima dimensão. Daí, exortando as pessoas a fundamentarem a vida de hoje na perspectiva do amanhã, que certo chegará, cultivando hoje a amizade para amanhã ter amigos, a suavidade hoje para amanhã ter sensibilidade, o perdão hoje para amanhã ter liberdade, a tolerância para ter resistência, o amor para ser amado, e a vida interior para interiorizar amanhã a vida plena.

A próxima etapa, então, chamava para uma longa travessia do país em direção a Nova Iorque, o lar amoroso da família Oshiro – Júlio, diretor do Banco do Brasil Leasing, e Clarice, a alma da generosidade – que serviria como base de atividades que, por 15 dias, se espraiariam até o Canadá.

A próxima palestra do roteiro previa a cidade de *Union City*, onde sob o patrocínio local do *Grupo Espiritista Léon Denis*, dirigido por Cláudio Argemi, se realizariam uma palestra e dois seminários, todos em espanhol. *La muerte como el ultimo estagio de crecimiento* foi o tema da palestra pública no dia 22, sexta-feira, no auditório da *Associación de Fomento*, para um público de aproximadamente 180 pessoas. O ponto culminante deste ciclo, entretanto, veio no dia seguinte durante o seminário intensivo – dia inteiro – para 50 pessoas previamente inscritas. Embora a temática deste seminário fosse semelhante ao de Phoenix, o fato de Divaldo Franco não necessitar de intérprete, permitiu uma abordagem riquíssima em detalhes e ilustrações de grande poder emocional. Componente importante deste seminário foi o ensino das técnicas espíritas de cura e meditação. Para demonstrar como o passe deve ser dado, Divaldo geralmente solicita um voluntário, e é neste momento que geralmente os fenômenos espontâneos ocorrem. A primeira a se oferecer foi uma jovem de 25 anos, aproximadamente, encorpada, loira, bem vestida, mas em cuja fisionomia transparecia um ar de profunda aflição. Aí, enquanto aplicava o passe, Divaldo Franco percebe a aproximação do genitor da moça, falecido há poucos dias num acidente na Colômbia. Imediatamente, sintonizando com o desencarnado, Divaldo transmitiu à jovem uma mensagem do pai, em que ele dava detalhes e razões de seu passamento violento e pelo desejo de consolá-la ele voltava para, com seu perdão, aliviá-la do sentimento profundo de culpa, que sentia pela distância que ela havia posto entre eles, e que, como o passado estava morto enquanto ele estava vivo, ele ali voltava para viver com ela a amizade que sua solidão implorava. A mensagem continuou de forma doce e confortante, levando a jovem a liberar através do pranto os espinhos do remorso que a atormentavam, num milagre maravilhoso de ressurreição de uma alma para o mundo da esperança. Suas lágrimas, sofridas e amargas, simbolizando o delírio da redenção, levaram a audiência a sintonizar em sua dor, reconhecendo todos, naquela menina-moça, uma filha do calvário necessitando do suporte sereno de fraternidade. A fartura de detalhes, a clareza da identificação do Espírito e a objetividade em lidar com o assunto magno daquela existência jovem, eram provas que vinham para confirmar a paranormalidade consoladora do orador e para exemplificar o uso que a plateia devia dar aos dons do Espírito.

No dia seguinte, domingo, outro seminário em tempo integral constava da programação. Desta vez, seria para uma audiência de língua inglesa, e se realizou em *Long Island* para uma plateia de 25 pessoas previamente inscritas. O patrocínio local foi do *Francis of Assisi Chistian Spirit Society*, da cidade de Nova Iorque.

Mas o estado de Nova Jérsei, que pensaríamos encerrado, ainda tinha algo inesperado. Impossibilitado de se esquivar dos reclamos apaixonados daqueles que não conseguiram inscrever-se para o seminário de sábado, em Union City, Divaldo Franco se viu amorosamente pressionado a dar um seminário de caráter mais intensivo por 3 horas, para cerca de 70 pessoas. A data foi 25 de maio, segunda-feira, na cidade de Nova Jérsei, sob o patrocínio do Grupo Espírita Léon Denis, em cooperação com o Templo San José. A abordagem, desta vez, dado o fato que a audiência em sua maioria era espírita ou simpatizantes de ideias espiritualistas, foi muito mais profunda no conteúdo filosófico. As Leis Morais foram enfatizadas e discutidas largamente, posicionando a plateia com respeito ao significado da Codificação Kardequiana na evolução dos códigos legais da Humanidade. Com uma fórmula simples, mas de grande precisão, Divaldo Franco discorreu sobre o caráter revolucionário (para seu tempo) da Lei da Igualdade Social, da Liberação Feminina, da Lei do Trabalho, apregoadas pelos Espíritos a Kardec. Contando casos de sua vida, ele ilustrou as formas com que a Justiça Divina opera, redimindo pelo amor ou corrigindo pela dor, sempre a nosso critério. De conteúdo comovedor foi a estória de seu antigo obsessor, que se autocognominava *máscara de ferro*, o qual somente foi vencido e convencido pelo poder transformador do amor de Divaldo à infância desvalida.

Ainda no programa constavam palestras em Hartford, estado de Connecticut, copatrocinada localmente pela *Spiritual Frontiers Fellowship* e realizada no dia 26 na *Unitarian Meeting House*. No dia 27, em Manhattan, no *Doral Inn*, copatrocinada pela *Francis of Assisi Chistian Spirit Society*, e encerrando os trabalhos na região, uma palestra em espanhol na sexta-feira, dia 29, na *Fourth Unitarian Universalist Church*, em Manhattan, sob o patrocínio da *Francis of Assisi Christian Spirit Society*.

Cumprida a fase de apresentações públicas nos E.U.A., restavam agora os compromissos em terras canadenses que Divaldo Franco havia visitado pioneiramente em 1986. Desta vez ele era um dos convidados internacionais de honra para discursar na Conferência Nacional da *Spiritual Science Fellowship*, a maior organização *New Age* do Canadá, e possivelmente uma das três maiores do continente norte-americano. Para a conferência convergiam pessoas de todo o Canadá e E.U.A., principalmente pelo alto quilate de seus convidados e pela qualidade de sua organização. A um auditório de, aproximadamente 850 pessoas, Divaldo Franco falou, no dia 30 de maio, sobre o tema *Understanding the world of Spirit and its interface with Humanity* (Entendendo o mundo dos Espíritos e sua interação com a Humanidade).

Pontilhando uma feliz discussão filosófica com casos pessoais que evidenciavam a verdade da permanente interação entre o mundo físico e o espiritual, à qual aliava magistralmente um fino senso de humor, Divaldo Franco conduziu a plateia de forma suave aos portais da imortalidade. Sua mensagem, carregada de lances de grande sinceridade e sublimes emoções, comoveu e ao mesmo tempo *desopilou o fí-*

gado da plateia que, por 4 vezes, o interrompeu com aplausos e que ao fim o ovacionou de pé por vários minutos.

Na segunda-feira, dia 1º, Divaldo Franco falou no *International College of Spiritual and Psychic Sciences* (Colégio Internacional de Ciências Espirituais e Psíquicas) como *visiting lecturer*, para uma plateia de aproximadamente 200 alunos inscritos no programa de bacharelado e mestrado da Instituição dirigida pela Dra. Marilyn Roessner. O tema foi *Mediunship and spirit communication* (Mediunidade e comunicações espirituais), o qual, dadas as características da audiência, ele se permitiu abordar de forma médico-científica, demonstrando como os Espíritos atuam sobre o organismo do médium através das células suprapiramidais do cérebro humano. Além disso, se preocupou muito em demonstrar a origem das forças psíquicas e as diferenças entre fenômenos psíquicos (sem interferência de Espíritos) e mediúnicos (intermediados). O sentido geral de sua mensagem, no entanto, era a filosofia da redenção do homem, e do médium, através do serviço ao próximo, que o colocara em condições de manifestar o amor sublimado, única propriedade verdadeira do Espírito.

Restaria dizer ainda que entre um compromisso e outro, muitas vezes viajando de carro por 10 horas, e lutando para manter a agenda de palestras sempre em ordem, Divaldo Franco concedeu entrevistas em Providence, estado de Rhode Island, ao *Psychic Guide*, à revista *New Age* de maior circulação na América do Norte. Uma segunda entrevista, desta feita sobre técnicas e processos de cura espiritual, foi concedida à *Choices – The Channel Source Letter*, revista de terapias alternativas e assuntos transcendentais. Uma terceira entrevista foi concedida no Canadá a Sr. Joseph Fisher que trabalha atualmente num livro, a sair em dezembro, sobre o tema *Intervenções de guias espirituais*. Mas a coroação deste magno esforço se deu sem dúvida com a entrevista, no dia 3 de junho, à Voz da América, em Washington, que foi ao ar no dia 4 de junho às 8h30 para todo o Brasil, e retransmitida para 380 estações de ondas médias no Brasil que repetiram o programa no dia seguinte. A entrevista com Divaldo Franco e João M. Zerio durou, aproximadamente 20 minutos, conduzida pelo repórter Luís Amaral, e primou por um nível extremamente alto de parte do entrevistador, o que permitiu uma exposição ampla dos objetivos e resultados da tournée pela América do Norte, e discussão das ideias espíritas. Em próxima oportunidade transcreveremos o texto desta entrevista.

A jornada foi uma travessia de mais de 2.000 canteiros pelo jardineiro Divaldo Franco. As sementes foram plantadas, algumas mostraram potencial quase que imediatamente, mas todas, invariavelmente, ficaram orvalhadas com a sua fé, de que um dia brotarão em flores perfumadas. E hoje, quase um mês passado, vejo-me de volta no tempo quando, em me despedindo, de olhos e coração orvalhados, Divaldo Franco me deixou dizendo: – *Meu filho, continua caminhando, cuidando sempre para não pisares nas sementes que estão no teu coração, pois elas são o arco-íris de luz que te levará ao paraíso interior.*

Algumas entrevistas

Divaldo já concedeu centenas de entrevistas, no Brasil e no exterior, para canais de televisão, emissoras de rádio, jornais, revistas, de todo gênero, espíritas e não espíritas.

Uma das características de Divaldo nas entrevistas, é a clareza e a precisão das respostas. Quando ele é convidado para entrevistas, é comum os entrevistadores perguntarem se gostaria de conhecer antes as perguntas ou o tema a ser abordado. A resposta de Divaldo é sempre a mesma: – *Eu prefiro não saber nada antes.*

Esta confiança que Divaldo tem é produto de sua longa vivência doutrinária, estudo diuturno e a presença dos benfeitores espirituais, nesses momentos.

Dentre as inumeráveis entrevistas que foram concedidas, escolhi apenas algumas que, a meu ver, trazem luz a muitos problemas que são temas de sempre.

23

O AMOR SÓ TEM COMPROMISSO COM O AMOR

São palavras de Divaldo Franco, quando esteve na cidade de Juiz de Fora, MG, ao ser entrevistado por uma comissão do Instituto Jesus, liderada pelo confrade Ithamar R. Barroso. Divaldo demonstra, por experiência própria, que os lares substitutos representam a melhor solução no atendimento ao menor sem lar.

– Divaldo, quais os inconvenientes de manutenção pelas instituições assistenciais de internatos de crianças com dormitórios coletivos?

– A experiência demonstrou que a educação em confinamento gera distúrbios psicológicos, emocionais e educacionais muito característicos. A curiosidade infantojuvenil, na área da sexualidade, é um dos fatores que propiciam o próprio trabalho da criação de hábitos. Quando as crianças dormem coletivamente, sem receberem a conveniente assistência de pais, mestres e educadores naquela área da curiosidade, surgem desvios de comportamento que tendem a agravar-se na sucessão do tempo. Mesmo que haja no dormitório coletivo a presença de um adulto, ele não funciona como educador, senão como fiscal ou vigia, o que leva a curiosidade infantil a ocultar os seus pendores e a perder a espontaneidade. Quando se pode restabelecer o critério educacional num lar tipo substituto, a orientação sexual segue a diretriz normal de qualquer família.

Outro problema é o que decorre da afetividade. Muitas crianças reunidas, por mais que se lhes dê amor, é sempre um amor em caráter coletivo, o que dificulta a identificação do educando com o educador no desenvolvimento da sua personalidade. Então nasce, psicologicamente, a carência afetiva, e a criança debanda para a área do furto para chamar a atenção, no que a Psicologia denomina de *necessidade de valorização*. Depois, a criança sente-se vigiada, porque, estando coletivamente num grupo, ela começa a dissimular. Ao perder a espontaneidade, passa a ter um duplo comportamento: o da aparência, que agrada ao vigia, e o da realidade, que a faz dissimular cada vez mais até a área da delinquência. Os modernos educadores e os psicólogos mais representativos, como Piaget, dizem que a criança deve ser tratada como uma unidade completa, e, num grupo muito grande, a individualidade passa a dar lugar à coletividade grupal. O indivíduo é o grupo, não o homem. E isso nós vemos nas classes que uniformizam as suas diretrizes, massificando o indivíduo e tirando-lhe o valor pessoal.

— *As crianças abrigadas devem ser totalmente carentes, sem pais ou parentes em condições de mantê-las?*

— Se a criança vai ser recebida por um lar substituto é porque ela não tem o lar natural. A condição de carência ou de menor carenciado, seja pela ausência física dos pais, pela ausência de condições morais — no caso de crianças que vêm de mães equivocadas, que vivem em redutos coletivos do comércio carnal — dá a essa criança o direito de receber a oportunidade de um lar que substitua aquele que a vida lhe fanou. Ou, quando esta questão diz respeito a problemas socioeconômicos dos mais graves. O ideal, em Psicologia infantojuvenil e em Doutrina Espírita, principalmente, é não separar a criança da família, porque sabemos que a lei colocou cada um onde lhe é melhor para progredir e ressarcir os seus débitos.

Isso não nos dá o direito, no entanto, de ante uma criança em abandono, dizer que ela está ali porque necessita daquilo; ali se encontra porque necessita, mas nós também necessitamos dela para viver em dignidade. Então, uma criança que tem família, mesmo que seja uma família pobre, economicamente, melhor será ajudá-la no núcleo familiar a dar-lhe uma vida artificial. Os estudiosos no comportamento infantojuvenil sugerem que o lar-substituto — como o nome mesmo diz — é uma emergência, mas, não o ideal. O ideal é a família. Mas, para aqueles que não têm família ou não têm condições morais e econômicas, o lar substituto é válido. Porém, afirmamos: os que têm familiares ou recursos devem ficar em casa.

— *Os chamados lares substitutos com mães substitutas, seriam o caminho certo?*

– A experiência tem demonstrado que sim. Porque ninguém consegue amar a muitos sem as tendências naturais seletivas. Mesmo numa família com muitos filhos é inevitável a preferência: o filho mais dedicado, o mais gentil, o mais amoroso, aquele mais compreensivo é naturalmente mais querido; um filho reacionário, recalcado, trabalhoso, não deixa de ser querido, mas não tem uma linha de facilidade de comunicação com seus pais.

Num lar coletivo de crianças, não se pode amar a todas. Nós, que já tivemos um lar coletivo, observamos pela experiência o seguinte fenômeno: uma criança comete um erro, a pessoa que vê procura orientar, através do castigo físico, do castigo moral, ou reeducar; normalmente fala com a diretora; esta se reporta a outra, e aquela criança, muitas vezes, por um pequeno erro passa a ser repreendida por uma série de pessoas que obedecem à gradação administrativa, fica antipatizada. A criança não sabe se defender; o adulto facilmente coloca o caso conforme o melhor para ele, e a criança vai ficando automaticamente marginalizada. Num lar substituto, em que o número de crianças é menor, esse perigo é também diminuído, com uma vantagem: se a criança se desajusta num lar, é muito fácil transferir para outro. Nós tivemos um menino que passou por 10 casas, porque ele implicava, as tias nos pediam para tirá-lo, nós tirávamos e ele também pedia: – Meu tio, eu não quero ficar naquela casa. Eu lhe dizia: – Pois bem, você vai para outra. Quando chegou na décima casa, lhe falei: – Meu filho, o problema é seu. Não é possível que todas as dez tias estejam erradas. Agora você não tem mais para onde ir. O único lugar agora é o mundo. Você vai optar: começar tudo de novo, sem escolhas, ou não ficar. Então ele se deu conta, porque nós lhe demos oportunidades reiteradas vezes e percebeu que era rebelde. Hoje é um excelente cidadão, pai de família e me diz: – Olha, tio, aquele momento em que o senhor disse: – você vai voltar para o começo ou não fica mais – salvou minha vida.

O lar substituto é o ideal para o problema do menor carente. Muita gente argumenta: mas não se acha quem vá tomar conta! No lar coletivo também não se acha, porque o amor que leva alguém a colaborar num lar coletivo, leva-o também a colaborar num lar substituto. Ocorre que essa tarefa está muito bem vinculada ao Espiritismo. Se nós fomentarmos o interesse entre nossos confrades para que o egoísmo seja diminuído – há tanta gente com horas vazias, tanto casal sem filhos, tantas senhoras na viuvez, lamentando a morte e perdendo a vida, tanta gente que não casou fazendo programas neuróticos, quando poderia salvar vidas! Nós temos recursos agora, teremos que trabalhar bastante na hipnose positiva. Na Mansão do Caminho nós temos excedentes. Surgem candidatos que não aceitamos e aparecem pessoas que querem morar lá para tomar conta de crianças, e eu confesso: somos muito exigentes. Passam por uma quarentena de 3 meses morando na casa da administração para que nós conheçamos a pessoa e a pessoa nos conheça. Depois desses três meses, fica um ano em caráter experimental. Só depois, como se diria numa linguagem, parafraseando a Igreja, toma *votos perpétuos*, mas os pode quebrar a qualquer hora, porque *o amor só tem compromisso com o amor*, e na hora em que acaba o amor, acabou o compromisso. (Grifos da redação).

– *É possível conseguir mães substitutas adequadas à nobre tarefa?*
– É. Por uma razão: a obra espírita faz o trabalho do indivíduo e dentro para fora e a pessoa compreende que está ali por um dever de reabilitação pessoal. Não é a pessoa que está fazendo caridade às crianças. Nós temos que nos conscientizar de que o necessário é a nossa parte do serviço. Ele é que nos faz bem, dando-nos oportunidade. Se não houvesse a dor nem a pobreza, o que seria de nós? Como iríamos reabilitar-nos do nosso passado culposo se não tivéssemos oportunidade de servir e amar? Teríamos que resgatar pela dor, quando o amor é o caminho mais fácil. Agora, naturalmente, numa obra assim, não iremos encontrar as pessoas ideais. Vai exigir da administração um critério de muita tolerância, porque nós vamos receber adultos para educar, talvez adultos mal-educados, mas com boa vontade. A primeira etapa é trabalhar os adultos para que eles eduquem, mas esse fenômeno é comum, porque a nossa juventude não está preparada para o casamento. Casa por impulso sexual, e quando vêm os filhos, eles são mal educados porque não disciplinaram suas tendências; como é que eles vão educar? Nem por isso deixam de casar nem de procriar. Então nós iremos recebendo as pessoas com as suas dificuldades, iremos limando-as, trabalhando essas pessoas. E digo uma coisa muito curiosa: a experiência com casal – embora em Psicologia a imagem do pai seja muito favorável para a criança, porque evita a chamada castração – é mais falha do que com senhoras, solteiras ou viúvas, porque a presença do pai, pela formação cultural e social do homem, que tem um

conceito de liberdade que é libertinagem e de direitos que é esquecimento de deveres, nem sempre se submete ao grupo, à administração. Por tendência hormonal a mulher é mais do lar, ela se submete melhor a certas diretrizes enquanto o homem é mais rebelde. Ele quer ter seus fins de semana, quer fazer isto, quer fazer aquilo, quer ir ao futebol, etc. Temos experiências com casais que não são das melhores. Temos dois casais, e sem nenhum demérito para eles, a experiência com tias, porque nós evitamos *matar* a imagem da mãe e do pai; chamamos tio porque é o irmão dos pais que morreram, sendo mais gentil para a criança que continua com a imagem viva dos pais, e temos colhido muito melhores resultados. No caso de uma Instituição, os diretores seriam a imagem representativa do pai, sem que necessariamente estejam vivendo na comunidade. Por um processo de transferência, como diz Erich Fromm, as crianças projetam no diretor a personagem do pai e isso sustenta muito o equilíbrio geral.

— *Existem inconvenientes em que os lares substitutos sejam formados com crianças de ambos os sexos?*

— O ideal é que sejam de ambos os sexos. Nada de confinamentos porque é a família normal — nasce um filho, nasce uma filha ou nasce tudo menino, mas tem a mãe ali, ou então nasce tudo menina, mas tem o pai ali, então, de ambos os sexos é que é o ideal. A nossa experiência de 30 anos já tem demonstrado que o encanto sexual desaparece. Nós até hoje não tivemos um namoro firme entre eles na nossa comunidade. Não se casaram dois da mesma comunidade, porque quando começa aquele período de encanto, eu digo: — Com tanta menina bonita na rua ou com tanto rapaz na escola você vai escolher logo a sua irmã, aqui dentro, que não tem nenhum encanto?! Naquele período de transição dos 12 aos 14 anos, o adolescente faz a imagem sexual, e é o interesse físico, não afetivo, que ele traduz como afetividade e se encanta. É o menino pela professora, é a menina pelo professor, é o filho pela mãe; isso é normal. Na comunidade é um garoto pela garota, levando-nos a falar-lhes com naturalidade. Tivemos uma experiência muito curiosa: um menino um dia chegou da escola (eles pegavam o ônibus para ir ao ginásio; hoje nós temos o primeiro grau completo) e chegou com a camisa rasgada. Eu indaguei: — Mas, Benedito, o que é isto? Nós aqui pregamos a não violência e você assim? Ele então me disse, na linguagem de jovem: — Ora, tio, eu tinha que brigar. Na hora

que nós entramos no ônibus, com as meninas, um tal colega me disse:
– Ei cara, você *se lava* aí com essas meninas... Eu o peguei, abotoei e disse: – E você, *se lava* com suas irmãs, é? (se lavar aí é se aproveitar). – Você se aproveita com suas irmãs? Por que eu vou me aproveitar com as minhas? Isso me foi o sinal de que eles viam nas meninas as suas irmãs. Quando elas começam a namorar, logo me contam: – Ô tio, fulana veio com um cara, ou anda aí com um sujeito... (Dá impressão que é um homem de 300 anos.) Eu respondo: – É, meu filho, você observa, é seu colega, é seu amigo? – Tio, esse cara não é de nada. É bom você chamar a atenção. Você diga que eu sou a última instância. Sou eu quem defere ou indefere o requerimento, mas o processo tem que passar por você. O ideal é que seja de ambos os sexos.

– *Qual o número ideal de crianças em lares substitutos?*

– Seis a oito, dependendo do número de cômodos que a casa tenha. Porque de seis crianças qualquer pessoa normal pode tomar conta muito bem, e ainda mais se receber a roupa lavada e a comida pronta, porque uma cozinha coletiva é mais econômica, desobriga a tia de um trabalho exaustivo que não é compensador. E mantém a vida doméstica, porque a comida vem em marmita, como qualquer casa que come de *pensão*. As crianças, na casa, lavam os pratos, arrumam a mesa, tiram a mesa, só não têm o trabalho de fazer a alimentação. É muito econômico, porque uma cozinha preparando comida para dez casas faz economia. Agora, dez casas, cada uma preparando, gastam o dobro, cansa as dez pessoas e há uma variação de paladar, porque uma sabe cozinhar outra não, uma gosta, outra não gosta. Indo a roupa lavada e a comida pronta, fica muito tempo ocioso e nós usamos as tias para outros serviços na comunidade.

– *As mães substitutas são remuneradas?*

– Não. Nós procuramos evitar o máximo possível o empreguismo, porque uma pessoa remunerada, por melhor que receba hoje, tem a tendência de querer aumento amanhã e sempre, e como esse trabalho não pode ser remunerado, porque é do amor, nós evitamos o pagamento. A comunidade assume as famílias: a pessoa vem morar, a comunidade supre o que lhe é necessário e, para garantir o futuro, nós damos também Instituto (Previdência Social). Nós tínhamos várias que eram costureiras, trabalhavam para nós, nós as registramos como autônomas. Algumas já estão aposentadas com seu salário. Mas damos também uma quota, não como salário, uma quota mensal para comprar suas necessidades extras: pequenas vaidades, para dar presentes, sendo uma quota mínima. Nós damos tudo o que é necessário. Elas só têm que amar e cuidar das crianças.

— *Os conselheiros da Instituição poderiam colaborar ativamente nos diversos setores de atividades da mesma?*

— Têm que colaborar, porque o exemplo começa na Diretoria, senão seríamos teóricos mandando os outros trabalharem. Lá, todos nós temos atividades, porque anula o *dono da obra* que é quase inevitável. Toda obra (a palavra – dono foi muito dura), tem uma pessoa responsável, que sem querer, por falta de colaboração ou por hábito, vai assumindo as tarefas. Quando se dá conta está com tudo enfeixado nas mãos. Quando alguém vai colaborar ele começa a mandar e ninguém gosta de ser mandado. A pessoa gosta de ser cooperadora. É muito comum nos queixarmos de que as obras não têm cooperadores: é problema de quem as administra. Sem nenhuma censura a quem quer que seja. É comum numa empresa que não vai para diante, o problema ser da sua administração. Por exemplo: lá na Mansão, os sócios gerais elegem os conselheiros; os conselheiros elegem a diretoria. Cada um de nós é responsável por um setor. Reunimo-nos uma vez por mês para discutir os nossos problemas e dificuldades, e para que esses conselheiros, que são a Diretoria, estejam informados do que se passa e opinem no que há de melhor. Então, é justo que os conselheiros tenham uma tarefa, primeiro porque eles se motivam, depois porque os outros ficam motivados pela presença deles, senão o cooperador interno se sente muito abandonado.

— *Como a sua Instituição conseguiu amealhar os recursos materiais para executar essa obra de grande benemerência? Houve doações?*

— Nós fizemos um programa e fomos fazendo o trabalho por etapa. A Misericórdia Divina é tão extraordinária que às vezes nos perguntamos: Como é que nos mantemos? Temos mais de 3.000 crianças entre internos, semi-internos e externos. Como é que são mantidos? Eu digo: – Não sei. Não temos a menor ideia. Os recursos chegam. Quando a obra é do Senhor, Ele supre. Vamos fazendo assim: primeiro o programa, depois a gente constrói a casa e coloca uma pessoa, porque menino não falta; quando menos se espera, chegam. Hoje a nossa obra está 60% autossuficiente. Nós montamos uma panificadora, que nos dá um resultado muito bom. Damos pão para os necessitados. Fazemos um pão um pouquinho maior, porque a lei não permite vender mais barato. Então a gente faz o pão melhor, maior. A gente faz com a melhor farinha, um pão maior, bem-feito, e ainda temos lucro. O povo diz: "Vamos comprar o pão do Espiritismo..." E a gente não dá vencimento. É impressionante!

— *Tem outra indústria?*

— Nós temos também marcenaria e uma gráfica.

— *E o primeiro tostão, como surgiu?*

— O primeiro tostão? Só que no meu tempo eu não conhecia esta palavra... O primeiro tostão foi resultado de uma campanha que fizemos, pedindo de porta em porta. Vestimos a melhor roupa, colocamos gravata e saímos pedindo à noite, porque de dia a gente trabalhava. O povo, à janela (no tempo em que o povo ficava na janela, porque agora fica na sala, na televisão) a gente batia, pedia: — Queremos construir uma obra de crianças... Escarravam na nossa face, várias vezes. Então Joanna dizia-nos: — Quanto mais reagirem, melhor. O êxito de uma ideia está na reação que provoca. Volta nessa casa e vence pelo cansaço. Alguns foram dando, foram dando, e a gente foi construindo. Compramos o terreno e hoje a obra aí está.

— *O semi-internato profissionalizante, como o irmão encara?*

— Como uma coisa de grande valor, porque numa comunidade como a nossa, não a podemos fazer fechada. Ela tem que ser aberta à vida social do lugar em que está situada. A escola e o ensino profissionalizante são de muita relevância, porque dão vida social às nossas crianças, com os que vêm da rua, a fim que os nossos não vivam num paraíso fechado e quando saírem se choquem. Eles recebem os amiguinhos de fora que vêm estudar e vêm fazer os cursos que eles também fazem. Passam a ter uma vida social, a ter os vícios, os defeitos e virtudes normais. Então eles se armam para a vida lá fora. Quando atingem a maioridade, saem normalmente, porque já sabem como é a vida. É muito bom que a orientação profissionalizante seja na comunidade, pela convivência com os de fora. É um semi-internato; chegam às oito da manhã, fazem o primeiro grau e à tarde fazem o profissionalizante.

24

DIVALDO FRANCO AO RETORNAR DA ÁFRICA

Nilson Pereira[30] (Setembro/1971).

P*ode dizer-nos, Divaldo, o motivo que o levou a empreender a viagem à África e quais as cidades visitadas durante a jornada?*
— Esta, como outras viagens anteriores por nós realizadas, foi motivada pela necessidade de divulgar os postulados renovadores e iluminativos da Doutrina Espírita. Na última oportunidade estive em Joanesburgo, Pretória (África do Sul), Lourenço Marques, Nampula, Beira (Moçambique), Luanda, Novo Redondo, Lobito, Nova Lisboa e Sá da Bandeira (Angola).
— *Há nessas cidades um Movimento Espírita organizado?*
— Em verdade não encontramos ali nenhum Movimento Espírita organizado. Na África do Sul, fomos informados de que nas cidades em que estivemos não há qualquer movimento que se possa denominar como espírita, verdadeiramente. Há, sim, reuniões mediúnicas, em que determinados médiuns oferecem informações, através da clarividência, opinam sobre a saúde dos consulentes, prometem melhora de posição social como econômica — o que não deixa de ser lamentável —, vinculados, no entanto, a outras denominações religiosas. Nas províncias do ultramar português, Moçambique e Angola, no entanto, mesmo considerando os impedimentos apresentados pelo estado,

---

30. Nilson de Sousa Pereira, carinhosamente chamado de Tio Nilson, nasceu em Salvador, BA, em 26 de outubro de 1924 e desencarnou em 21 de novembro de 2013. Junto com o seu amigo e *irmão* Divaldo Franco fundou o Centro Espírita Caminho da Redenção e a Obra social Mansão do Caminho, que dirigiu durante muitos anos. Tio Nilson desempenhou as atividades de bancário, telegrafista do Ministério da Marinha e funcionário da Empresa de Correios e Telégrafos (nota da Editora).

há muitos grupos particulares que se reúnem normalmente para labores de ordem mediúnica, nos quais, com alguma exceção, procede-se a estudos da Codificação Kardequiana.

— *E como lhe veio o convite para proferir conferências nessas cidades?*

— Desde a última vez em que visitamos Portugal, em agosto de 1970, os confrades de Lisboa deram início a um programa epistolar com os nossos irmãos do ultramar, estabelecendo, então, as primeiras linhas de entendimento para uma jornada desta natureza. Como já nos correspondíamos com a Sra. Maria Cleofé Coutinho de Oliveira, de Luanda, essa abnegada senhora, que é uma poetisa de renome, escritora de excelentes recursos e constante cooperadora da imprensa falada e escrita de Angola, se encarregou de proceder a estudos e encontros, no que redundou a viagem recentemente realizada. Tão abnegada, que não receou fazer uma viagem à África do Sul e a Moçambique para contatar com os confrades daquelas localidades, de modo a facilitar-nos a tarefa.

— *Você empreendeu essa viagem com recursos próprios?*

— Absolutamente, não, considerando as minhas poucas possibilidades pecuniárias. No entanto, os confrades ali radicados cotizaram-se, oferecendo-nos a ordem de passagem, mediante a qual poderíamos alcançar aquele campo de edificação.

— *Isso, por acaso, não poderia incidir em qualquer possibilidade de simonia?*

— Não vejo como. Jamais qualquer viagem por mim realizada teve ou tem finalidade turística, ou fim lucrativo pessoal, pois que, para a minha manutenção disponho de justo salário, sendo o tempo, em todo lugar que visito, dedicado exclusivamente ao labor doutrinário. Aliás, Allan Kardec, em *Obras póstumas*, no projeto de 1868, programando as tarefas do futuro, em referência ao Espiritismo, conforme se lê à página 309 (11ª edição da FEB) já se *refere à necessidade de instituir-se uma caixa para custear as despesas de viagem*, para os trabalhadores *que seriam encarregados de espalhar a Doutrina.*

— *Em viagens dessa natureza, caro Divaldo, você faz alguma solicitação para manutenção das obras sociais, da Mansão do Caminho, aqui em Salvador?*

— Absolutamente, não. Nesse sentido, merece que recordemos o que escreve o Espírito Emmanuel, através da palavra do Apóstolo dos gentios, em Paulo e Estêvão, às páginas 391/392, da 5ª edição da FEB:

> Realizada a primeira experiência, poderíamos voltar agora às mesmas regiões e visitar outras, pedindo recursos para a Igreja de Jerusalém. Provaríamos nosso desinteresse pessoal, vivendo à custa de nosso esforço e recolheríamos as dádivas por toda parte, conscientes de que, se temos trabalhado pelo Cristo, será justo também pedirmos por amor ao Cristo.

E comenta o nobre instrutor Emmanuel:

> No seu desempenho teria de sofrer as mais cruéis acusações; mas, no santuário do seu coração devotado e sincero, Paulo, de par com os grandiosos serviços apostólicos, levaria a coleta em favor de Jerusalém, até o fim da sua existência terrestre.

— *Perdoe-nos adentrar-nos por outra pergunta: recebe a Mansão ou o Centro Espírita Caminho da Redenção auxílio de outras Entidades a fim de manter o seu vasto programa de assistência a necessitados?*

— Sim, sem dúvida. Nossa Casa, todavia, é espírita, de vida pública bem definida. Recebemos auxílios de quantos desejem ajudar o trabalho do Cristo, no qual nos encontramos empenhados, como ocorre com todas as Casas Espíritas, sem que mantenhamos qualquer compromisso dessa ou daquela ordem, senão o da aplicação correta das dádivas, com a consequente prestação de contas. Nosso compromisso tem sido sempre com Jesus e Kardec, desde que abraçamos a Doutrina Espírita. Aliás, não é assim que os diversos Núcleos Espíritas mantêm o seu programa assistencial e alguns vêm sustentando as suas editoras, através de apelos, listas de donativos, campanhas as mais diversas?

— *Voltemos à viagem. Os espíritas, nas localidades visitadas, enfrentam dificuldades decorrentes da intolerância, no exercício de suas atividades doutrinárias?*

— Nas províncias do ultramar português, em Moçambique e Angola, os espíritas não têm permissão para reunir-se publicamente, tendo em vista o Espiritismo não ser ali considerado religião. Ignoro se experimentam outras limitações e dificuldades.

— *E você experimentou alguma dificuldade na execução do programa?*

— Nenhuma. Aliás, desejo expressar o profundo reconhecimento às Exmas. autoridades, que, tanto em Moçambique como em Angola, foram muito gentis, autorizando a realização das nossas conferências em auditórios públicos. Em Lourenço Marques, capital de Moçambique, visitamos o Sr. Capitão de Polícia, encarregado desse mister, que foi muito delicado, encaminhando-nos ao Exmo. Sr. Governador do Distrito, no que redundou a permissão ambicionada. Em Angola, tivemos o mesmo êxito, graças ao espírito de compreensão das autoridades daquela região.

— *Foi você entrevistado a respeito do Espiritismo no Brasil e sobre a sua presença nas diversas cidades?*

— Sim. Fomos entrevistados pela *Emissora C*, de Lourenço Marques, pela *Ecclesia*, de Luanda, pela *Rádio Clube do Lobito*, *Rádio Sociedade do Huíla*, em Nova Lisboa, e as palestras foram retransmitidas, dentre outras, pela *Rádio Quanza do Sul*, de Novo Redondo. Os jornais *A Notícia*, de Lourenço Marques, *O Lobito*, do Lobito propuseram entrevistas e *A Província de Angola* deu uma cobertura diária a todo o programa.

— *Poderia dizer-nos em quais auditórios proferiu as conferências?*

— No *Ginásio dos Desportos*, em Lourenço Marques; no *Anfiteatro* do hospital, em Nampula; na *Associação dos antigos alunos de Coimbra*, na *Biblioteca Nacional de Angola*, da Liga Africana, estas em Luanda; na *Associação Atlética* e na *Associação Comercial, Industrial e Agrícola*, no Lobito; no Auditório da *Rádio Clube do Huambo*, em Nova Lisboa; em Sá da Bandeira, no *Salão da Associação Comercial e Industrial do Huíla*, promovida pelo Rotary Clube local.

— *Pode dar-nos uma ideia do público que acorreu às conferências?*

— O mais diverso imaginável, isto é, das diversas camadas sociais e culturais. Em algumas cidades como, por exemplo, em Luanda, as duas primeiras conferências foram presididas pelos Srs. Cônsul e Vice-Cônsul do Brasil, respectivamente. No Lobito como em Nova Lisboa, tivemos no auditório vários religiosos, sacerdotes e freiras, e em Nampula contamos com a presença de algumas autoridades e do sacerdote local. Em Novo Redondo estavam presentes o Juiz da Comarca, o Comandante da tropa e o Intendente. Em Luanda fomos apresentados a vários médicos e advogados que participavam das diversas conferências...

— *Apresentou-se você como espírita, sendo os temas espíritas ou usou de algum artifício?*

— Toda a propaganda na imprensa falada e escrita foi feita na base da mais ampla honestidade e dignidade. Fomos apresentados como espíritas militantes e mesmo quando falamos com algumas das autoridades, usamos de franqueza ao apresentar os nossos propósitos de divulgação doutrinária do Espiritismo, não podendo ser de outra forma.

— *Como foram recebidas as suas conferências, entrevistas e colóquios?*

— De forma surpreendente para mim. A sede pelo conhecimento espírita, em todo lugar, é muito grande. Há uma avidez tão larga que comove. Todos aqueles com os quais mantivemos contato apresentavam-se ansiosos por notícias e informações, expondo, igualmente, as largas fatias do sofrimento, em constante ansiedade por algo que lhes servisse de base à diminuição dos problemas e das angústias pessoais.

— *Em que clima emocional foram realizadas as suas conferências e qual o interesse que elas despertaram?*

— De muita receptividade. Na maioria delas sentia-se a comoção dos auditórios, assinalados, ao término de cada uma, pelas palmas espontâneas com que, de pé, os assistentes reagiam, conforme assinalou a imprensa, em todos os comentários publicados após as conferências.

— *Como se desenvolveram as suas atividades? Estimaríamos que nos apresentasse um breve sumário da sua movimentação por terras africanas, relatando-nos outras atividades desenvolvidas além das conferências públicas a que já nos referimos.*

— Ora, atendido pelo carinho dos confrades e pessoas gratas que nos cercaram em todas as cidades aonde estivemos a pregar a Doutrina Consoladora dos Espíritos, sempre reservamos um horário ao trabalho psicográfico, assim nos permitissem as possibilidades, como, aliás, é de hábito, já há muitos anos. Resultou esse cuidado, no registro de diversas páginas ditadas por amigos espirituais, que sempre nos ajudam nas tarefas do quotidiano, e de outros, por aqueles trazidos, cujo campo de trabalho foram as cidades visitadas ou a metrópole portuguesa, como o Dr. Antônio J. Freire, Cel. Faure da Rosa, Monsenhor Manuel Alves da Cunha e outros. Essas páginas que estão sendo adicionadas a diversas outras recebidas em períodos anteriores constituirão, oportunamente, uma obra para maior divulgação do pensamento espiritual, no atormentado solo dos corações humanos. Além disso, mantivemos incessantes encontros particulares, nos locais em que funcionam grupos privados, dialogando com os confrades mais interessados no estudo e conhecimento da Doutrina.

Também mantivemos encontros mais amplos. O primeiro deles, em Lourenço Marques, foi numa cidadezinha próxima à capital, cujo nome omitiremos por motivos óbvios, de resultados comovedores. O outro teve lugar na *Quinta Rosa Linda*, local muito aprazível, em Luanda, onde mantivemos demorado contato com os confrades angolanos, em número superior a 100, entre as 15h e às 20h30.

Lançamos, também, diversos *Cultos Evangélicos do Lar*, e fizemos ampla distribuição de livros e páginas doutrinárias.

— *Você teve alguma dificuldade no relacionamento com os confrades e os não-espíritas das cidades visitadas?*

— Nenhuma. Pelo contrário, as facilidades de relacionamento foram comovedoras, pois que o Brasil em toda parte, amado como é, é cartão de visita salutar, abrindo as portas para os seus filhos em qualquer lugar. Digo que o Brasil não é apenas amado, mas muito amado. Fui informado, por exemplo, nas diversas emissoras de rádio em que falei, que ali, a música brasileira apresentada toma 75% dos seus programas, sendo solicitada cada dia mais e em maior quantidade. Não foram poucas as perguntas sobre o Brasil, demonstrando inusitado interesse pelo nosso povo, seus hábitos e suas tradições, sua história e seus usos, seu governo e programas. No que diz respeito ao Espiritismo na *Pátria do Cruzeiro*, em unanimidade as perguntas traduziam em todos o mais amplo interesse, lamentando não estarem mais bem informados do que ocorre espiritualmente nestas terras, pelas dificuldades que experimentam, a respeito de melhores esclarecimentos sobre a Doutrina codificada por Allan Kardec.

— *Quais as perspectivas que você vê para o desenvolvimento do Movimento Espírita nas províncias do ultramar português?*

— As mais amplas e melhores imagináveis. Por exemplo, sugerimos maior intercâmbio com a Federação Espírita Brasileira, através de correspondência, não obstante a dificuldade de receberem obras espíritas, para o justo e necessário esclarecimento doutrinário. Sugerimos maior intercâmbio entre os diversos Núcleos Espíritas particulares, reunindo elementos interessados portadores de maior conhecimento doutrinário para mais amplas possibilidades de estudos, e encontramos, em consequência, uma fórmula para dinamizarem os trabalhos junto às autoridades governamentais, conseguindo permissão para funcionamento público.

— *E a Lei de Liberdade Religiosa não faculta o livre exercício dos diversos cultos não católicos, naquelas províncias?*

— Segundo fui informado, o Espiritismo não foi incluído entre as chamadas religiões que têm direito à liberdade de culto...

— *Pretende você retornar àqueles sítios?*

— O futuro está sempre entregue ao Senhor. Retornei a 31 de agosto. Na primeira correspondência recebida de Luanda fui informado de que já se providenciara um movimento para a futura viagem e, de que o valor da passagem já se encontrava em depósito em determinada casa bancária, desde então, para aquela futura excursão, que, todavia, repito, dependerá do Senhor.

— *O que mais nos poderá dizer sobre a viagem?*

— Resta-nos agora agradecer, primeiramente ao Senhor da Vida, rogando-lhe perdão pelas limitações que me são peculiares e que me impediram de produzir mais e melhor. Depois, agradecer aos caros amigos e irmãos das diversas plagas visitadas, às autoridades, às entidades que patrocinaram as conferências e ao povo em geral, esse povo para o qual Jesus veio à Terra a fim de ensinar convivência e amor. Nada mais.

25

Viagens ao exterior

Miguel de Jesus Sardano[31]
(Advogado, professor, orador e articulista de vários jornais espíritas
e fundador do Centro Espírita Dr. Bezerra de Menezes).

Divaldo, qual foi sua primeira viagem ao exterior? Como esta ocorreu?
– No ano de 1962, a convite da Federação Espírita Juvenil Argentina, tive oportunidade de visitar Buenos Aires e proferir, naquela cidade, algumas conferências. Isso se deu no mês de novembro do ano referido. Logo depois, estivemos em Mar Del Plata e Córdoba, iniciando, dessa forma, um ciclo de realizações que prossegue até hoje.

– *E quando ocorreu a sua primeira viagem à Europa?*
– No ano de 1967; para sermos exatos, no dia 10 de julho, a convite do casal Júlio e Stela Trindade, residente no Rio de Janeiro; fizemos a nossa primeira excursão a Portugal, ainda no período em que Salazar se encontrava no poder. Naquela época, o Espiritismo, a Maçonaria e o Comunismo eram proibidos de ter adeptos no país... E as perseguições chegavam a ser inclementes.

Chegando a Lisboa, contatamos com os confrades Srs. Casimiro Duarte e Eduardo Fernandes de Mattos, que mantinham e mantêm até hoje a revista *Fraternidade*. Aqueles nossos amigos propuseram-se a levar-nos pelo país proferindo conferências, apesar da severidade das leis que puniam qualquer desobediência ao estatuto vigente.

Desta forma, na *Casa da Comarca de Arganil*, à Rua da Fé, em Lisboa, realizamos a primeira conferência pública, no referido ano de 1967.

A seguir, realizamos uma excursão que abrangeu as cidades de Leiria, Porto, Viseu, Santarém, Aldeia de Encoberta, Coimbra, Lagos, na

---

31. Miguel de Jesus Sardano nasceu em Mirassol, SP, em 18 de agosto de 1933 (nota da Editora).

qual foi desenvolvido o programa com imensa receptividade. Na mesma oportunidade, estivemos também na cidade de Braga, que é considerada o *Vaticano português*, e o resultado foi profundamente comovedor, porque aderiram pessoas vindas de toda parte, graças ao aviso que foi publicado na revista *Fraternidade*, embora de uma forma discreta, e a propaganda que passava de boca a ouvido, de coração a coração.

Ainda me recordo dos momentos muito agradáveis, na cidade de Santarém, quando a confreira Maria Luísa nos pôde apresentar a um público compacto, que se encontrava na sala de um porão, onde a conferência foi realizada. Marcada para as 21 horas, o público começou a chegar desde as 16 horas, entrando, silenciosamente, para não chamar a atenção da vizinhança.

Demoramo-nos em Portugal por mais de 20 dias. Logo após, retornando da digressão pelo interior, em Lisboa proferimos a conferência de encerramento.

Dali, então, fomos a Madri. Em plena rua, na *Gran Via*, também conhecida como Avenida José Antônio, escutei um Espírito, que se me identificou como Ramon y Cajal, que sugeriu telefonasse à terapeuta Dolores Paz y Pérez, cujo número de telefone me transmitiu, para que eu lhe pedisse, fosse ela a minha introdutora entre os simpatizantes do Espiritismo, em Espanha.

Desnecessário recordar que, naquela oportunidade, a Espanha vivia o regime franquista, no qual, também, eram interditadas as manifestações espíritas, comunistas, maçônicas e de algumas agremiações do Protestantismo.

A Dra. Dolores Paz y Pérez recebeu-nos em seu consultório, à Avenida General San Giurgio, número 5, terceiro andar, dois, direito, e ali conversamos longamente, sobre os motivos que me haviam levado à Espanha.

Muito preocupada, ela se referiu às dificuldades que teríamos de enfrentar por causa da proibição. Não obstante, o Espírito sugeriu que ela telefonasse a vários amigos e amigas e nos reuníssemos ainda naquela noite, numa casa particular, para esse mister. Muito gentil, a Dra. Paz y Pérez, que ainda vive, telefonou a vários amigos e, naquele mesmo dia, às 21h30, na residência de uma costureira, chamada Cacilda, tivemos o contato inicial com as pessoas que aceitavam discretamente a Doutrina Espírita. Foi nesta noite que compareceu à reunião um livreiro que mantinha, na sua casa, a venda de obras gerais, à Praça de Espanha, de nome Jesús Armenteros.

Muito sensibilizado com o nosso contato com aquelas pessoas, ele franqueou a intimidade de sua livraria onde poderia albergar um número maior de interessados, para que fossem proferidas as conferências posteriores, o que assim se deu.

Quando retornamos, no ano de 1970, ainda no regime franquista, o trabalho já permitiu um número maior de adesos. É aí que começa o restabelecimento do Movimento Espírita em Espanha, que vem de culminar com a permissão de funcionamento da Entidade Federativa Espanhola, porque, já no ano de 1970, tive oportunidade de incluir, entre as cidades visitadas, Barcelona e Mataró, onde tivemos ensejo de contatar com espíritas, que viviam nas *catacumbas*, utilizando-nos da expressão cristã.

Posteriormente, em 1975, já pudemos proferir, em Barcelona, a primeira conferência espírita pública, desde que foi estabelecido o regime franquista, ensejando que os espíritas viessem a público e, lentamente, retornassem ao contato doutrinário.

Mas, ainda naquela viagem de 1967, alonguei-me até Paris, sendo hóspede de um casal católico, muito amigo nosso, familiares da Senhora Lygia Ribeiro, do Rio de Janeiro, Dr. Heitor e Sara, graças a cuja generosidade, foi-nos possível visitar a Casa dos Espíritas, à época, à Rua Copernic, número 8, mas que, no momento, estava em período de férias, portanto, nos meses de agosto e setembro, sem qualquer atividade.

Ali estavam expostas algumas obras de Allan Kardec, à venda, e as reuniões que se realizavam eram exclusivamente de clarividência e outras no mesmo gênero, com entrada paga.

— *Você tem voltado à Europa com certa frequência. Você é convidado? Por quem?*

— A partir daquela primeira viagem, portanto, várias entidades interessaram-se para que retornássemos. Ainda no ano de 1970, quando visitei, pela segunda vez, foi a convite do mesmo casal Júlio e Stela Trindade. Nas vezes subsequentes, então, já havendo, em Portugal e Espanha, a restauração das liberdades democráticas, em Portugal, a partir de abril de 1974, depois da Revolução, passamos a receber convites de várias entidades, não só aí, do país, como de outros países.

– *Houve um encontro com você e o médium Gasparetto na Europa. Foi casual?*

– No ano de 1977, quando visitamos por primeira vez Genebra, na Suíça, sendo hóspede da Dra. Terezinha Rey, brasileira, que ali reside há 28 anos, aproximadamente, viúva do eminente psicólogo Dr. André Rey, apresentamos, ao término da nossa conferência, na Universidade, na aula de Psicologia, um filme, no qual aparece Luiz Antônio Gasparetto, psicopictografando. Este filme, nós o fizemos em sua companhia, no ano de 1976 e foi realizado pelo nosso inesquecível Eurícledes Formiga e seu filho, que fez a filmagem.

Para poder demonstrar a diferença entre fenômeno parapsicológico e mediúnico, conseguimos com o Dr. Ernani Guimarães Andrade, fundador e presidente do Instituto Brasileiro de Pesquisas Psicobiofísicas a concessão, por empréstimo, de algumas películas outras, entre as quais, as experiências realizadas com Nina Kulagina e outras, produzidas pela Dra. Telma Moss e sua equipe da Universidade da Califórnia.

Nessa oportunidade, em que estávamos em Genebra, projetamos o filme de Nina Kulagina, realizando experiências de psicocinesia e apresentamos o de Luiz Antônio Gasparetto realizando o fenômeno mediúnico de pintura. Esses mesmos filmes, apresentamos em outros países, e, inclusive, em Portugal.

Foi, no entanto, posteriormente, que viríamos encontrar *casualmente* Luiz Antônio Gasparetto, no ano de 1979, em Londres, quando eu participava do Congresso Espiritualista Internacional, para o qual fora convidado pela Sra. Margareth Wilson, sua presidente na época, a fim de proferir duas conferências: uma sobre *Fenômenos parapsicológicos e mediúnicos* e a outra sobre as *Provas científicas da reencarnação*, ambas com tradução de Guy Playfair.

Estava viajando pela Europa, na oportunidade, a família Gasparetto: seus pais e Luiz Antônio. Como nos encontrássemos no dia em que eu ia proferir a conferência e ele estava presente, suponho que também para participar do Congresso, e me ouvir, embora na condição de um visitante, eu lhe perguntei se ele não poderia fazer uma demonstração de pintura mediúnica ao término da nossa conferência. Ele, mui prestativamente, aquiesceu e fizemos, eu a parte teórica e ele a parte prática.

Aconteceu, aliás, um fenômeno muito interessante, porque, enquanto eu me encontrava no palco com o tradutor e Gasparetto encontrava-se na plateia, realizando a pintura mediúnica, eu vi chegar um Espírito que me disse chamar-se Ian. Era holandês e havia tido uma desencarnação muito dolorosa. Fora motivada por um acidente automobilístico. Seu pai era proprietário de uma oficina da firma Peugeot, e havia consertado aquele carro. O jovem, de 17 anos, mais ou menos, pegou o carro para fazer experiência e, por imprudência ou outro motivo qualquer, terminou acidentando-se e vindo a desencarnar. Isso causou, na família, um grande e doloroso impacto, ainda mais, porque o pai, de alguma forma, achava-se responsável.

Como nesse Congresso Espiritualista estava um representante da Holanda, Mister J. H. Zeeven, residente em Groningen, que era pastor, este senhor trazia uma fotografia de Ian para intentar, por clarividência de alguém, saber notícia do mesmo. Ian veio, desse modo, dizer que aquele era o dia do seu aniversário e ele gostaria de mandar para a sua família, através do Sr. Zeeven, uma lembrança, uma pintura mediúnica. Gasparetto, naquele momento, em transe, estava fazendo seu quadro por um dos pintores modernos, Manet.

Enquanto isso, ele me estava contando o seu drama e pedia-me que, terminada a reunião, eu narrasse o fato e apontasse a sua pintura.

Foi, portanto, um fenômeno muito curioso, porque terminada a pintura mediúnica, eu pedi ao Sr. Playfair para fazer a tradução do que havia ocorrido e mostrei o quadro, em azul, retratando Ian.

Mister Zeeven confirmou que era autêntico o fenômeno e Gasparetto fez uma dedicatória à família, dedicatória esta que também eu assinei, mandando a tela psicopictografada, demonstrando a sobrevivência da vida ao túmulo.

Era uma comunicação através de dois médiuns, simultaneamente. Eu ouvia a mensagem e Gasparetto retratava-o.

Ainda nessa oportunidade, quando chegamos à Espanha, em Barcelona tivemos oportunidade de reencontrar Gasparetto, e lá, no Palácio das Exposições, proferi uma conferência para mais de mil pessoas, em cuja oportunidade Gasparetto voltou também a realizar pintura mediúnica. A partir daí, Gasparetto retornou à Europa outras vezes, sendo que, nesta nossa última viagem (1985), realizada entre maio e junho próximos passados, encontramo-nos casualmente com Gasparetto, em Milão. Ele estava atendendo a um convite para uma apresentação num programa de televisão, patrocinado por uma revista e eu estava proferindo conferências na *Vita Nuova*, Movimento Spiritico.

Estávamos, Nilson e eu, à tarde, nesse mês de maio, no dia 29, na Galeria Vitório Emanuelle, e, quando retornávamos ao Hotel Gritti, encontramos Gasparetto, que ali também estava hospedado, a convite do Sr. Rosaspina, para depois da nossa viagem ter um encontro em *Vita Nuova*.

– *Você tem ido à África também. Diga alguma coisa sobre esse trabalho.*

– A minha primeira viagem à África aconteceu, graças ao efeito do trabalho realizado em Portugal, nos anos de 1967 e 1970. A senhora Maria Cleofé Coutinho de Oliveira residia, então, em Luanda, capital de Angola, e lendo os resultados do que havia acontecido na metrópole, convidou-me, epistolarmente, para ir a Angola, porque havia um grande interesse de simpatizantes do Espiritismo naquele país, embora proibido o Movimento ali, para que eu proferisse uma série de conferências. Depois de uma correspondência muito longa, aceitei e foi feita uma programação. Assim, fiz a primeira viagem à África, no ano de 1971. Escalei em Joanesburgo, África do Sul, depois fui a Moçambique, proferindo conferência em Lourenço Marques, na Beira e em Nampula. De Lourenço Marques viajei a Angola. Realizamos uma série de conferências, a primeira das quais na Sociedade dos ex-alunos de Coimbra e visitamos o interior do país, alongando-nos até Novo Redondo, Benguela, Lobito, Nova Lisboa e outras cidades, iniciando um ciclo de viagens que se repetiu várias vezes, culminando com cinco viagens realizadas à África do Sul, onde fundamos diversas instituições. Neste último país, já proferimos conferências em Joanesburgo, Vereeiniging, Springs, Krugerdorsp, Pretória, Nigel, Vanderbijlpark... No último mês de março, estive igualmente em Bophuthatswana.

– *Nessas viagens, algum grupo espírita foi fundado ou foi criado?*

– Inúmeros, o primeiro dos quais a *Institución Espírita Juanna de Ângelis*, em Buenos Aires. Logo depois, outra Instituição Espírita, na cidade de Entre Rios, província de Panamá, na Argentina. Imediatamente, em Montevidéu, a *Instituição Espiritual Kardecista Joanna de Ângelis*. Na Europa, as Instituições nasceram como flores abençoadas que medram espontaneamente no solo. Nasceu um Grupo Espírita em Paris, sob a direção da Sra. Cláudia Bonmartin, que transformou o culto evangélico, que ela levou do Brasil, desenvolveu em Espanha com o nosso confrade Rafael González Molina, que hoje é o diretor fundador da

Organização Confederativa Nacional e, ao transferir-se para Paris, consorciando-se com o Sr. Jean Bonmartin, manteve o Grupo em sua casa, sendo hoje o *Cercle d'Étude des Oeuvres de Allan Kardec*, e funciona à Rua Jean Jacques Rousseau, na entidade dirigida por M. Dumas, que se chama *Union Scientifique Francofonique pour l'Investigation Psychiques et l'Etude de la Survivance* (U.S.F.I.P.E.S.). O senhor Dumas é um dedicado estudioso da Obra de Allan Kardec, à qual dá uma interpretação muito pessoal. Foi ele o responsável pela transformação da *Revue Spirite*, em *Revista Ranaitre 2.000*. Mas tem sido muito cortês e permite, graças a um convênio firmado entre o *Grupo de Estudo das Obras de Allan Kardec* e a entidade que dirige, que ali se realizem, hebdomadariamente, as sessões dirigidas por Cláudia Bonmartin, conforme as diretrizes de Allan Kardec, onde se estudam suas obras e se faz, à semelhança do Brasil, uma programação perfeitamente doutrinária.[32] Em continuação, quando estivemos em Genebra, convidamos a nossa confreira Dra. Terezinha Rey, a iniciar um culto evangélico no seu lar, o qual, nós próprios realizamos, em companhia de Nilson e do Dr. Francisco Thiesen, que estava conosco nessa viagem, e que hoje está transformado em *Union Spirite de Genève Vivre e Aimer*.[33] Este nome, a Dra. Terezinha tirou do livro de Joanna de Ângelis, o último que nós publicamos: *Viver e amar*. E, assim, por onde temos andado, inúmeras instituições têm nascido.

Em Joanesburgo, em Vereeniging, na África do Sul, em Angola, foram inúmeros; em Moçambique são diversos, que hoje estão realizando a obra de divulgação da Doutrina Espírita. Neste momento mesmo, na Inglaterra, sob a direção da excelente Sra. Janete Duncan, vem sendo ampliado um Núcleo de Estudos que está encarregado de traduzir, como já o vem fazendo, ao inglês, *O Evangelho segundo o Espiritismo*, pois a tradução anterior não merece fé, visto que foi realizada por um protestante.[34] Nos Estados Unidos já foram criadas mais de 10 instituições, enquanto nós temos por aí transitado, bem como noutros países.

— *A propósito dos livros, quais as línguas para as quais eles já foram vertidos?*

---

32. No momento, o *Cercle* funciona em outro local.
33. Inicialmente, Dra. Terezinha Rey pensava em manter este nome. Atualmente, funciona com outra denominação.
34. Já foi publicada a tradução de *O Evangelho segundo o Espiritismo*, de Allan Kardec, do inglês (notas do entrevistador).

— Nós temos treze livros traduzidos ao espanhol, dois ao tcheco, um ao polonês, dois ao esperanto, quatro transcritos em Braile, dois ao inglês e agora um ao francês, publicado recentemente em Genebra, no último mês de maio. Mais três estão sendo vertidos para o francês, mais dois para o inglês, dois para o italiano e, para o espanhol, estamos com quatro traduções no prelo, aguardando serem lançados.

— *Quais os países onde o Espiritismo tem maior aceitação?*

— É muito difícil fazer uma avaliação, como fruto de viagens de pouco tempo. No entanto, sem uma cronologia de onde ele é mais bem aceito, podemos dizer que, na América do Sul, destaca-se a Argentina, com um dos mais admiráveis plantéis de expositores, de simpatizantes e de realizações doutrinárias de muita profundidade. Simultaneamente, a Colômbia, a Venezuela e o Uruguai vêm apresentando um trabalho muito expressivo. No Panamá, já há um grupo, a Fraternidad Espírita Dios, Amor y Caridad (FEDAC), com um trabalho que merece muito respeito. Noutros países da América do Sul, que eu saiba, o Movimento é ainda muito empírico. Mas, no Mar do Caribe, Porto Rico e República Dominicana vêm realizando trabalho muito expressivo e de profundidade. Nos Estados Unidos, destaca-se a Flórida, particularmente Miami. Mas já há um Movimento significativo na Filadélfia, em Phoenix, em Nova Iorque, em Nova Jérsei e agora pela Carolina do Norte. Na Europa, destacamos Portugal, onde a Federação Espírita Portuguesa desenvolve um admirável trabalho de unificação de entidades e de pessoas. Restaurada a Federação Espírita Portuguesa, depois das vicissitudes sofridas durante o regime da ditadura salazarista, esse trabalho vem logrando expressivos índices, mesmo porque o Conselho Federativo Nacional já se reuniu algumas vezes, uma das quais na cidade de Viseu, há menos de dois anos, quando eu me encontrava presente com o Nilson, como convidado para participar deste ato, pela sua presidente, Dona Maria Raquel Duarte dos Santos. Na Espanha, o Movimento se inicia com muita expressão e alarga-se, em Madri, com o nosso Rafael Molina, e Barcelona, uma cidade que apresenta admirável programa doutrinário, onde estão as personalidades muito conhecidas dos nossos confrades José Cazanovas Llarden, Pura Argelich e David Santamaria. Também em Jaen e outras cidades, algumas das quais ainda não tive oportunidade de visitar. Há, também, um Movimento muito bom na cidade de Villena, que ainda permanece sob a epígrafe de Parapsicologia, mas o grupo é constituído de espíritas militantes, muito trabalhador esse grupo, e de corações devotados e afeiçoados ao bem. A Espanha já tem uma Entidade Federativa, com sede em Madri, sob a direção de Rafael Gonzalez Molina, que é muito dedicado à Causa. O México, na América do Norte, tem um trabalho de alta magnitude, pois que consegue apresentar auditórios repletos com mais de duas mil pessoas, por ocasião de conferências, não só no Distrito Federal, como Guadalajara, Tampico, Ciudad Mante, Vera Cruz, e outras cidades por onde tivemos oportunidade de viajar e pregar. A Guatemala, com o nome de *Movimiento Heliosófico* ou *Escuelas Heliosoficas*, apresenta um Movimento Espírita respeitável, porque há, igualmente, uma identificação de propósitos, uma Casa Central na cidade de Guatemala, que coordena o trabalho, estuda e divulga as obras de Allan Kardec com muito carinho. Aliás, a Guatemala, entre outros países de fala hispânica, fez-se representar no curso promovido pela Federação Espírita Brasileira, em julho do ano passado, para a *Preparação de evangelizadores espíritas para a infância e a juventude*, como também Portugal. Enfim, há, já, um verdadeiro rejuvenescimento do Movimento Espírita. Na França, neste momento, graças aos esforços do senhor Roger Perez estão os espiritistas aglutinando-se para a criação da Federação Espírita Francesa e Francófona[35] da qual se espera, num futuro não muito distante, surgir a Federação Espírita Europeia. Enfim, na África como na América Central o Movimento Espírita está recebendo uma adesão maciça e se desenvolve sob as bênçãos de Cristo e do próprio Allan Kardec.

---

35. Já está funcionando a Union Spirite Française et Francofonique, que publica a *Nova Revista Espírita*.
Convém recordar que os dados aqui mencionados são de 1987. Nestes últimos anos houve muitas transformações, pois o Movimento Espírita cresceu vertiginosamente em todos os países visitados por Divaldo, que ainda os visita periodicamente.
Algumas pessoas desencarnaram, outras assumiram o trabalho. Foi criado o Conselho Espírita Internacional, que muito vem contribuindo para o desenvolvimento do Espiritismo no exterior (nota do entrevistador).

26

Divaldo Pereira Franco – El misionero andariego del Espiritismo Científico

Hoy, en los Estados Unidos, mañana, en algún otro lugar. Este famoso espiritista andariego, ha hecho de su vida un apostolado del Espiritismo científico moderno. Por eso, Divaldo Pereira Franco puede ser encontrado en cualquier país de América, o en cualquier rincón de Europa, Asia, África…

Su misión es una: preparar al mundo para el Tercer Milenio.

Este discípulo predilecto del gran médium brasileño Francisco Cândido Xavier (llamado por algunos el *Papa del Espiritismo*), lleva la voz de Jesús, la Doctrina Espiritista de Allan Kardec y los estudios y experimentos extraordinarios de Chico Xavier al público de todo el mundo.

Su palabra tiene pureza de convicción cuando nos dice:

– El hombre moderno que conquistó la Luna, y que viaja por el espacio en busca de vida interplanetaria, y al mismo tiempo trata de encontrar el origen de la vida en la Tierra, estudiando la formación de los otros planetas, tiene mucho que aprender aún del alma humana.

– *¿En qué sentido?*

– En el de que a pesar de todos sus logros científicos, no ha encontrado la Paz. La Ciencia y la Tecnología han impulsado a la criatura humana a un desarrollo intelectual extraordinario. Sin embargo, en razón de estas conquistas técnicas, toda su cultura se ha transformado en el perfeccionamiento de instrumentos para la guerra, la dominación y el abuso bajo la influencia del egoísmo. En este momento, el hombre necesita hacer un cambio de profundidad. En lugar de seguir investigando en la Astronáutica, debe empezar a marchar a través de la *Siconáutica*.

— *¿Cómo podemos efectuar ese viaje síquico?*

— Jesús lo explicó hace dos mil años. Solamente haciendo una viaje hacia adentro, puede el hombre encontrar sus respuestas, porque puede encontrar a Dios. Esto solamente es posible cuando aprendemos la necesidad de amar y de vivir la realidad del Espíritu, que no se destruye cuando viene la muerte, sino que vive eternamente. Lo que muere es el cuerpo, el Espíritu no.

— *¿En qué forma el Espiritismo moderno enseña este viaje hacia nosotros mismos?*

— El Espiritismo moderno, fundamentado en las investigaciones parapsicológicas, sicotrónicas y sicobiofísicas, es la respuesta de Dios a las tormentosas ansiedades del hombre. Y demuestra que la vida física tiene una finalidad: la perfección. Que la Tierra es una Escuela de Bendiciones, en la cual el ser desarrolla sus facultades superiores y marcha en dirección a la felicidad, que es de naturaleza trascendental.

— *¿Qué quiere usted decir con trascendental?*

— Que trasciende más allá de la vida. Jesús dijo a sus discípulos y amigos que debían mantenerse fieles y confiados en el Reino de Dios. Y el mensaje del Reino de Dios lo trajo el Espiritismo, que llegó a la Tierra el 18 de Abril de 1857, por intermedio de Allan Kardec. Demostrando la inmortalidad del alma, presenta una filosofía existencial, una filosofía optimista, porque es al mismo tiempo una filosofía terapéutica, de curación.

— *¿Se refiere a las curaciones espíritas, o a algo más general?*

— Me refiero a prevenir y curar en el ser humano la desesperanza y a la vez curar, por el poder energético del Espíritu sobre la materia, los casos en que una influencia espiritual negativa está causando daño.

— *¿Puede ser más explícito?*

— Muchos casos de esquizofrenia y otros estados alienantes han sido radicalmente curados por medios síquicos, al expulsar a entidades obsesivas. Hay millares de casos de disturbios emocionales curados por los Espíritus.

— *¿En qué otros aspectos funciona el Espiritismo?*

— Además de curar y prevenir los estados síquicos alterados y la toxicomanía (que es la maldición de nuestros tiempos), el Espiritismo ofrece una ética de comportamiento, que tiene en el amor la base real y legítima para la verdadera vida, la vida espiritual.

Es decir, que el Espiritismo puede ser considerado como un triángulo equilátero, en que los lados son Ciencia y Filosofía y la base es la Ética Religiosa. Porque lleva el hombre de vuelta a Dios, ofreciendo los mismos medios de integración con el Espíritu Divino que predicó Jesús: la oración, la meditación, la vivencia de la Caridad y el ejercicio del Amor a Dios sobre todas las cosas y a las criaturas humanas como a sí mismo.

Primeras manifestaciones síquicas

– *¿Divaldo, a qué edad empezó usted a tener manifestaciones paranormales?*

– Las primeras manifestaciones síquicas que yo tuve, ocurrieron cuando tenía 4 años de edad. Desde entonces los fenómenos, que se hicieron cada vez más imperiosos e increíbles, me fueron sucediendo progresivamente. Hasta que a la muerte violenta de un hermano mío, fui tomado por su Espíritu y el choque me tuvo enfermo por más de seis meses, sin diagnóstico médico porque no se sabía lo que yo tenía. Sufrí parálisis de mi brazo derecho y un estado de "catatonía". Me sacaron de eso cuando empecé a desarrollar la facultad de la escritura automática en las sesiones espíritas de una gran médium. Ella, con pases magnéticos, me liberó de un estado de obsesión.

Divaldo Pereira Franco nació el 5 de mayo de 1927, en Feira de Santana, cerca de Salvador, capital del estado de Bahia, en Brasil. Era el menor de los 13 hijos de Francisco Pereira Franco y Ana Alves Franco, y manifestó impulsos místicos desde niño. A los 16 años se graduó de maestro, iniciando el bachillerato, que no pudo terminar por falta de dinero. Por eso dedicó su vida a ayudar a los niños jóvenes pobres a conseguir la educación que él no pudo conseguir. Trabajando como maestro y más tarde con su pensión de jubilado, ha conseguido llevar su Doctrina a todos los confines de la Tierra. Con donaciones de seguidores y amigos y la venta de sus obras escritas en estado de trance, ha mantenido dos misiones: Centro Espírita Caminho da Redenção y la Mansão do Caminho, nombre inspirado en la Casa del Camino que tenía el pescador discípulo de Cristo, Simón-Pedro, en Jope, camino de Jerusalén. Además, fundó y mantiene varios centros médicos, escuelas y hogares para desamparados.

La sesión mediúmnica a la que se refiere anteriormente, fue celebrada en casa de la señora Ana Ribeiro Borges, médium sicógrafa, vidente, sicofónica (es decir que escribe automáticamente dictada por los Espíritus y que puede verlos y oírlos). El joven, que había sido monaguillo y era mui religioso, llegó armado de un rosario *para alejar al demonio*. Durante la sesión, Divaldo tuvo un trance, incorporando el Espíritu de su hermano Zeca. Así empezó su carrera como médium.

Una vida llena de exitos

— *¿Cuántos libros ha escrito con escritura automática?*
— Libros completos, 52, y millares de conferencias (datos de 1987. Actualmente, más de 250 libros y más de 13.000 conferencias), folletos y disertaciones de todo tipo. Generalmente cuando pronuncio una conferencia, estoy en estado de semitrance.

Muchos libros de Divaldo le han sido dictados por escritores famosos. Entre ellos están: *Filigranas de luz*, dictado por el Espíritu Rabindranath Tagore; *Parias en redención*, *Del abismo a las estrellas*, *Calvario de liberación y Sublime expiación*, dictados por el Espíritu Victor Hugo; *Mies de amor*, *Después de la tempestad*, *Rumbos libertadores*, la *Serie Psicológica*, dictados por el Espíritu Joanna de Ângelis. Algunos de estos libros (150 libros) han sido traducidos de su original portugués hacia 13 idiomas, de entre ellos: inglés, francés, español, checo, alemán, sueco, catalán, italiano, holandés, húngaro, noruego, esperanto.

Divaldo Franco ha disertado en 33 países, 69 canales de TV, 160 emisoras de radio y en 700 ciudades (datos de 1987. Actualmente, más de 58 países en más de 1.000 ciudades, en los 5 continentes; más de 200 canales de TV y más de 300 emisoras de radio).

Las multitudes que se reúnen para escucharlo, tanto en Paris como en África del Sur, en Madrid como en Nueva York, permanecen en religioso silencio mientras habla, y su copiosa correspondencia, que requiere una docena de voluntarios para contestar, es revisada personalmente por Di, su nombre familiar para los íntimos.

— *¿Divaldo, cuántas clases de mediumnidad usted posee?*
— Yo veo los Espíritus desde niño (yo creía que todos los niños los veían y a veces no distinguía si jugaba con niños vivos o con niños muertos). Ellos hablan por mi boca, otros escriben con mi mano. Durante la escritura no pierdo el sentido, siento la mano y el brazo dormidos, como en un calambre, y puedo seguir haciendo otra cosa o conversando mientras mi mano escribe sola.

La escritura automática es conocida desde hace siglos, pero solamente en los últimos veinte años se le ha prestado atención. Divaldo Franco produce obras que asegura son de autores famosos y cada una tiene el estilo, la escuela literaria, del autor que la firma.

— *¿Tiene algún otro tipo de mediumnidad?*
— Algunas veces he logrado producir fenómenos físicos, como transformar el agua en otras materias, por ejemplo, substancias medicamentosas o perfumadas y fenómenos de transfiguración, de materialización.

— *¿Cómo se presentan sus visiones? Cómo las ve, transparentes o como si fueran de carne y hueso?*
— Cuando son Espíritus atrasados parecen más brutales, más físicos. Cuando son Espíritus adelantados son más transparentes, a veces solamente veo parte de ellos; una cara, unas líneas incompletas. Los veo como si estuvieran a través de una niebla, de un vidrio.

— *¿Usted los ve con los ojos abiertos?*
— Veo con los ojos abiertos y veo con los ojos cerrados, en mi mente.

— *¿Cómo los oye?*
— Como una voz que viene dentro de mí, detrás, de mí frente; es difícil explicarlo, es una sensación curiosa. Hablan con una voz "que siento dentro".

— *¿Cómo son las materializaciones?¿Usted produce ectoplasma?*
— Si, nosotros hicimos estas experiencias durante ocho años. Llegamos a materializar manos de personas muertas y a moldearlas en parafina. Las manos permanecieron perfectamente sólidas hasta que logramos el molde. Pero como yo viajo mucho, los Espíritus me pidieron que suspendiera este tipo de tarea, pues me producía un desgaste grande de energía.

— *¿Entonces usted escogió solamente la condición parlante?*

– Efectivamente, como médium parlante doy conferencias, porque cuando empiezo a hablar ya estoy en semitrance. Por ejemplo, yo tengo dificultades con el español, pero en cuanto estoy en trance lo hablo fluentemente. Igual me pasó en París con el francés, idioma que no conozco en absoluto. Allí lo hablé.

La Tercera Guerra Mundial no va a producirse

– *Divaldo, ¿cómo usted ve los problemas del mundo en este momento?*

– Los Espíritus dicen que estamos en una hora de grave transición. Ellos nos informan que si nosotros oráramos e hiciéramos pensamientos positivos, no vendría la Tercera Guerra Mundial. Ellos quieren que el hombre evolucione por el amor, no por la desgracia que sería una guerra atómica.

– *¿Entonces, ellos tienen esperanzas de evitar el holocausto?*

– Nosotros, el pueblo, somos muy responsables de los vicios y virtudes de los gobernantes. Porque si nosotros conseguimos encontrar la paz, haremos una vibración positiva de paz y evitaremos la guerra. Una vibración de paz desde cada corazón alcanzará a los hombres de las altas esferas.

– *Entonces, ¿usted cree que si hay una crisis y todo el mundo se pone a orar, la crisis cederá?*

– Creo que eso es absolutamente posible, porque vivimos en un mundo de vibraciones y las vibraciones positivas son más fuertes y poderosas que las negativas.

– *Entonces, ¿si usted tiene un disgusto con una persona, la forma de terminar con ese disgusto sería enviarle vibraciones de amor?*

– Positivas, es lo que dijo Jesús con otras palabras: "Orad por aquellos que nos perjudican y persiguen". Nuestros pensamientos llegan al pensamiento de ellos y lo cambian.

– *¿Es eso lo que llaman algunos cambiar las luces?*

– Completamente. Es cambiar la frecuencia de onda, de negativa a positiva.

– *¿Cómo define usted el aura humana?*

– El aura es la vibración que brota del interior de un ser humano. Por medio de ella se puede ver el estado de salud y el estado de ánimo de cada persona. El aura es la *fotografía* del estado interior. Un hipócrita puede disimular su rabia y su envidia, pero su aura lo denuncia, porque el aura no miente.

— *¿Qué opina de la cámara Kirlian, que descubrieron los rusos para ver el aura?*

— Que es la comprobación tecnológica que ya millares de experiencias con médiums habían corroborado.

— *¿Conoce usted los experimentos hechos detrás de la Cortina de Hierro, para lograr crear una arma poderosa que dispara con energía síquica?*

— Es muy creíble, porque los experimentos de telequinesis han demostrado que la energía síquica puede mover la materia física. Son numerosos los médiums que como Uri Geller pueden mover objetos físicos con la mente.

— *¿Qué opina usted de la denuncia hecha por síquicos norteamericanos de que los rusos poseen el poder de destruir físicamente a una persona con la mente?*

— Eso es perfectamente posible, el llamado *rayo de la muerte*, existe. Es energía síquica pura. Y la energía síquica es pura energía cósmica, es energía atómica. Un grupo de mentes afines puede, incluso, con esa energía disparar cohetes.

— *¿Qué usted opina del nuevo movimiento de entrevistar a un enfermo* resucitado *luego de una muerte certificada y averiguar sus* experiencias? *¿Usted cree que las experiencias relatadas son ciertas, o son alucinaciones?*

—Yo creo, honestamente, que *ellos vuelven*. Que la experiencia fue vivida. Lo que dicen se confirma en distintas partes del mundo y esta información universal confirma una realidad única y exclusiva: la vida después de la muerte.

— *¿Y las experiencias de hipnosis regresiva? ¿El llevar a una persona atrás en el tiempo hasta más allá de su nacimiento, a su última muerte y su anterior vida?*

— También las considero válidas. Este doctor Morris, que está haciendo las terapias de las vidas pasadas para encontrar las causas de los traumas sicológicos, me parece de una validez absoluta. Es increíble como libera a la gente de sus problemas emocionales, haciéndoles regresar al momento en que ocurrió el hecho traumatizante.

— *¿No es eso lo que hace el sicoanálisis?*

— En muchas ocasiones sí, pero como el sicoanálisis solamente llega hasta el momento de la concepción, no alcanza las vidas pasadas. Cuando el trauma se produjo en esta vida el sicoanálisis cura, cuando se produjo en una vida pasada, hay que buscar más allá. Eso es lo que hace este experimento tan interesante.

— *En el libro* Muchas vidas *se presenta el caso de una niña que asiste al momento de su concepción. Ella tenía un complejo de culpa,*[36] *porque su madre al ella nacer la rechazó, y no sabía por qué. Cuando regresó, comprendió que al producir su propia concepción había causado pesar a su madre, ¿Es esto posible?*

— Sí, porque desde que un Espíritu *escoge* sus padres, flota sobre ellos, propiciando el encuentro amoroso que le dé vida. Y ese Espíritu forzó al óvulo a hacerse fecundar, en su ansiedad por nacer, y la madre no estaba sicológicamente preparada para el embarazo. Las madres que abortan no saben el daño que causan a los seres que las habían escogido para nacer.

— *¿Cuál ha sido a lo largo de su vida la experiencia síquica más importante que ha presenciado?*

— Cuando fui curado síquicamente del problema cardíaco que yo tuve. Los médicos me dijeron que yo había tenido un infarto y el daño en mi corazón era un problema irreversible. Yo fui a un Centro Espírita en São Paulo y allí los Espíritus me operaron, delante de mis ojos, sin anestesia, sin instrumentos, sin aparatos, con los dedos del médium. Me cosieron con agujas invisibles. Sentí dolor y me operaron y cuatro días después, estaba bien. Los médicos no encontraron rastros de las cicatrices que deja el infarto.

— *¿Usted presenció las operaciones que hacía Arigó?*

— Sí, algunas, y tengo una película muy interesante.

---

36. Complejo de culpa: culpa es el sentimiento negativo que repetidamente sentimos cuando cometemos un error que consideramos grave, o sea cuando hacemos algo que gostaríamos de no hacer ou de no tener que hacer.
[...] el complejo de culpa es igualmente dañino, porque no soluciona el mal practicado, además de responsable por agraviar sus malos resultados. (Vea Elucidações psicológicas à luz do Espiritismo, de la autora espiritual Joanna de Ângelis, psicografiado por Divaldo Franco).

— ¿*Qué opina usted del fenómeno Gasparetto?* (*El médium que bajo trance produce en unos minutos obras maestras de grandes pintores, usando a la vez los pies y las manos*)

— Es uno de los más fascinantes que he visto en su género. Es un trabajo hecho delante de todos. Los expertos han identificado sus picassos, sus modiglianis, sus rembrandts, como auténticos.

— ¿*Qué puede decirme del fin del mundo?*

— Este fin será de naturaleza moral. El mundo real continuara y será el inicio de una gran era: el Tercer Milenio.

— ¿*Qué cree usted que va a pasar con el comunismo?*

— Yo creo que el comunismo es una *enfermedad* necesaria por algún tiempo, pero que la Humanidad ya está encontrando la salud y muy pronto la dolencia desaparecerá.

— ¿*Cómo cambiará el futuro de la Humanidad?*

— Los Espíritus anuncian un gran cambio, en que los Espíritus retrasados y malos serán enviados a un planeta inferior. Un planeta que se acerca a la Terra.

— ¿*Cree usted que las religiones organizadas tienen en este momento más apertura para los fenómenos síquicos?*

— En estos momentos la propia Iglesia católica fue conducida a una observación más perfecta del Cristianismo, con el *movimiento carismático*. Las iglesias reformadas, por razón del propio progreso, tienen que abrirse. Es un momento de comprensión, no de reacciones de individualidades. O marchamos para el mismo fin, que es Dios, que es el bien de la criatura humana, o nuestros conceptos religiosos mueren por falta de vitalidad.

— ¿*Cuál es a su juicio la personalidad síquica más importante en el mundo actual? .¿Cuál es el ser viviente más importante, síquicamente hablando?*

— Yo citaría a tres: por sus poderes maravillosos, al Chico Xavier; por su santidad, a la Madre Teresa; por su apostolado, al Papa.

Hasta aquí, la entrevista con Divaldo Pereira Franco, un hombre moderno y modesto, creyente y humilde, dedicado por entero a su fe, al Amor de Dios, y al amor de la Humanidad.

(*Revista Intimidades* – Florida, USA – 12/1983.
Entrevista a periodista Loló Acosta de Villalta).

27

Entrevista à Rádio Municipalista de Botucatu

(Botucatu, SP, janeiro/1986).

I

Espiritismo é Cristianismo?
– Jesus teve oportunidade de focalizar a problemática, conforme se lê no Evangelista João, Cap. 14, versículos 16 a 18, 25 e 26:

> *E eu rogarei ao Pai, e ele vos dará outro Ajudador, para que fique convosco para sempre, a saber, o Espírito da Verdade, o qual o mundo não pode receber; porque não o vê nem o conhece; mas vós o conheceis, porque ele habita convosco, e estará em vós. Não vos deixarei órfãos; voltarei a vós. Estas coisas vos tenho falado, estando ainda convosco. Mas o Ajudador, o Espírito Santo a quem o Pai enviará em meu nome, esse vos ensinará todas as coisas, e vos fará lembrar de tudo quanto eu vos tenho dito.*

Quando os Espíritos do Senhor vieram entrar em contato com os homens, na Terra, estabeleceram, como condição precípua, o conhecimento do Evangelho do Cristo e responderam que: "O ser mais evoluído que Deus ofereceu à criatura humana, para servir-lhe de modelo e guia, é Jesus".

Como consequência inevitável, Espiritismo e Cristianismo são termos da mesma equação das revelações de Deus para a criatura humana, a ponto de encontrar-se estabelecido que, entre as grandes revelações que vieram à Terra, o Mosaísmo é a primeira – na qual aparece a lei; o Cristianismo é a segunda – onde se expressa o amor; e o Espiritismo é a terceira – como coroamento das duas primeiras, através da reencarnação. A lei é de justiça; o amor, de libertação; e a reencarnação é de esclarecimentos, que vão à causa dos problemas, para melhor equacioná-los. Portanto, Cristianismo e Espiritismo são uma e a mesma coisa.

– *O jovem perdeu interesse pelas coisas espirituais?*

– Não. O jovem perdeu a motivação para o lado ético da vida, por uma série de fatores socioeconômicos, psicossociais, emocionais...

Vitimado por duas Grandes Guerras que dizimaram a cultura e a ética, o jovem dos nossos dias padece de hipertrofia dos sentimentos mais elevados, porque recebeu uma tradição de *moral vitoriana*, em que a virtude era nada mais que o mascarar do erro. A pessoa podia entregar-se às dissipações. Desde que não se soubesse, no mundo exterior, isto era considerado virtude.

Depois da Segunda Guerra Mundial, do fracasso das nações, foi-lhe oferecida uma ética de paz, estabelecendo uma conduta formal, de gabinete, no relacionamento entre os povos. Veio a Guerra Fria. Depois, a da Coreia. Vieram, a seguir, as lutas tiranizantes do Sudeste Asiático. Então, o jovem compreendeu – principalmente na América e na Europa – que os postulados da ética e da paz eram, nada mais, nada menos, que colocações de gabinete, destituídos de legitimidade. Aí, desestimulado, resolveu mudar de comportamento psicológico e social.

Nos anos 60, Marcuse, na Universidade de Berkeley, na Califórnia, rebelou-se contra o *status quo* e sugeriu que se abandonasse a guerra e se estimulasse o amor. Fez apologia da Natureza, convocou ao culto da flor e do amor, nascendo o movimento *hippie*.

Os jovens, do mundo inteiro, saíram na busca da afirmação dos seus valores, através de formulações de natureza diferente.

Como era natural, esse retorno à vida primitiva degenerou em desequilíbrios de vários portes. Estava-se no auge da Guerra do Sudeste Asiático e a própria nação americana, através de vários dos seus representantes, estimulava o consumo de drogas, para que o jovem, tresvariado pelas alucinações toxicômanas, pudesse matar.

Ao retornar para casa, batido pela derrota, o jovem americano entregou-se aos abusos naturais. Nasceram, então, a sexolatria, a toxicomania, a violência. E o jovem, naturalmente, se engajou na busca das sensações mais imediatas, em detrimento dos valores mediatos. No fundo, o moço contemporâneo é vítima de uma ética social falsa, que falhou nas suas bases. É este o momento para mostrar-lhe o erro das conceituações antigas, acentuando-lhe que a vida não está adstrita aos limites do corpo orgânico. Morrer é libertar-se, quando advém a morte natural.

A vida, na Terra, não é uma viagem ao país da fantasia. É uma aprendizagem no educandário carnal. Através dessas convocações, se há de despertar o jovem para assumir, não o sexo – que os animais também assumem – nem o gozo – que é da natureza, da sensação – mas as responsabilidades, dentro de um critério de liberdade que o torne feliz e plenamente realizado.

II

– *Qual o enfoque espírita, qual a sua opinião a respeito das curas, das cirurgias espirituais?*

– Antes de nos preocuparmos com as curas orgânicas, realizadas através da interferência dos bons Espíritos, a Doutrina possui um enfoque de muito maior relevância, que é o da *transformação moral* do homem. Porque nossa vida é fruto de reações e atos anteriores, que geram outras para o futuro, em face dos atos presentes.

Na raiz de qualquer problema de natureza psíquica ou orgânica está a ação anterior do ser imortal.

É óbvio que a Misericórdia de Deus – que a ninguém nunca desampara – interfere para que seja dilatada a realidade da vida espiritual no equilíbrio psíquico e físico, o que não quer dizer se torne uma saúde completa. Mesmo porque, a Organização Mundial da Saúde (OMS) estabeleceu que saúde não é falta de doença; mas o resultado de três fatores que estabelecem um clima de bem-estar, que são: a posição socioeconômica, o equilíbrio psicológico e a harmonia fisiológica. Então, seria o quadro de saúde um bem-estar transitório, num mundo de relatividade.

Os Espíritos, utilizando-se do teor vibratório de determinados indivíduos, chamados médiuns, podem interferir, para minimizar os efeitos cármicos da nossa conduta irregular, diminuindo as consequências dos desequilíbrios psicofísicos. Mas tal não representa a anulação dos nossos débitos.

Se não houver uma psicoterapia, uma transformação moral, logo mais advirão outros fenômenos, como consequência do não uso da nossa razão. As curas, sem dúvida, ocorrem. Aliás, Jesus foi o grande pioneiro, nessa terapia. Podemos recordar-nos de um homem que O foi buscar e pediu-lhe que curasse o seu servo, que estava a distância. Era um comandante romano. Ele se comprometeu a ajudar aquele paciente. Quando se dispunha a ir visitá-lo, o centurião Lhe disse (Mateus, 8: 5 a 10; Lucas, 7: 6 a 10):

> [...]. Senhor, não te incomodes; porque não sou digno de que entres debaixo do meu telhado; por isso nem ainda me julguei digno de ir à tua presença; dize, porém, uma palavra, e seja o meu servo curado. Pois também eu sou homem sujeito à autoridade, e tenho soldados às minhas ordens; e digo a este: Vai, e ele vai; e a outro: Vem, e ele vem; e ao meu servo: Faze isto, e ele o faz. Jesus, ouvindo isso, admirou-se dele e, voltando-se para a multidão que o seguia, disse: Eu vos afirmo que nem mesmo em Israel encontrei tamanha fé. E voltando para casa os que haviam sido enviados, encontraram o servo com saúde.

Quando o centurião se acercava da casa, outros auxiliares vieram dizer-lhe: – Senhor teu servo, nosso amigo, curou-se. Ele se certificou de que a hora havia sido aquela em que tinha mantido o diálogo com Jesus. Era, portanto, uma cura astral, paranormal, uma cura de ordem transcendente, como hoje realizam os Espíritos, utilizando-se de médiuns dotados desta energia especial.

III

– *Qual a diferença entre Espiritismo e Umbanda?*
– Allan Kardec, o codificador, foi muito claro quando disse: Para novas ideias, novas palavras. Para definir uma ordem de ideias novas, criamos a palavra Espiritismo, que é a ciência que estuda a origem, a natureza e o destino dos Espíritos, bem como as relações que existem entre o mundo corporal e o Mundo espiritual.

O Espiritualismo é a Doutrina que abrange todas as crenças na imortalidade da alma e na Justiça Divina, reunindo todas as religiões.

Ao citar a palavra Espiritismo, Allan Kardec deu-lhe características próprias, que estão estabelecidas neste Código de filosofia ético-doutrinária: a crença em Deus; na imortalidade da alma, que se comprova através da comunicabilidade dos Espíritos; na reencarnação; na pluralidade dos mundos habitados e na revivescência do Evangelho de Jesus, *em Espírito e Verdade*. Este é o corpo doutrinário do Espiritismo.

A Umbanda é um movimento que nos merece respeito, credor da nossa melhor simpatia, mas, como o próprio nome diz, tem suas características próprias. Aliás, os estudiosos da terminologia umbandista dizem que ela representa um alto grau de conhecimento humano. Mas não é Espiritismo. Tem seu ritual, seu cerimonial, seu culto. O Espiritismo é a Doutrina da integração da criatura com o Criador, sem quaisquer manifestações de natureza externa. Como recomendou Jesus, ao dialogar com a samaritana, *dia virá em que o Pai será adorado em Espírito e Verdade*, no altar do coração, e *não no santuário de Jerusalém, ou no Monte Garizin*, o Espiritismo convida o homem a uma adoração cósmica. O Espiritismo é a Doutrina que propõe ao homem a perfeita integração no Cosmo Divino, por intermédio da ação, da oração e da transformação moral dele próprio.

São, portanto, doutrinas que marcham paralelamente, mas são diferentes. A Umbanda tem o seu Código ético-religioso; o Espiritismo, pelo seu Código científico dos fatos, filosófico das informações e religioso da integração no Espírito Divino, tem características especiais, inamovíveis.

IV

— *Que acha o Divaldo dos procedimentos anticoncepcionais, aqui lembrados como laqueadura, vasectomia e até mesmo o aborto?*

— Allan Kardec não ficou indiferente à questão. Quando estudava, em *O Livro dos Espíritos*, a Lei de Destruição, se referiu que todos os elementos impeditivos à vida deveriam ser evitados. No entanto, sabemos que a ciência é um dos instrumentos da Divindade para fomentar o progresso do homem e desenvolver a própria civilização, a sociedade. Com o desenvolvimento da tecnologia, com o aprofundamento da Ciência Genética, nas áreas da Embriologia, na Biologia, vimos saber como ocorre a fecundação. Com esse conhecimento, é natural que se tomem algumas medidas acautelatórias, para que a mulher não se transforme, simplesmente, numa máquina de reprodução. Os anovulatórios, os anticonceptivos vieram, então, trazidos por auxílio da Inspiração Divina, para, ao lado das manifestações do controle biológico e da disciplina moral, contribuir para o refazimento da mulher.

Somos favoráveis – até certo ponto, é óbvio – à aplicação dos anovulatórios, apesar das sequelas e consequências que deixam, às vezes, no sistema nervoso da paciente, ou outros ainda não definidos.

Contudo, no que diz respeito à vasectomia e à laqueadura, temos algumas restrições.

Desde que se trate de providências de natureza terminal – embora alguns cirurgiões sejam favoráveis a que, tanto a laqueadura quanto a vasectomia, possam ser reparadas e fazer com que retornem as mesmas potencialidades primitivas, no que outros têm algumas reservas – nós somos de parecer que se devem evitá-las, já que se dispõe de métodos restritivos menos danosos e que, inclusive, não influenciam negativamente no comportamento psicológico.

Um homem que se submete à vasectomia cria, às vezes, determinados traumas na área das suas potencialidades normais.

A mulher que faz laqueadura de trompas provoca, às vezes, verdadeiros climas de perturbação hormonal e na área psicológica, de frustrações, de insatisfações, como demonstram as estatísticas.

Todavia, é na área do aborto que nós, espíritas, em nome da Doutrina, nos levantamos com absoluta serenidade, para profligar contra este atentado à vida. Ninguém tem o direito de praticar um homicídio, utilizando-se dos recursos para matar aquele que não têm a mínima possibilidade de reagir ou de defender-se.

O abortamento, além de ser um ato de profunda covardia moral do adulto, é, também, um dos mais tremendos atos de agressão à vida.

É claro que o aborto terapêutico, aquele que visa a salvar a vida da gestante, que já está realizada, em detrimento da do embrião, ainda em formação, torna-se, não somente legal como também moral. Mas, nos demais casos, apresentados como deliberação dos *direitos da mulher*, consideramos crime, porque seu direito não lhe dá a liberdade de impedir o direito de quem vai nascer. E vemos, ainda aí, a mulher como vítima. Mesmo quando ela se arroga esse direito de decisão sobre a vida que traz no ventre.

O parceiro é coautor do crime, seja pela evasão da responsabilidade, seja pela estimulação para que ela se liberte da vida em formação, seja por qual motivo for.

Ele é coautor porque, naquela célula, o *neuroblasto* inicial, que se desenvolveu num corpo novo, há a sua coparticipação; o gameta fecundante e o gameta receptáculo – o espermatozoide e o óvulo – constituem responsabilidade dos dois para a formação da vida.

O Espiritismo é frontalmente contra o aborto, que consideramos, neste caso, um homicídio, porque é um ato consciente para perseguir uma vida já em formação. Todas as alegações apresentadas são falsas, por suas próprias bases, que revelam o egoísmo, o materialismo da criatura humana, o imediatismo, o sentido hedonista em detrimento da vida.

Quanto às medidas preventivas, além daquelas que citamos, existem outros métodos biológicos e outros instrumentos capazes de impedir a fecundação, sem necessidade desses métodos terminais ou terminantes da vasectomia e da laqueadura de trompas, e pior, do abortamento.

V

– Atualmente, a Humanidade passa por uma fase de transição tão difícil, que as pessoas normalmente não encontram paz, principalmente a paz de espírito prometida por Jesus. Às vezes as pessoas chegam à conclusão de que não vale a pena ser bom, porque ninguém se entende, ninguém se ama. A pergunta é: como explicar as inversões dos valores na atualidade?

– O homem esqueceu-se do ponto fundamental da ética filosófica de todos os tempos. Sócrates definiu-o muito bem, quando interpretou a frase que encontrou no pórtico do santuário de Delfos: *Conhece-te a ti mesmo*. Por um atavismo, que resulta do egoísmo dominador, e por necessidade de sobrevivência – como afirmam os modernos psicanalistas –, passamos a conquistar os outros e as coisas, antes de nos conquistarmos a nós mesmos. O homem moderno, da cibernética, das telecomunicações e das ciências exatas, passou a fazer uma conquista superficial, horizontal, logrando coisas externas que, de forma alguma equacionam seus problemas de ordem interna. Não tem a coragem de mergulhar dentro de si mesmo, para examinar os seus valores, para detectar as suas potencialidades e, por isso, o que ele tem, detém, e detendo, ele não o tem realmente. Ele é possuidor, possuído pela posse. Na hora em que conquistar os valores intrínsecos, os do espírito, ele se modificará e a paz virá como consequência. Jesus, aliás, estabeleceu este princípio numa frase (João, 14: 27): *"Deixo-vos a paz, a minha paz vos dou; eu não vo-la dou como o mundo a dá. Não se turbe o vosso coração, nem se atemorize"*. Porque a paz do mundo é nada mais do que comodidade: uma boa casa, um bom automóvel, uma família bem constituída, um bom emprego, uma boa previsão do futuro. São todos elementos transitórios, de breve duração. Repentinamente eles mudam, e eis que esta paz terá a acomodação das aparências. Mas quando o indivíduo sabe o que veio fazer na Terra, quem é ele, de onde veio e para onde vai – essa é a chave da felicidade – ele dispõe de recursos e valores para enfrentar as vicissitudes, para lutar contra as paixões viciosas, para integrar-se num universo de realizações diferentes.

Eis por que a Tecnologia, que deu a alguns – não a todos – tanto conforto e tanto prazer, não concedeu a paz.

O homem das estrelas mata no meio da rua por um pedaço de pão.

O homem, que decifrou, há pouco, os enigmas do nosso Sistema Solar, está na rua, atormentado pela neurose.

O homem, que descobriu os insondáveis mistérios do mar, entrega-se e atira-se a suicídios injustificáveis, porque conquistou por fora, não se conquistou por dentro.

Jesus faz um apelo, em todo o Seu Evangelho, para que o homem realize uma viagem para dentro, para que procure buscar os seus valores mais exatos, e, realizando esta busca interior, se descubra, após o que descobrirá o mundo e poderá conduzi-lo.

VI

– *Como surgiu o homem?*

– É um assunto que demandaria algum tempo mais largo, porquanto, é um dos temas mais transcendentes: a origem da vida!

Mas, para sintetizar, poderíamos dizer que duas teorias fundamentais, na Filosofia, explicam a origem da vida, para chegarmos ao homem. A primeira é a teoria de Santo Agostinho, em que fala da imanência: a Terra possuiria os elementos indispensáveis para que, diante de fenômenos de natureza cosmológica, ambiental, pudessem desenvolver-se, como a semente que jaz na terra, aguardando o clima e a oportunidade do tempo. A segunda é a chamada corrente tomista, a de Santo Tomás de Aquino. Segundo ele, a Terra, elaborada por Deus, teria todas as condições, e Deus, em determinado momento, projetaria o fluxo da vida. É a teoria bíblica de Adão e Eva.

Nós, espíritas, porque nos fundamentamos na Ciência, seguimos a tradição do conceito darwiniano da evolução, a *teoria da origem das espécies*, da seleção natural e do próprio progresso.

A Terra forneceria os elementos de natureza fisiológica, desde a aglutinação inicial das moléculas, há mais de um bilhão de anos, até o aparecimento do *Pithecantropus erectus*, há aproximadamente cinquenta mil anos. Este corpo em formação, o Psiquismo Divino iria fertilizá-lo e, através de sucessivas experiências nos moldes carnais, adquiriria experiência e conhecimento, partindo do instinto para a razão, da razão para a intuição e da intuição para a angelitude.

Nosso conceito a respeito do Criacionismo está vinculado ao Transformismo e ao Evolucionismo darwiniano.

VII

– *Como podemos identificar a mediunidade numa pessoa?*

– Charles Richet, prêmio Nobel de Filosofia, afirmava que a mediunidade é um sexto sentido.

Allan Kardec já havia demitizado a tradição em torno da mediunidade. Nos tempos pré-cristãos, a mediunidade apareceu na Terra sob dois enfoques: profetismo e maldição. Em Israel, eram profetas os médiuns. Na Grécia, ou antes, na Índia, no Egito, na China, ela se apresentava como uma ponte de Revelação Divina. Porém, mais tarde, a Idade Média viria torná-la uma demonopatia.

Allan Kardec demonstrou que a mediunidade é uma faculdade parafísica, que é do Espírito, e que o corpo a reveste de células, formando órgãos, que a exteriorizam, como é natural. A mediunidade passou então a ser considerada como uma faculdade paranormal, que permite à criatura sintonizar com ondas que ocorrem acima da chamada faixa da normalidade.

Sabemos, por exemplo, que o ouvido humano é capaz de captar determinada intensidade de ondas hertz, até cerca de 20 mil vibrações por segundo; mas os ouvidos dos felinos captam acima e abaixo dessa faixa.

O médium é alguém dotado de uma percepção que lhe faculta captar vibrações além da normalidade habitual da criatura, seja na percepção visual, na percepção auditiva, ou nos fenômenos de ordem intelectual e material. Por isso, essa percepção foi dividida em dois grandes grupos, na Metapsíquica, na Parapsicologia, na Psicobiofísica: de naturezas subjetiva e objetiva. Na Doutrina Espírita – com outra denominação e o mesmo significado – há mediunidade de ordem intelectual e de ordem física. De ordem intelectual são: a psicofonia, a psicografia, a intuição, a inspiração; e na ordem física, as manifestações do *apport*, do *poltergeist*, da transfiguração, da materialização e da desmaterialização. Assim, a mediunidade está ínsita em todas as criaturas.

Como descobri-la? Pelo inusitado. Quando qualquer um de nós, pessoa normal, passar a captar vibrações inabituais, a identificar fenômenos que não ocorrem na chamada área sensorial, está com síndrome de mediunidade. O Centro Espírita é a escola para corrigir, orientar, canalizar essas forças, em favor da verdadeira equação do fenômeno, que é de natureza fisiopsicológica e que, não convenientemente educado, pode transformar-se em distúrbios de comportamento. A mediunidade é a percepção que faculta o intercâmbio com os Espíritos.

Dr. Francisco Habermann – *Antes de encerrarmos, gostaríamos que você nos desse uma mensagem fraterna, ao povo botucatense.*

– Inicialmente, desejamos, sensibilizados, agradecer à Rádio Municipalista, à simpatia generosa do Wanderley, que nos brindou com parte do seu programa para este primeiro encontro com a nobre e querida cidade de Botucatu. E dizer que, não obstante a violência, que galvaniza os corações, a agressividade urbana, que atemoriza a cada instante, apesar de estarmos diante de vários fatores negativos, nunca houve tanto amor como hoje, na Terra. Organismos mundiais de saúde e de saúde mental, de anistia, de direitos humanos, de paz, organizações de benemerência, como a Maçonaria, o Rotary, o Lions, os Amigos da Cidade, a Cruz Vermelha Internacional e tantos outros, quais a ONU, a UNESCO – vêm todos trabalhando para a transformação da Terra e a felicidade do homem.

Vemos que o amor sobrepujou os instintos agressivos do ser. Vale a pena viver! E vale a pena amar!

A nossa mensagem é de esperança e de otimismo.

Se alguém não o ama, pouco importa. Ame você!

Se alguém não o compreende, seja você aquele que tem a felicidade de compreender!

Se alguém lhe nega, dispute a honra de dar!

A verdadeira *felicidade consiste em dar*, em amar, em servir e passar adiante.

A rosa aromatiza e não excogita de ver as consequências.

O Sol fomenta a vida, passando de um lado para o outro e deixando que um intervalo de serenidade noturna nos reabasteça para um novo dia de luz.

Fomente a paz, ame e viva em paz.

28

O trabalho no exterior

Divaldo viaja ao exterior desde 1962, portanto, há mais de 25 anos. Ultrapassa, já, a casa dos cem o número de viagens ao estrangeiro (dados de 1987), exclusivamente para divulgar a Doutrina Espírita.

A imprensa espírita brasileira não lhe tem feito justiça, neste aspecto. Com raras exceções, há um silêncio inexplicável com relação ao trabalho de Divaldo lá fora. Honestamente, eu não sei a que fatores atribuir essa lamentável omissão dos nossos órgãos de divulgação. O que coletamos aqui é quase nada diante do material que possuímos, enviado por confrades do exterior, que lá acompanham e realizam este trabalho. Reunimos, também, alguns cartazes anunciando as conferências, bem como algumas fotos que documentam os referidos eventos.

Chamou-nos a atenção o fato de aparecer, em alguns dos cartazes, o preço do ingresso para a conferência, como em Genebra, por exemplo, onde se lê, no rodapé: *Billet: 10Frs – payable à l'entrée*. Isso lá é normal. A arrecadação se destina ao custeio das despesas com a promoção, uma vez que não possuem fundos para fazer em face desses compromissos. O mesmo ocorre nos Estados Unidos, onde pude constatá-lo pessoalmente. Quando não se cobra o ingresso, coloca-se uma bandeja para os donativos ou fazem correr uma pequena sacola para coletar colaborações, a fim de cobrir os gastos. Pelo que pude observar, é da mentalidade local que as despesas sejam divididas entre todos.

A propósito dos gastos referentes às viagens, tanto no Brasil como no exterior, Divaldo sempre recebe dos anfitriões promotores do evento, a passagem e nada mais.

AUDITORIUM SHELL
RUE RAVENSTEIN 60

---

28 & 30 MAI, 20 H

CONFÉRENCES
par le célèbre médium brésilien

DIVALDO PEREIRA FRANCO

28 mai	*30 mai*
Phénomènes médiumniques	Spiritisme, sciences et parapsychologie

Conférences animées par des projections de films de chirurgie médiumnique et d'autres phénomènes paranormaux

Participation aux frais : 150 francs

Pour réservation : tél. BRUXELLES (02) 230 88 44

Editeur responsable : L'Union Spirite Belge, rue Maghin 43, Liège

29

Entrevista com Cláudia Bonmartin[37]

Miguel de Jesus Sardano
(Entrevistador)

– *Cláudia, fale de sua ida para a França, como isso aconteceu?*
– Aconteceu o seguinte: em setembro de 1972 eu havia concorrido a uma bolsa de estudos para a Espanha, Madri, na cadeira de Psicopedagogia, e fui contemplada com essa bolsa. Então, em setembro desse ano, precisamente no dia 27, eu cheguei a Madri, onde fiquei 9 meses, ou seja, até o término de minha bolsa. Bem, aí decidi que não deveria voltar imediatamente ao Brasil. Eu tinha ainda alguma reserva de dinheiro e com ajuda de minha mãe fui para Paris tentar a continuação de meu estudo de Psicopedagogia. Em Paris comecei um curso de doutorado, chamado *troisième cicle*, e em fins de 1974 eu conheci aquele que hoje é meu marido, um francês, Jean Bonmartin. Assim, casamo-nos e eu fiquei por lá, com residência fixa. Hoje já tenho três filhos e moramos na região parisiense.
– *Como você conheceu Divaldo Franco?*
– Eu já conheço Divaldo há muitos anos. Conheci-o aqui, no Brasil. Na época, eu não era espírita; era católica. Mamãe era espírita e ele veio à minha casa.
– *Quando Divaldo foi à França, pela primeira vez, que seja de seu conhecimento?*

---

37. Esta entrevista foi publicada na íntegra na *Revista Internacional do Espiritismo*, em 1987, e, parte dela, foi incluída no livro *O Peregrino do Senhor*, de Altiva G. Noronha. Mme. Bonmartin concedeu esta entrevista no mês de julho de 1985. Hoje ela é 2ª vice-presidente da *União Espírita Francesa e Francófona*, com sede em Paris (nota do autor).

— Que eu tenha conhecimento, ele foi em 1967. Agora, comigo lá, somente em 1977. Portanto, 10 anos depois da primeira vez.

— Sabemos que Divaldo tem ido à França com frequência; você tem acompanhado o trabalho dele?

— A partir de 1977, tenho. Todas as ocasiões em que ele teve ensejo de visitar a Europa, eu estava presente e servi de intérprete para as conferências em francês.

— Então me fale deste trabalho.

— Como disse, a primeira visita comigo lá, foi em 1977. Ele foi acompanhado de Nilson de Souza Pereira e do Sr. Francisco Thiesen, presidente da F.E.B. No dia da chegada tivemos uma entrevista com o presidente da antiga União Espírita Francesa, que modificou o nome, a partir de 1972, para *Union Scientiphique Francofonique pour la Investigacion Scientiphique et L'Étude de la Survivence*, cujo presidente é o Sr. André Dumas. Eu fui intérprete dessa entrevista. Nessa ocasião foi feita a tentativa de negociar os direitos autorais da *Revue Spirite*. Como hoje se sabe, esses direitos foram negados, mas houve um entendimento entre as pessoas e nesse mesmo dia foi marcada uma conferência de Divaldo para o dia seguinte, na mesma sala do encontro, quando servi de intérprete.

Em 1978, Divaldo retornou à França, tendo oportunidade de realizar palestras e cultos domésticos. Aliás, em 1977, também tivemos oportunidade de realizar dois cultos de Evangelho no lar, com a presença de Divaldo. Um, foi em minha casa e outro, na residência de duas brasileiras parentas, Marta e Maria Helena, que na época estavam estudando em Paris. Neste ano de 1978, Divaldo proferiu conferências na referida *Union*. No ano de 1980, Divaldo foi novamente à França. E dessa vez não falou somente na *Union*, em Paris, mas também numa sala de um restaurante português, graças à interferência de amigos portugueses lá radicados.

Em 1981, Divaldo esteve em vários países da Europa e novamente visitou Paris, onde realizou conferências na *Union* e também cultos domésticos. Em 1983, ele voltou à França. Essa visita de Divaldo foi muito interessante porque, ao visitarmos Lyon, tive oportunidade de conhecer, por seu intermédio, o Sr. Roger Perez, que é um espírita muito interessado e muito dedicado ao Espiritismo e à sua divulgação. Esse senhor, apesar de residir em Lyon, dirige um pequeno grupo espírita na cidade de Tour, onde nasceu Léon Denis. Foi muito interessante o contato e a amizade com esse senhor e com o seu grupo, pois são pessoas muito idealistas e tentam realizar um trabalho de grande valor, em termos de Espiritismo na França. O Sr. Roger Perez organizou duas conferências para Divaldo, uma em Tour e outra em Lyon.

Esse entrosamento que fizemos com o Sr. Roger Perez foi de grande valia, pois houve muita troca de ideias, de informações, de experiências. E Divaldo passou a manter correspondência com o Sr. Roger Perez e com outras pessoas do grupo e em especial com um rapaz que se chama Jacques.

À palestra de Lyon não pude comparecer, mas a Prof.ª Teresinha Rey, brasileira radicada há 28 anos na Suíça, em Genebra, foi a intérprete de parte da conferência. Devido a um problema de garganta da prof.ª Teresinha, o Sr. Roger Perez serviu de intérprete para o resto da conferência. Aliás, foi interessante, porque o Sr. Roger Perez não fala português, mas fala bem o espanhol, e, como Divaldo também fala o espanhol, este passou a falar em espanhol e o Sr. Roger Perez traduzia para o francês.

Mas o nosso contato com o Sr. Roger Perez continua até hoje, ora por telefone, ora por carta, etc.

Nesse ano de 1985, Divaldo novamente esteve conosco na França, realizando várias palestras em Paris, não só na *Union*, como também na *Casa do Brasil*. Houve, também, muitos contatos e encontros com pessoas interessadas na Doutrina, o que, aliás, está aumentando bastante.

Há muita possibilidade de ele falar em outras cidades, da próxima vez que for, porque, dessa vez, por motivo de datas fixadas um pouco tardiamente, ele não pôde realizar essas visitas. Agora há na França um movimento que começa a renascer porque uma nova União Espírita foi criada em junho e quem a dirige é o Sr. Roger Perez.

— *Claudia, eu gostaria de saber se Divaldo teve alguma participação efetiva em tudo isso, ou seja, se se pode atribuir a ele esse renascimento ou parte desse renascimento na França, particularmente em Paris.*

— Sim, ele tem parte importantíssima nesse renascimento, principalmente em Paris, porque foi por intermédio de Divaldo que eu conheci o Sr. Dumas, o Sr. Roger Perez e o próprio Movimento Espírita. Quando cheguei à França eu não conhecia ninguém. Graças a Divaldo é que eu fiz contatos, primeiro com o Sr. Dumas, de quem me deu o endereço, e que dirigia a então *União Espírita Francesa*. Esse senhor tem-me favorecido muito. Inicialmente, ele me pediu que fizesse algumas traduções para ele. Foi por seu intermédio que eu fui conhecendo o que se passa, a filosofia, as características próprias que tem o Movimento em França. É uma característica mais dita científica, deixando de lado a parte religiosa, de *O Evangelho segundo o Espiritismo*, que eles consideram que foi uma concessão que Kardec fez para países como o Brasil, que têm necessidade de uma religiosidade maior, que precisam da parte religiosa.

Então, foi através de Divaldo que conheci esse senhor, que nos abre todas as portas, inclusive materiais, pois ele nos aluga por preço módico, três horas por semana, a sala que ele dirige. E não foi só isso, porque, para formar-se um grupo não é coisa fácil para quem não tem experiência, como era o meu caso. Divaldo orientou-nos a iniciar com o culto doméstico. E assim fizemos, primeiramente em minha casa. Depois, em forma de rodízio, o culto do Evangelho no lar se estendeu a outras casas de frequentadores. Assim, têm sido realizadas reuniões espíritas cristãs em vários pontos de Paris ou da região parisiense.

Este trabalho é uma luta de vários anos para chegar aonde está, pois desde meu tempo de estudante que eu tento, juntamente com outros colegas, reunir um grupo para fazer o culto doméstico, só conseguindo depois de meu casamento, em minha casa. Em seguida, outras pessoas foram chegando e outros cultos foram criados, tudo dentro de um caráter muito familiar e sempre orientado por Divaldo.

Na ida de Divaldo, em novembro de 1981, quando ele foi acompanhado de Nilson de Souza Pereira e do presidente da FEB, ele nos orientou no sentido de iniciarmos um trabalho fora dos cultos domésticos, ou seja, uma reunião de estudos na sala de M. Dumas. E ali mesmo conversamos com M. Dumas e ele concordou, dizendo que aceitava a nossa proposta porque nos conhecia, sabia da seriedade do grupo. Diga-se de passagem, que outras pessoas já tinham tentado alugar algum espaço na sala, mas ele havia recusado. Assim, em janeiro de 1982, iniciamos, pela manhã, nossa reunião,[38] uma vez que não tínhamos

---

38. O grupo dirigido pela Sra. Cláudia Bonmartin já não funciona neste local (nota do entrevistador).

condições de realizá-la à noite. Essas reuniões eram às quartas-feiras, com um estudo sistemático da Doutrina Espírita, começando com *O Evangelho segundo o Espiritismo* e *O Livro dos Espíritos*. Assim, ficamos todo o primeiro semestre de 1982. No segundo semestre, com os problemas pessoais e particulares acomodados, pudemos iniciar uma reunião à noite, uma vez por semana, às segundas-feiras, às 18h30. Essa reunião não era totalmente pública, mas já era mais aberta ao público do que um culto doméstico, porque ali poderiam vir pessoas que ainda não conhecíamos, mas que eram amigas de amigos nossos, frequentadores, portanto, um lugar neutro. Assim, nasceu em 1982, somente o estudo da parte doutrinária.

Com a volta de Divaldo a Paris, em novembro de 1983, ele disse que já estava na hora de iniciar uma reunião mediúnica. Que eu deveria conversar com M. Dumas, no sentido de obter dele autorização para aumentar o número de horas de uso da sala, isto é, em vez de duas, passar para três horas por semana. E assim foi. Divaldo informou-nos que a sala agora, depois de dois anos de estudos, estava psiquicamente em condições de realizar um trabalho de desobsessão. Desta forma, em janeiro de 1984, iniciou-se a nossa reunião mediúnica, que existe até hoje. O Grupo mediúnico começou com seis pessoas, com médiuns, todos brasileiros. Só havia uma estrangeira, uma peruana. Assim tem sido feito. Durante todo esse período mantenho correspondência com Divaldo, a quem exponho as dúvidas minhas e do Grupo.

Quando eu venho ao Brasil, o que ocorre anualmente, pois minha mãe reside no Rio de Janeiro, procuro entrar em contato pessoal com Divaldo. Recordo-me que, em 1984, em Paris, Divaldo me orientou que falasse com M. Dumas, a fim de que a nossa reunião fosse fixada como um trabalho da sala de M. Dumas e tivesse um caráter público. Assim foi feito, a partir de janeiro de 1985 e com o apoio de M. Dumas a reunião foi aberta ao público. Esta reunião, que contava com um grupo que variava de 6 a 20 pessoas, agora tem cerca de 50 frequentadores, sendo que uns 25 são permanentes, todos interessados no tipo de estudo que estamos realizando. Nossa reunião está assim dividida: iniciamos às 18h30 com uma oração. Destinamos 20 minutos ao estudo do *O Livro dos Espíritos* e 20 minutos a *O Evangelho segundo o Espiritismo*, depois um passe magnético. Mais ou menos às 19h45, iniciamos a parte mediúnica, com duração de uma hora. Encerramos a reunião, o mais tardar, às 21 horas. Atualmente o estudo se passa desta maneira. Quando nós iniciamos a reunião à noite, em fins de 82, escolhemos para estudo sistemático da Doutrina Espírita o livro *Lampadário Espírita*, de Joanna de Ângelis. Este livro, desde quando tomei conhecimento dele, que o examinei no tempo em que ainda morava no Brasil, gostei muitíssimo do seu conteúdo. Achei-o muito didático. É um livro psicografado pelo Divaldo e editado pela Federação Espírita Brasileira, constituído de 60 mensagens e cada mensagem tem ligação direta com o *O Evangelho segundo o Espiritismo* e *O Livro dos Espíritos*.

Ainda no Brasil nós fazíamos o culto doméstico, lendo-o. Nós o lemos inteirinho e achamos muito interessante o seu estudo. Aliás, quando fui para a Espanha eu não tinha ideia de como fazer um curso sistemático da Doutrina. Mas levei comigo o *Lampadário Espírita*. Foi quando eu propus ao Sr. Rafael Molina que o estudássemos. Por fim, ele acabou traduzindo-o ao espanhol e nós o estudávamos no culto do lar, não só do Sr. Molina, mas também de outra senhora, que se chama Dolorez da Paz.

Logo que cheguei à França eu pensei comigo: assim que eu conhecer bem o francês vou dar um jeitinho de traduzir este livro. Assim o fizemos, inicialmente sozinha, e depois com a ajuda de uma grande colaboradora da nossa reunião, Madame Lygia Normand, que tem maior conhecimento de francês do que eu, pois é professora de francês, que começou a traduzir cada mensagem. Então, toda segunda-feira nós líamos uma mensagem traduzida ao francês e depois o correspondente desta mensagem tanto em *O Livro dos Espíritos* como em *O Evangelho segundo o Espiritismo*.

No momento estamos revisando toda essa tradução e pretendemos levá-la ao prelo para publicação. Achamos que este livro é um excelente auxiliar para cultos domésticos, para novas reuniões ou novos grupos que poderão surgir e que terão, pelo menos, por 60 semanas um estudo sistemático da Doutrina. Depois que lerem esse livro poderão fazer um estudo de *O Evangelho segundo o Espiritismo* e de *O Livro dos Espíritos* desde o início, questão por questão, item por item, como estamos fazendo agora. Para um estudo inicial esse livro é interessantíssimo e de uma importância capital.

– *Claudia, eu gostaria que você falasse sobre o trabalho e ida de brasileiros à França.*

— Bem, nós já tivemos a visita de vários brasileiros trazendo a mensagem espírita, trazendo sua colaboração. Nós tivemos a presença de Newton Boechat, que realizou várias conferências em Portugal, na Espanha e também na França, nessa sala USFIPES, dirigida por M. Dumas, e também cultos domésticos na França. Ele esteve apenas uma vez. Tivemos, ainda, a presença de Luiz Antônio Gasparetto, que é bastante conhecido nos países europeus. A primeira vez que ele foi à França, foi em 1982, no mês de novembro. Ele se apresentou em Paris. Depois ele voltou à França, nessa mesma sala. Apresentou-se também na televisão francesa, *Antena Dois (Antene Deux)*, Canal Dois. Ele é bastante conhecido, há várias reportagens sobre ele. A mediunidade dele é muito apreciada. Tivemos também, em junho de 85, a presença de Adelino Silveira, da cidade de Mirassol, estado de São Paulo, que também realizou uma palestra no nosso Centro. Aliás, eu me esqueci de dizer que, a partir de janeiro de 1985, quando nossa reunião passou a ser anunciada pela sala de M. Dumas, ela tomou o nome de *Cercle D'études de oeuvres d'Allan Kardec*, isto é, Círculo de estudos das obras de Allan Kardec.

Não podemos deixar de falar da importância que teve a presença do Sr. Francisco Thiesen, presidente da FEB, nas duas vezes que esteve na França e, particularmente, em Paris, ajudando-nos com suas orientações, sobretudo facilitando e autorizando-nos a fazer as traduções das obras que quiséssemos, para o francês, de livros cujos direitos autorais pertencem à FEB. A propósito, a FEB nos envia sempre uma quantidade regular de *Evangelhos*, em francês, totalmente gratuito, para fazermos o uso que convier a nosso grupo. Enfim, nos tem ajudado muitíssimo, sobretudo, o apoio moral para nossas iniciativas.

— *Não se encontram livros espíritas em francês, nas livrarias comuns, na França?*

— Encontramos em certas livrarias espiritualistas livros espíritas de Allan Kardec, principalmente *O Livro dos Espíritos* e *O Livro dos Médiuns*. Os outros livros, como *O Evangelho segundo o Espiritismo*, por exemplo, já são mais raros. Em Paris é mais fácil encontrá-lo. Às vezes pode ocorrer encontrá-los em outras livrarias, mas não em todas as cidades da França, e quando se encontra o preço é muito alto. Também se encontra *A Gênese* e *Obras póstumas*. Aliás, *Obras póstumas*, de Kardec, agora tem uma introdução de M. André Dumas, em sua nova reedição. Encontra-se, ainda, às vezes, algum livro de Léon Denis e muito raramente de Gabriel Delanne e praticamente nada dos outros.

— *Em sua opinião, essas viagens de Divaldo têm contribuído para a reimplantação ou renascimento do Espiritismo na França?*

— Claro que sim, principalmente em Paris, que é o coração da França, onde podemos encontrar um maior público interessado e simpatizante desta ideia. Foi exatamente através deste Grupo, que criamos com ajuda e orientação de Divaldo, que pudemos atuar diretamente, pois é o único círculo de estudo sistemático do Espiritismo, é o único lugar onde se faz um estudo sistemático da Doutrina Espírita, em Paris. É o único lugar que pratica Espiritismo da maneira como Kardec praticou, ou seja, em seu tríplice aspecto (científico, filosófico e religioso). Ali, fazemos as reuniões nos mesmos moldes das do Brasil, que a nosso ver é o verdadeiro e não mutilado, faltando um dos seus aspectos. E isto se deve ao Divaldo. Por enquanto é muito cedo para termos uma avaliação da amplitude das consequências benéficas deste tipo da atuação dele. Ainda é muito recente, mas a semente que foi lançada começa a se desenvolver devagarinho, com muita prudência e muita calma. Se Deus quiser, e nós esperamos muito, trará frutos bastante positivos e interessantes, pois ela está sendo desenvolvida e crescendo com muito amor, com muito estudo, com muita abnegação de todos, com muito idealismo e isto nos trará bons frutos, com certeza. No momento não podemos sentir ainda essa importância, mas daqui a alguns anos é possível.

O objetivo do *Círculo de estudos das obras de Allan Kardec* é um dia ter seu próprio Centro independente, com atividades mais amplas. Mas isso não é para agora, ainda. Temos que vencer, além do problema material, o problema humano, pois somos poucos ainda para sustentar uma obra de maior envergadura. Ainda não temos estrutura para as responsabilidades de um Centro, mas essa é a nossa meta. Não temos nenhum interesse em fazer parte direta ou indiretamente de uma Federação, direção de associações, em absoluto. Nosso objetivo é, pura e simplesmente, termos um Centro que funcione de acordo com os moldes de Allan Kardec.

— *Cláudia, como você vê o momento atual, em termos de Movimento Espírita?*

— Bem, eu vou tentar resumir aqui o que se passa realmente do outro lado do Oceano Atlântico, em termos de Europa e de França, pois eu lá resido há mais de 13 anos e posso trazer algumas notícias. Como se sabe, o Espiritismo nasceu em Paris, em 1857, e, em 1869, ano da desencarnação de Allan Kardec, já o Espiritismo havia feito um percurso bem grande, não só na França, onde ele havia conquistado Paris e outras províncias francesas, como também na Bélgica, na Suíça, na Espanha, Portugal, um pouco na Itália. Ele atravessou o Mediterrâneo e alcançou as antigas colônias francesas, os países árabes e também países do oeste da África, de população negra, que eram possessões de língua francesa. O Espiritismo havia atravessado o Atlântico e chegado ao Brasil, onde já havia adeptos, que chegaram a manter correspondência com Allan Kardec. Portanto, o Espiritismo já havia percorrido um bom caminho.

Ora, com a desencarnação de Allan Kardec, seus discípulos mais próximos, mais fiéis, como Léon Dénis, da cidade de Tour, Gabriel Delanne, que residia em Paris, Pierre-Gaitan Leymarie, Marina Leymarie, que escreveu o *Processo dos Espíritos*, Camille Flamarion e outros, continuaram a Obra. Mas nós sabemos que a Europa passou um período muito difícil, nos fins do século XIX e nos primeiros 50 anos deste século, sofrendo, assim, modificações sociais muito grandes, que interferiram na marcha natural do Espiritismo. Houve duas grandes guerras, a de 1914/1918 e a de 1939/45, que foram cruentas, que trouxeram muito sofrimento ao povo europeu. Países como Portugal e Espanha, que não participaram diretamente dessas guerras, viveram problemas internos seríssimos, como guerra civil, ditaduras rigorosíssimas que abalaram muito seus povos. Com isso, foi instituída a religião católica como oficial, portanto religião do estado, iniciando-se a perseguição a todas as demais religiões existentes nesses dois países. Logicamente, o Espiritismo também foi vítima dessa situação. Os outros países que participaram mais diretamente dessas guerras ficaram por demais abalados, com a diferença que não tiveram governos totalitários.

A partir de 1945/46, mais ou menos, quando a Europa tentava respirar novamente com a paz, pelo menos sem guerra, os que restaram fizeram um balanço do que havia em termos de Movimento Espírita. Estavam muito desmembrados, descontrolados, pequenos grupinhos. Os grandes vultos do passado já haviam partido e ficaram aqueles discípulos que viveram épocas difíceis e não tinham a mesma fé, o mesmo ardor, e, quem sabe, talvez muito abalados interiormente para fixar o pensamento numa doutrina religiosa. Estavam também muito decepcionados com a religião tradicional que matava em nome de Deus. Aliás, nos séculos anteriores se perseguia e se matava em nome de Deus, deixando, dessa forma, uma herança muito negativa em termos de religião. Por isso que Deus ainda hoje é uma figura, se assim podemos dizer, muito desacreditada. Muita gente prefere aderir e participar de movimentos sociais, políticos, porque acham mais humanos do que o *Deus* que eles conheceram, principalmente o *Deus* ligado à Igreja Católica Romana, que foi o que eles mais conheceram desde a Inquisição.

Então, o nosso Movimento se via completamente perdido, desmembrado. A França, por exemplo, que foi o berço do Espiritismo, começou a reestruturar a *União Espírita Francesa* com dificuldades. A *Revista Espírita*, fundada por Kardec, para não perder a continuidade, também se reestruturava. A verdade é que se havia perdido o hábito salutar e indispensável de qualquer doutrina, e principalmente da nossa, de fazer-se um estudo sistemático e organizado. E isso se havia perdido. Não havia mais. Passou-se assim a um regime de conferências. Vem um orador e fala um tema livre que pode ser sobre a Doutrina, ou pode ser alguma coisa paralela à Doutrina. Partindo-se do fato de que Kardec não era rígido, mas muito aberto na sua maneira de pensar, com relação às novas descobertas, aos novos conhecimentos, porque, para ele, a verdade é que interessava. Então, não vamos agora só falar de Espiritismo, de Kardec, de Léon Denis, de Delanne ou de qualquer outro que escreveu sobre o assunto, mas também falar de outros temas interessantes que estão ligados e que o próprio Espiritismo aconselha. Podemos falar de homeopatia, e, mais recentemente, da acupuntura, sobre Astrologia, sobre as linhas da mão, isto é, uma maneira de conhecer-se o ser humano pelos traços das mãos, como foi feito recentemente lá, na conferência sobre este assunto.

Então, a Doutrina Espírita e Kardec começaram a ser esquecidos nos lugares ditos espíritas, tanto na França como em outros países. Na França e na Bélgica é que restou alguma coisa, mas no resto da Europa o assunto foi esquecido, a partir de 1946. Portugal e Espanha mantiveram o Movimento. Depois, então, ficaram totalmente separados do resto da Europa, devido aos seus regimes ditatoriais. Social e religiosamente falando, estavam totalmente separados do resto da Europa. Portanto, esta mistura, esta salada que se fez, desmembrou tudo e perdeu a força. Espiritismo passou a ser uma prática mediúnica qualquer. Para se ter uma ideia, após uma conferência sobre Homeopatia, por exemplo, ou sobre outro tema correlato, trabalha um ou dois médiuns ao lado. As pessoas colocam fotografias ou outros objetos, pessoais ou de outras pessoas queridas e os médiuns tocam esses objetos e começam a falar sobre eles. Como, por exemplo, a quem pertencem ou pertenceram e dizem tudo o que estão vendo com relação à pessoa ligada ao objeto, se existe ali algum Espírito com a pessoa, o que o Espírito está dizendo, e assim por diante. Isso não é uma crítica, é o que está ocorrendo, é de caráter público, qualquer um pode ir lá e constatar.

Desse modo, entendo que a mediunidade foi ali reduzida a uma coisa qualquer, sem a responsabilidade necessária, foi muito barateada, isto porque os médiuns, que são, na sua maioria, autênticos, não possuem a menor noção de Espiritismo. É comum, depois de fazerem essas demonstrações, oferecerem seus cartões para que o interessado os procure depois, para outras consultas, geralmente marcadas por telefone, com preço estipulado que varia de 200 a 300 francos franceses. Alguns usam cartas, outros bolas de cristal, etc.

Veem-se também, nos jornais franceses e revistas espiritualistas, dezenas de anúncios de médiuns, oferecendo seus préstimos mediante pagamento. Há até os que anunciam que se não puder ir pessoalmente, basta mandar uma foto, alguns dados e o cheque respectivo, que receberá em casa a orientação que pedem, por correspondência. Como se isso não bastasse, colocam nos anúncios que são discípulos de Allan Kardec. Isto é o que se conhece como prática espírita. Então, o Espiritismo ficou bastante desmoralizado. A falta de estudo sistemático deu esse resultado na França, na Bélgica e noutros países onde ainda existe alguma coisa. Isso foi a partir dos anos 45/46, como disse. Atualmente as coisas já se modificaram.

Vamos falar agora em termos do que existe em 1985 na Europa. Portugal e Espanha, por exemplo, depois das ditaduras: no regime democrático, com as facilidades naturais e de idiomas muito próximos do Brasil, o Espiritismo já começa a se desenvolver. Em Portugal já há Movimento Espírita muito bom. As palestras são realizadas com grande público. As palestras de Divaldo chegam a ter público com mais de mil pessoas. Em cidades menores o público varia entre 300 e 400 pessoas. Os jornais publicam entrevistas, etc. Já existe uma Federação Espírita em Portugal, aliás, dirigida por Dona Maria Raquel Dona dos Santos. Na Espanha também existe uma Associação Espírita Espanhola, uma Federação Espírita Espanhola, uma Editora Espírita Espanhola, Centros Espíritas com estudo sistemático da Doutrina, em várias cidades. Na Suíça,[39] em Genebra, existe um culto doméstico, bem frequentado e nós temos muita esperança que daí nasça o primeiro Centro Espírita da Suíça com um estudo sistemático da Doutrina e com esse englobamento de seu tríplice aspecto. Na Espanha e Portugal o Espiritismo ressurge nestes moldes, ou seja, no tríplice aspecto da Doutrina. O mesmo ocorre na Suíça.

Se passarmos para a Inglaterra, vamos encontrar lá um culto doméstico em Londres, também com muita esperança de ser um futuro Centro Espírita. Se formos à Bélgica, vamos encontrar uma Federação Espírita Belga, que é um pouco antiga. Aí se encontra um pessoal, talvez até mais entusiasmado que na França, comparado até alguns anos atrás. Aí também sofrem os mesmos problemas, a mesma mistura, mas falam um pouquinho mais de Kardec que na França, nos últimos tempos. Falam mais de Kardec e estão mais presentes às reuniões. Seguem aí mais um regime de conferência e não conhecem o trabalho mediúnico como nós conhecemos, do passe magnético regular, não conhecem a desobsessão como nós conhecemos e todo o serviço de relacionamento com os desencarnados.

Eles trabalham mais com clarividência. Eles têm muitos médiuns clarividentes, que seguramente são também psicofônicos, etc., mas que talvez nem saibam que o são. Isso é na Bélgica.

Na Itália há um pequeno Movimento. Há um senhor que edita uma revista muito interessante. Ele se chama Rosaspina e trabalha pelo Espiritismo um pouco à maneira dele, porque existe uma tendência a dizer-se que o europeu não gosta de religião, não gosta de Deus e que só funciona o Espiritismo sob o aspecto, como eles dizem, científico, ou seja, mediúnico. Um médium que seja interessante funciona, uma comunicação mediúnica funciona, mas um estudo do Evangelho não funciona. Para eles, isso é uma concessão para países que gostam, que

---

39. Já existe o Grupo (nota do entrevistador).

têm a religiosidade em si, no coração, como no caso do Brasil. Kardec lhes teria feito esta concessão através de *O Evangelho segundo o Espiritismo*. É isso que eles dizem. Agora, a Revista editada por esse senhor é muito bem feita. Ele investe, inclusive, muito dinheiro nessa publicação, pois ela é de excelente qualidade. É talvez a maior revista, materialmente falando, do mundo espírita, mas nem por isso traz tudo o que deve, embora traga coisas boas. Já também aceita falar do que se passa no Brasil, principalmente com relação aos médiuns, ao trabalho mais mediúnico e aceitam muitos estudos realizados no Brasil de pessoas que não são médiuns, mas que escrevem sobre o aspecto dito científico.[40] Isso é a Itália.

Especificamente, com relação ao Movimento Espírita em Paris, a participação de Divaldo tem sido muito grande. Aliás, não se pode falar de Espiritismo, na Europa, sem falar de Divaldo Franco, que vocês tanto conhecem no Brasil. Ele tem tido um papel preponderante nos Movimentos que surgiram nos últimos tempos, sobretudo os cultos domésticos, aparentemente sem importância, mas, se formos analisar bem, vemos que muitos Centros Espíritas começaram de pequenos grupos ou cultos domésticos.

Quando Divaldo foi à Europa pela primeira vez, em 1967, a convite do Sr. Júlio Trindade, que era espírita, mal podíamos imaginar que se iniciava um grande vínculo, uma verdadeira ponte entre o Velho Mundo e a *Pátria do Evangelho*. Divaldo tem sido uma carta viva, levando sua palavra eloquente e entusiasta sobre a Mensagem Espírita ao Continente Europeu. Com o trabalho de conversa, orientação, não só quando está presente, mas, também, através de correspondência, Divaldo vem prestando assistência permanente aos portugueses e espanhóis espíritas, pois, na Espanha ele faz o mesmo trabalho que em Portugal.

Como se sabe, em 1967, o regime, tanto em Portugal como em Espanha, era totalitário e havia muita perseguição religiosa. Basta dizer que não se podia realizar qualquer tipo de reunião com mais de 20 pessoas, sem permissão da polícia. Evidentemente, não se podia pedir permissão para uma reunião espírita, que era rigorosamente proibida e punida com prisão quem desrespeitasse. Por isso as reuniões eram feitas em locais escondidos, em porões, todos de pé, em espaço exíguo,

---

40. *Revista Vita Nuova*, de Milão (nota do entrevistador).

etc. Todos corriam grande risco, mas mesmo assim se reuniam e Divaldo lhes falava do Evangelho, da Doutrina, como nos tempos das catacumbas do Império Romano.

Tudo isso eu tive oportunidade de ouvir quando ainda estava no Brasil. Muitas vezes cheguei a pensar que Divaldo exagerava, quando falava da situação de Portugal e Espanha nas ditaduras de Salazar e Franco. Parecia uma espécie de aventura, algo tão estranho e difícil de compreender no Brasil, onde se respira um clima de liberdade total. Depois das palestras, eu me lembro de que Divaldo contava aos pequenos grupos que se formavam para ouvi-lo, mais na intimidade, sobre esses fatos vividos na Península Ibérica. Confesso que cheguei a duvidar que tudo aquilo fosse verdadeiro. Pois bem, eu lhes posso afiançar que era.

Em 1972, quando cheguei à Espanha para realizar meus estudos, encontrei as mesmas dificuldades, os mesmos problemas. Mas, por intermédio de Divaldo obtive dois endereços. O do Sr. Rafael Molina, que era espírita e que havia morado 13 anos no Brasil, militando na Doutrina. O outro era do Sr. Jesús Armentero, na casa de quem o Divaldo já havia realizado reuniões, nos moldes a que me referi, isto é, às escondidas, com todos os riscos.

Entrosei-me com o casal Molina e começamos um culto doméstico na casa deles, todas as sextas-feiras. Posteriormente, entrei em contato com o Sr. Jesús Armentero, que se correspondia com Divaldo, no Brasil, pois eu fui como pessoa recomendada por ele, que me apresentava como sua amiga, o que facilitou meu acesso ao grupo dele. Foi assim que o Sr. Jesús Armentero me convidou para participar de uma reunião. Perguntei-lhe a que horas deveria chegar e como seria. Ele me disse: – Eu fecho a loja (era uma livraria e papelaria) às 19h30, mas, para não chamar a atenção, você chega às 19 horas, e quando eu der um sinal você entra. Assim eram todos, iam chegando, individualmente, quando não havia cliente, entravam para outro cômodo da livraria, de espaço exíguo.

A livraria do Sr. Armentero, vendia livros de ocultismo, astrologia, livros escolares, yoga, homeopatia, acupuntura e tinha também *O Evangelho segundo o Espiritismo* e *O Livro dos Espíritos*, de Kardec, ambos escondidos num canto da prateleira, mas eu vi os dois livros no meio daquela confusão, de tal forma que não chamavam a atenção. Ele não era propriamente espírita, mas era um simpatizante das ideias espíritas, como, aliás, eram muitos outros, pois naquela época havia simpatizantes das mesmas, outras vezes, das ideias reencarnacionistas ou dos fenômenos mediúnicos, mas espíritas convictos eram poucos. Mesmo assim ele destinava uma salinha da sua livraria para esses encontros ocasionais, sempre às escondidas. Portanto, era um homem de coragem, uma vez que corria grande risco com a presença daqueles livros e com os encontros furtivos. Mas não temia, como ninguém receava. Tempos heroicos aqueles!

A salinha onde tais encontros ocorriam era pintada de cores fortes, com muita coisa vermelha, uma cortina preta para escurecer bem, umas luzes coloridas, uma estrela de David, etc. Eram disfarces, naturalmente. Pois era ali que fazíamos as reuniões. Este era o triste panorama das ditaduras em Portugal e em Espanha. E Divaldo nunca deixou de ir a esses dois países, mesmo correndo todos os riscos.[41] Portanto, deve-se muito a Divaldo Franco do que hoje está plantado em termos espíritas na Europa.

---

41. No ano de 1971, Divaldo pregou nas colônias ultramarinas de Portugal, à época Moçambique e Angola, havendo, por isso, posteriormente sido proibido de voltar a Portugal ou a qualquer uma das suas colônias.
Somente após o célebre 25 de abril, data das liberdades democráticas do país, é que foi revogada ou desapareceu a proibição. Da mesma forma, por haver desagradado a Igreja Católica em Portugal, o livro *Dimensões da Verdade*, do Espírito Joanna de Ângelis, psicografado por Divaldo, foi colocado no Índex das obras proibidas (nota do entrevistador).

30

O ANO INTERNACIONAL DE DIVALDO FRANCO

Suely Caldas Schubert
(Conferencista e escritora espírita – Juiz de Fora, MG).

O ano de 1985 foi o ano internacional de palestras de Divaldo Pereira Franco. Ele esteve 110 dias no exterior, percorrendo 14 países e 49 cidades, proferindo cerca de 95 palestras, além de entrevistas em rádios, televisões e para diversos jornais e revistas.

Divaldo, que há 25 anos visita a América do Sul, há 20 a Europa e a América Central, há 18 os Estados Unidos e a África, pregando a Doutrina Espírita, já fundou e ajudou a ativar mais de 25 núcleos espíritas no exterior.

Esses números nos dão conta de um trabalho que o orador baiano desenvolve com notável devotamento e perseverança naquela que é a maior contribuição que o espírita deve prestar à Doutrina: a sua divulgação.

A divulgação do Espiritismo a todas as gentes é a obra máxima da vida de Divaldo Franco. A essa verdadeira missão ele tem consagrado a sua existência. A esse ideal tem-se empenhado com tal zelo e brilho que é hoje um nome querido e respeitado internacionalmente.

Não tem este artigo a pretensão louvaminheira, mas, sim, o reconhecimento de um trabalho que é feito há tantos anos, que exige um esforço gigantesco e, sobretudo, que é realizado com o mais acendrado amor.

Com segurança e absoluta abnegação, Divaldo entrega-se de corpo e alma à sementeira das verdades eternas, a fim de que o maior número possível de criaturas tenha a oportunidade de conhecer a Doutrina dos Espíritos. Trabalhando anos a fio com dedicação integral, transformando a sua fé em obras – nas quais imprime o seu testemunho de amor à Humanidade –, ele exemplifica o que prega.

Através de sua palavra fluente e inspirada, muitos povos estão recebendo as primeiras notícias a respeito do Espiritismo.

Fiel aos preceitos doutrinários, ele fala da imortalidade da alma, de reencarnação, da Lei de Causa e Efeito, da mediunidade e de tantos outros pontos básicos da Codificação, respondendo às perquirições que sempre inquietaram o ser humano em todas as épocas.

Profundo conhecedor da Doutrina, com uma cultura geral polimorfa, que vem amealhando através da sintonia constante e diária com os benfeitores espirituais que o inspiram e orientam, a par, inclusive, de seu próprio acervo intelectual que, evidentemente, contribui – e muito – para a realização e cada vez maior ampliação de sua atividade missionária.

Naquele ano de 1947, no mês de março, quando se levantou para falar em público pela primeira vez, na União Espírita Sergipana, em Aracaju, obedecendo à determinação de um Espírito amigo, que lhe disse com firmeza: *"Fala! Falaremos por ti e contigo!"* Divaldo, talvez, não imaginasse que estava dando o passo inicial de uma trajetória que, quase 40 anos depois, o levaria a tornar-se uma espécie de arauto da Doutrina Espírita, semeador, intérprete dos Espíritos, médium para que as *vozes dos Céus* se manifestem à Terra.

Muitas e muitas vezes à sua oratória se une o autêntico fenômeno mediúnico, ocorrendo então, de público, com toda a naturalidade, a psicofonia, a xenoglossia e até o raro fenômeno de transfiguração.

O tempo – já lá se vão quatro décadas – trouxe o sinete da autenticidade à sua tarefa mediúnica.

No transcurso desses anos, por certo, quantas lutas, quanto esforço e total doação! Mas foram esses mesmos sacrifícios que propiciaram o amadurecimento pleno das suas faculdades mediúnicas, tal como o fruto sazonado pelas estações da vida.

Allan Kardec, no capítulo XXXII de *O Livro dos Médiuns*, apresenta a denominação de *mediunato* à missão providencial dos médiuns. A palavra foi empregada pela primeira vez na comunicação do Espírito Joana D'Arc (Cap. XXXI, comunicação nº XII). No caso de Divaldo Franco, o *mediunato* tem um aspecto peculiar e abrangente, e a ampliação desses recursos – dos quais ele tem-se tornado merecedor

– é nitidamente visível ao longo de anos de desempenho dessas mesmas atividades.

Mediunidade *é uma faculdade essencialmente móvel e fugidia* – instrui-nos Kardec – *com cuja perenidade ninguém pode contar*, dependendo o seu uso do concurso dos Espíritos. A afinização, a sintonia e a transmissão das comunicações dos Espíritos são a parte que compete ao médium, e que irá depender da direção que ele imprima às suas faculdades. Granjear, pois, a assistência dos benfeitores da Vida maior deve ser a meta daquele que realmente almeja desenvolvê-las. A dedicação e o zelo do médium conferir-lhe-ão, de maneira gradativa, melhores recursos para o exercício da mediunidade, através de responsabilidades novas que lhe chegam espontaneamente, encaminhadas por aqueles que o assessoram na Espiritualidade.

No caso de Divaldo a oratória está associada à mediunidade e em boa parte deflui dela.

É do conhecimento geral que, durante as palestras, o orador recebe a assessoria espiritual de Vianna de Carvalho e de grande equipe, que criam os necessários painéis fluídicos com cenas, transcrições de datas, citações, textos de obras, etc., que o médium Divaldo vê, lê, interpreta e transmite. De outras vezes ocorre a psicofonia, num grau que poderíamos denominar de mecânica, pois os Espíritos se utilizam de seu aparelho fonador, falando através dele, sem que o médium perca a consciência. Nesse caso, enquanto o benfeitor transmite a mensagem, Divaldo se ocupa em detectar ocorrências espirituais relacionadas com o público presente, as quais descreve após a palestra, no momento em que atende a um por um. É neste instante que ele transmite a pessoas desconhecidas as notícias de algum familiar desencarnado ou ainda vários tipos de orientações.

Esse conjunto compacto de fenômenos mediúnicos que acontecem durante as suas palestras atestam a presença da Espiritualidade maior, atuante e benfazeja, orientando, socorrendo, esclarecendo e confortando as dores e ansiedades humanas.

Por outro lado, a parte das manhãs é reservada à psicografia que Divaldo exerce, seja no hotel onde se hospeda ou em casa de confrades. Em vários de seus livros estão as mensagens recebidas no exterior, com as datas e locais. Esse trabalho é programado por Joanna de Ângelis, antes da viagem. No ano passado, quando esteve na cidade do

México e na Guatemala, ela convidou 20 Espíritos de fala castelhana para escreverem um livro, em espanhol, que, aliás, já está pronto, sem título ainda, constituído de 30 mensagens, mostrando o pensamento desses espíritas de fala hispânica em diferentes períodos.[42]

A vivência eminentemente evangélica; a dedicação e firmeza na consecução dos ideais maiores que o norteiam; a coragem em arrostar todas as dificuldades e, até mesmo, perseguições; a renúncia a si mesmo para se entregar à Causa fizeram de Divaldo Pereira Franco uma figura estimada e respeitada em nosso país e além de nossas fronteiras.

Analisando esse trabalho gigantesco que ele realiza, recordamo-nos de uma frase de Léon Denis:

> Não há mais nobre, mais elevado cargo que ser chamado a propagar, sob a inspiração das potências invisíveis, a verdade pelo mundo, a fazer ouvir aos homens o atenuado eco dos divinos convites, incitando-os à luz e à perfeição. Tal é o papel da alta mediunidade. (Do livro *No Invisível*).

---

42. O livro se intitula *Hacia las Estrellas* (nota do autor).

A jornalista Loló Acosta, da revista Intimidades, *da Florida, USA, entrevistando Divaldo, em dezembro de 1983.*

Autógrafos.
Hotel Carimã — Foz do Iguaçu.
Paraná — outubro, 1986.

Palestra de Divaldo em Miami, USA, em dezembro de 1983.

Divaldo e um grupo de crianças da "Mansão do Caminho".

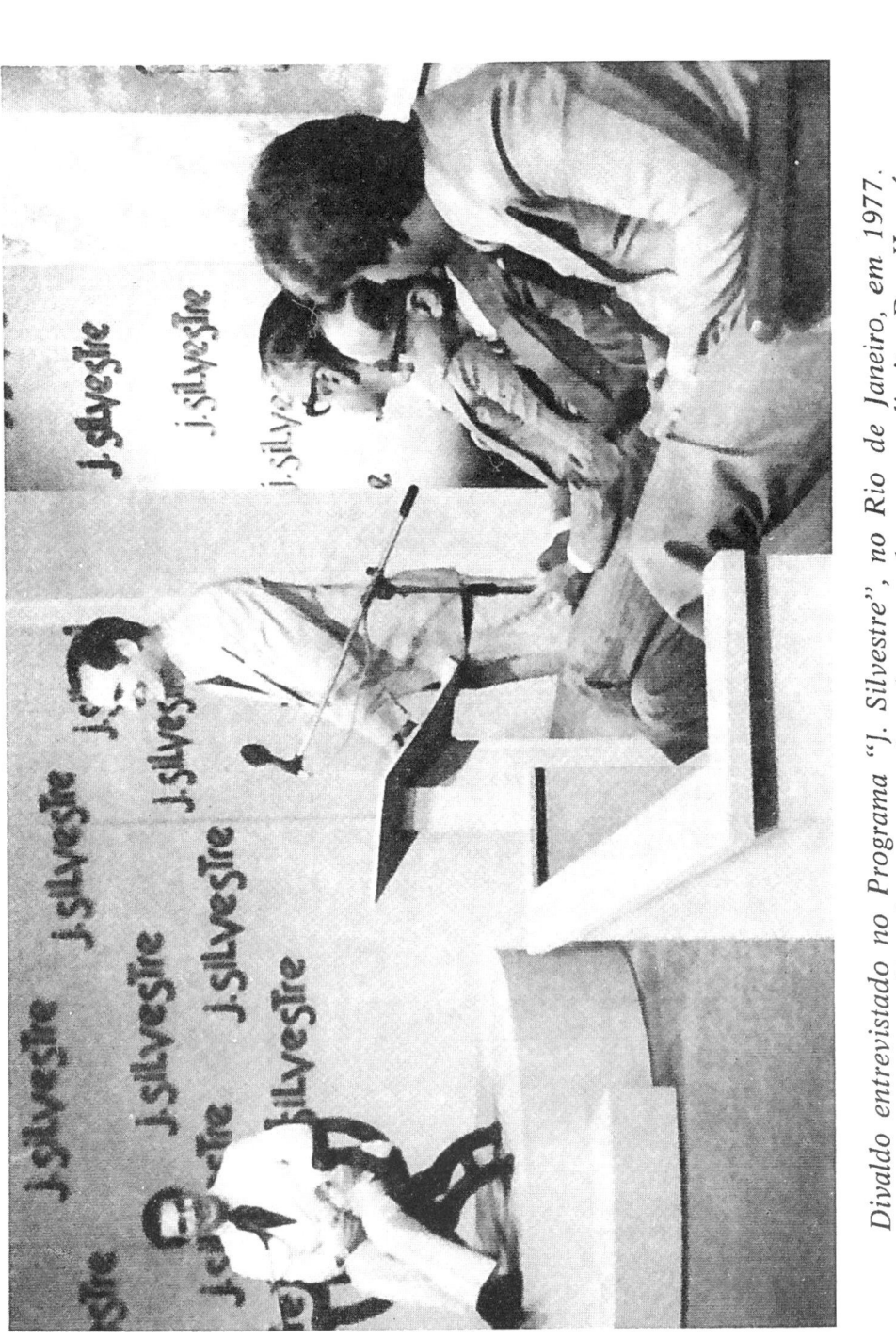

Divaldo entrevistado no Programa "J. Silvestre", no Rio de Janeiro, em 1977. Veem-se na foto, além do apresentador, da esquerda para a direita, Dr. Hermínio Miranda, Prof. Deolindo Amorim (desencarnado) e Kleber Cruz.

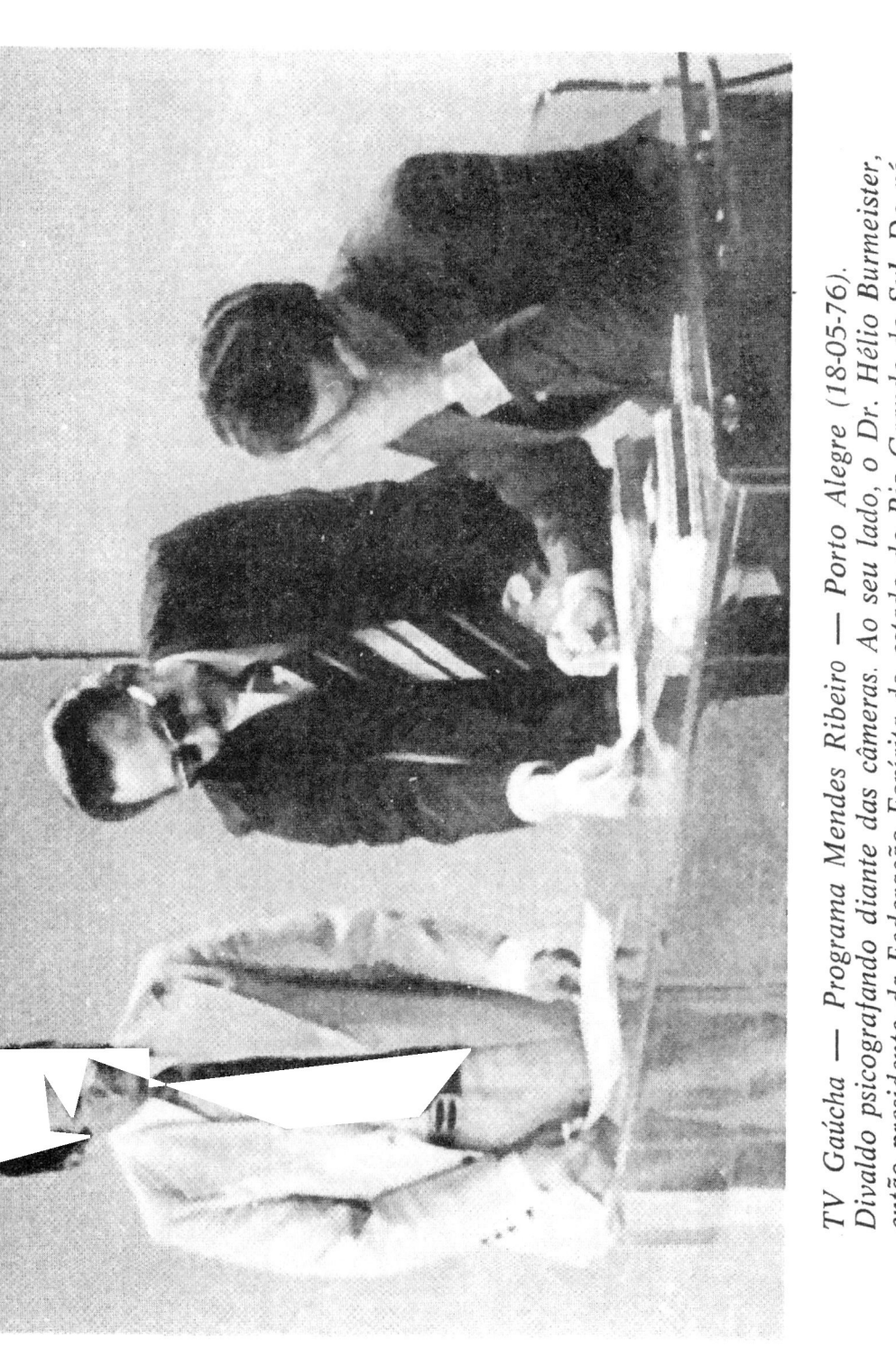

TV Gaúcha — Programa Mendes Ribeiro — Porto Alegre (18-05-76). Divaldo psicografando diante das câmeras. Ao seu lado, o Dr. Hélio Burmeister, então presidente da Federação Espírita do estado do Rio Grande do Sul. De pé, o jornalista e hoje deputado federal Mendes Ribeiro.

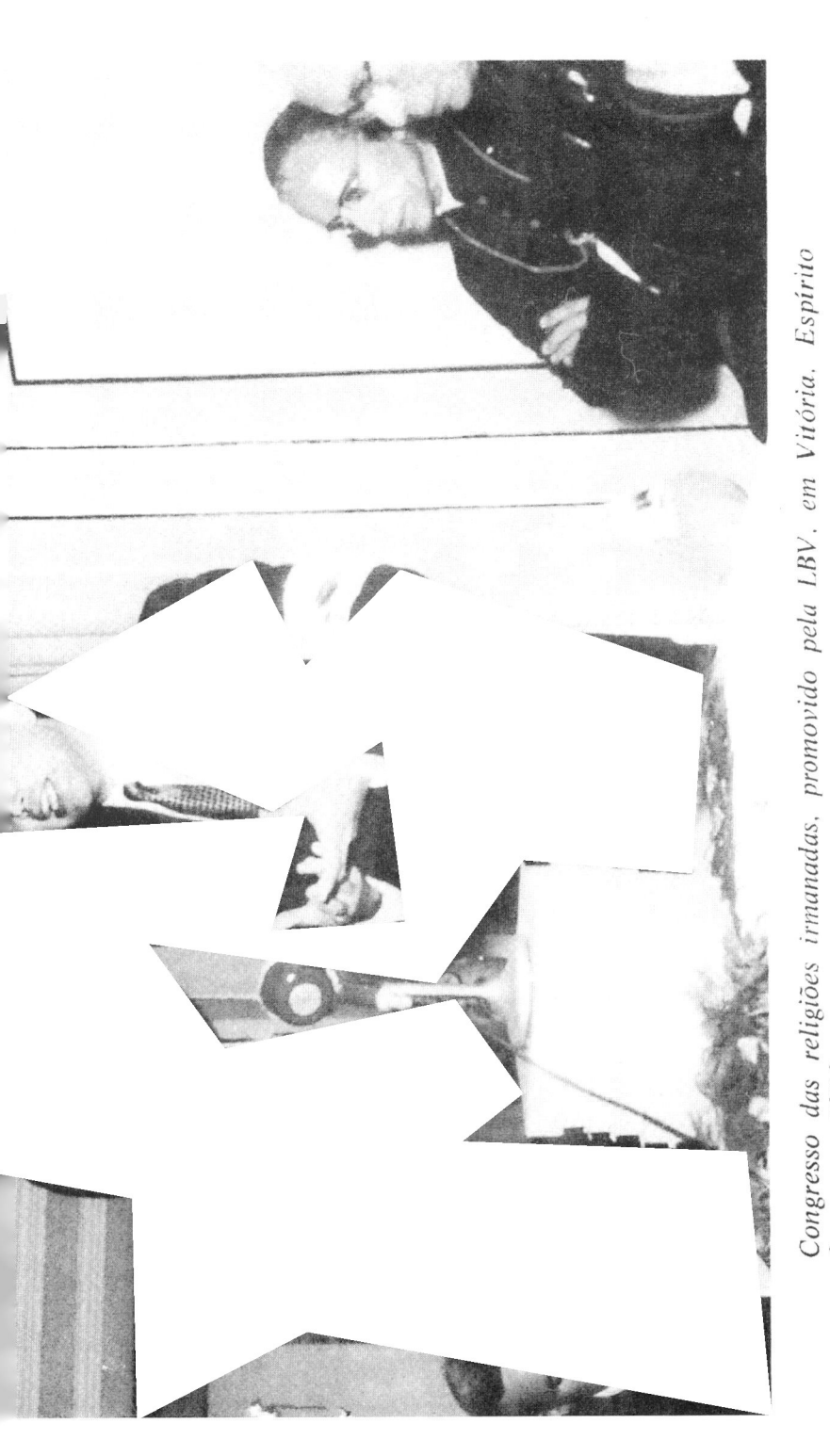

Congresso das religiões irmanadas, promovido pela LBV, em Vitória, Espírito Santo, em 1956.
Divaldo foi o orador convidado para representar o Movimento Espírita. Ele sempre esteve presente nos grandes eventos do Movimento Espírita Brasileiro e do exterior.
Ao lado esquerdo de Divaldo, o Bispo de Maura e o Prof. Huberto Rohden.

*Divaldo proferindo conferência no Congresso da C. E. P. A.,
em outubro de 1986, em Foz do Iguaçu — Paraná.*

31

DIVALDO FRANCO NA COLÔMBIA E VENEZUELA

Miguel de Jesus Sardano

A convite da Sociedade Espírita de Cartagena, na Colômbia, entre os dias 18 e 22 de janeiro de 1987, Divaldo realizou, naquela cidade, um *Seminário de Ciência do Espírito*, para o qual foram inscritos 230 candidatos. Porque o número dos que estavam na lista de espera fosse muito grande, a Sra. Ana Fuentes de Cardona conseguiu que se ampliassem as vagas para atender a alguns desses demais interessados. Assim, foi ampliado o número de inscritos para 250. E, ao primeiro dia, 18 de janeiro, portanto, houve um encontro informal com os interessados.

No dia 19, teve início o seminário com o tema *Matéria, energia e Espírito*. A carga horária se estendia a 150 minutos em cada encontro. A palestra, com uma hora e dez de duração, intervalo de dez minutos, logo após projeção de películas e videoteipes, demonstrando a legitimidade das informações teóricas, e depois, perguntas e respostas, que eram propostas por escrito.

No terceiro dia (20), foi abordado o tema *Fenômenos parapsicológicos e mediúnicos*.

Ao quarto dia, desenvolveu o tema *Memória extracerebral e reencarnação*. E, por fim, no dia 22, abordou o tema *Estados de consciência, biorritmos, concentração, meditação*. No dia 23, Divaldo viajou com o delegado da Sociedade Espírita de Cartagena e representante da *Unión Espiritista Colombiana*, à cidade de Cali, capital do departamento de Valle. Ali se realizou um encontro num órgão municipal do governo, somente para espíritas, com a presença de, aproximadamente, 300 interessados, para debater assuntos pertinentes aos objetivos que abraçamos. Durante duas horas e meia houve perguntas e respostas.

No dia seguinte, pela manhã, num outro auditório, também na municipalidade, realizou-se um encontro com os jovens espíritas dos seis núcleos que ora florescem na cidade. E, à noite, nesse amplíssimo auditório, havia um público de 1.700 pessoas para a palestra na qual Divaldo apresentou uns filmes de cirurgias paranormais com e sem instrumentos.

No domingo, seguiu a Caracas, a convite de *Mensaje Fraternal*, dirigida pelo confrade Alípio Gonzalez, que é um trabalhador dedicado à causa da divulgação do Espiritismo pelo mundo de fala hispânica e que através do Instituto de Difusão Espírita (IDE), sediado em Araras, já distribuiu 318 mil exemplares de *O Evangelho segundo o Espiritismo*, ao lado de edições gratuitas de *O Livro dos Médiuns*, e *O Livro dos Espíritos*, perfazendo o montante de 500 mil livros, doados em absoluta gratuidade. Alípio e os companheiros do IDE já têm traduzidos, em espanhol, 40 títulos, alguns dos quais objetivando distribuição gratuita em formatos diferentes; livros de bolso e de tamanho convencional.

Foi inaugurada em outubro, no dia 3, em Caracas, a referida Sociedade, que é responsável pela distribuição desses livros. E a sede, agora em desenvolvimento, propiciou um intercâmbio muito grande com os espíritas venezuelanos, através de notas e convites nos jornais de maior circulação em Caracas. Em algumas emissoras de rádio, Divaldo teve oportunidade de proferir palestras nesta cidade.

Caracas é uma cidade onde o Movimento Espírita vem encontrando uma ressonância positiva. Existe a *Sociedad Movimiento de Cultura Espírita (CIMA)*, dirigida pelo jovem Jon Aizpúrua, que se tornou uma instituição respeitável graças à sua programação bem dirigida. A sede do *CIMA* é em Maracay e foi este Movimento iniciado por um grupo de pioneiros, que tinha à frente um brasileiro naturalizado venezuelano chamado David Grosswater, hoje desencarnado. Ao lado desse Movimento, há inumeráveis pequenas sociedades espíritas, algumas em formação, outras em trânsito dos atavismos religiosos do passado, para melhor identificação com os postulados espíritas, como sói acontecer em toda parte e aqui também no Brasil.

No dia 28 esteve em Maracaibo proferindo uma conferência no Clube Militar, sob os auspícios de uma entidade nova, que se candidata a conduzir o Movimento Espírita Venezuelano, dirigida pelo engenheiro José Naranjo Carrillo, estando presentes os Centros Espíritas da cidade através dos seus representantes e membros. São seis entidades que têm uma atividade muito bem desenvolvida. Após, foi feito um banquete para 100 convidados daquelas mesmas sociedades, objetivando maior confraternização e um convívio para pequenos debates de assuntos pertinentes à questão.

Divaldo retornou a Caracas e dali a Salvador, chegando dia 31, à noite.

Na Colômbia, o Movimento Espírita, em particular na cidade de Cartagena, tornou-se respeitável pelas realizações anuais de grande porte que ali têm lugar. Neste momento, está programado um *Encontro Juvenil* para os dias da Semana Santa. Inclusive, a Sociedade Espírita de Cartagena mantém uma obra social muito interessante nas cercanias da cidade, onde, além da evangelização espírita para as crianças mais carentes no bairro, há atendimento médico e odontológico, e distribuição de víveres a famílias necessitadas. Uma assistência social que promete encontrar espaços amplos na realização do bem operante.

Na cidade próxima àquela, Barranquilla, há igualmente um Movimento Espírita muito bom, no qual se destaca o *Centro Messe de Amor* e a figura do jovem engenheiro Wido Mardini Llamas, que é um promissor divulgador da Doutrina Espírita, muito conhecido em seu país, como também no Panamá.

A cidade de Cúcuta apresenta um Movimento Espírita relevante e vem recebendo ajuda da palavra inspirada dos companheiros da Venezuela, por ser uma cidade fronteiriça com este último país, especialmente a ajuda doutrinária do Dr. Pedro Barboza de la Torre, que é um extraordinário filósofo e sociólogo espírita.

Cali vem desenvolvendo uma atividade muito grande, com uma alta repercussão na imprensa local. Divaldo teve oportunidade de manter uma entrevista radiofônica de 40 minutos ali, para a surpresa do próprio entrevistador, que não tinha a menor ideia de o que significava o Espiritismo, qual a sua estrutura filosófica e os seus fundamentos científicos.

Também, em Maracaibo, houve oportunidade de dar uma entrevista de 30 minutos na *Rádio Mara*, em um programa apresentado por uma personalidade de relevo social na comunidade cultural daquela cidade. Haja vista que, à conferência, acorreram mais de 700 pessoas nessa mesma noite, no já referido auditório do Clube Militar.

Maracaibo é uma cidade onde Divaldo já esteve 8 vezes, em períodos diferentes.

Está previsto na Colômbia um Congresso Nacional para o mês de abril do ano vindouro, na cidade de Neiva, sob a direção de Guillermo Cortez, tendo por tema *A imortalidade da alma e sua comunicabilidade*.

Na cidade de Bucaramanga, que já hospedou esse Congresso Nacional e no ano passado um *Encontro Nacional Juvenil*, o Espiritismo vem também tendo uma receptividade na comunidade de maneira respeitável e surpreendente.

Em Bogotá, o trabalho espírita cresce de maneira prodigiosa, com frutos salutares em inumeráveis instituições, dentre as quais se destaca uma entidade já digna de referência e encômios pelos serviços prestados há mais de um quarto de século; chama-se *Fuerzas Amigas*, fundada e dirigida desde aquela época pela Sra. Colombia Montoya de Martinez. Neste momento, a entidade está com nova diretoria, tendo sua sede em um edifício onde foi adaptado todo um andar para tal, e vem desenvolvendo um programa doutrinário especialmente de estudos dos mais admiráveis que se possa imaginar.

Existem também outras cidades que Divaldo já visitou, onde o Movimento Espírita se desdobra alvissareiro, como em Pitalito, no alto da Cordilheira, e outras cidades como Ibagué, mais próxima a Neiva, com expressivos trabalhadores dedicados à causa do Cristo.

Neste momento, se desenvolve uma tarefa muito boa em Santa Marta sob os auspícios e inspiração dos confrades de Cartagena e Barranquilla, portanto, prevendo-se para tempos muito próximos, um verdadeiro desabrochar das atividades ali, merecendo referência especial a ajuda que foi propiciada pela FEB há alguns anos, quando, em Bucaramanga, foi ministrado um curso de evangelização espírita, para muitos interessados, sob os auspícios de Francisco Thiesen, Cecília Rocha e toda uma equipe: Nélia Salles, Elaine Ramazzini, que foram especialmente para participar do Congresso Nacional e do curso de evangelização espírita, cujo material a FEB tem enviado aos interessados, traduzido magnificamente ao espanhol por pessoas profundamente conhecedoras do Espiritismo e da língua hispânica, em especial a professora Nídia Lorenzo, da cidade de Santa Rosa, na província de La Pampa, na Argentina.

Nídia é uma grande trabalhadora da Doutrina Espírita, particularmente na área da evangelização. Já traduziu vários livros ao espanhol, inclusive algumas obras de Divaldo, que hoje estão circulando publicadas, e tem colaborado de maneira eficiente com a FEB.

Nídia Élida Lorenzo é muito amiga de Juan Antonio Durante, com quem mantém um excelente relacionamento fraternal dedicado à Causa.

Esta é a paisagem, em termos gerais, da Colômbia. Na Venezuela, o Movimento também se expande, em Barquisimeto, em Valéria, como em outras cidades que Divaldo ainda não teve oportunidade de visitar.

32

Divaldo

(Extraído de la Revista Cosmos, nº 297 / 1976, de Puerto Rico).

Nuestra isla acaba de ser visitada por el famoso orador, médium y líder espiritista internacional, Divaldo Pereira Franco. Divaldo es uno de los vice-presidentes de la Confederación Espírita Panamericana (C.E.P.A.), además de ser el director de un enorme orfelinato en Salvador, Brasil, conocido como La Mansión del Camino. Poseedor de una oratoria electrizante, este líder hace recorridos ocasionalmente por todo el Brasil y por toda América, además de Europa y África.

No hay revista que recibamos del exterior que no mencione las múltiples conferencias y actividades de este gran amigo de Puerto Rico.

La visita de Divaldo fue parte de un amplio itinerario de conferencias que abarcó numerosos países de nuestro hemisferio, dejando en todos una grata estela de nuevos bríos para arremeter contra el mucho trabajo que se nos sigue acumulando a los espiritistas de todas partes.

El deseo de Divaldo hubiese sido el de visitar muchos centros e instituciones de todo el país, pero debido a que sólo estuvo dos días en nuestra isla, no pudo sino visitar a San Juan y Ponce, donde presentó sendas conferencias.

Para los hermanos que no tuvieron la oportunidad de escuchar a Divaldo, tenemos la noticia de que es posible que venga nuevamente a nuestra isla a mediados del año 1977, para dar un recorrido de una semana por diversos puntos del país.

La conferencia del día 10 de agosto en el Teatro Espiritualista de la Casa de las Almas llenó a toda capacidad el local, quedándose, mucha gente de pie, en las escaleras, en el salón de más abajo y teniendo que sentarse en el suelo gran parte de la concurrencia, sin preocuparle nada más que la oportunidad de escuchar a este orador.

Divaldo nos ha encomendado el participarle a Don José A. Suarez, Don Julio Machuca, Don Claudio Ugarte y demás directores y miembros de la Casa de las Almas su sincero agradecimiento por facilitarle el local y por las múltiples y finas atenciones que le dispensaron. Desea hacer una mención particular a la gran diligencia desplegada por Felipe J. García, director del Teatro Espiritualista, hacia quien expresó frases muy elogiosas. Su agradecimiento se hace extensivo a los directores del Círculo Lumen, a la Federación de los Espiritistas de Puerto Rico, a las radio emisoras WPAB y WPRP de Ponce y a la televisora WSUR TV Canal 9. En esta última se le concedieron 15 minutos a nuestro visitante para exponer la situación del Espiritismo en Brasil, donde no puede ser mejor. Allí el Espiritismo es muy querido y respetado por todas las religiones y cuenta con el respaldo oficial del gobierno. Hay allí muchos millones de espiritistas alrededor de cinco mil instituciones espiritistas en general.

Este líder también expresa su agradecimiento a Doña Guillermina M., viuda de Fermanitt, presidente honoraria de nuestra Federación, a Don Mariano García, editor-administrador de Cosmos y a Fernando Mercado, autor de esta reseña.

Pero su más especial y cálido agradecimiento es para el presidente saliente de la Federación de los Espiritistas de P. R. y delegado de nuestra isla ante la CEPA, Don Juan Inés Saliva. Por instrucciones espirituales, Divaldo le encomendó a Juan Inés la organización de su visita, no equivocándose en esto, ya que la misma resultó en un éxito rotundo por la gran cantidad de personas que llenaron los locales donde se realizaron. En Lumen también hubo un lleno total.

Dice Divaldo que Juan Inés tiene un lugar muy especial en los corazones de los líderes espiritistas de toda América y también de los *Espíritus directores del Espiritismo en el Planeta.*

Añade que algunos percances sufridos por Juan Inés en su carrera de director espiritista obedecen a una expiación de una existencia inmediatamente anterior.

Este famoso médium nos dejó asombrados por varios motivos. Entre ellos, no fue necesario exponerle el estado del Espiritismo del país. Todo lo contrario, nos dijo cosas que nosotros ignorábamos y de la forma en que los Espíritus lo ven todo y de la manera como en algunos lugares abstractos se registra el menor acto, por los cuales habrá de responderse algún día, siendo la responsabilidad en proporción directa al grado de luz que tenga el sujeto.

Las conferencias, Divaldo las realiza bajo trance, como si estuviera leyendo de un libro. Cuando se presentan nombres difíciles de pronunciar o cantidades demasiado grandes, las mismas las recibe auditivamente para evitar errores. A veces, cuando la conferencia es difícil, recibe el asesoramiento de Espíritus expertos en la materia a tratarse, por lo que prácticamente puede hablar de cualquier tema. En verdad tiene unas facultades sensacionales.

Los libros que él ha psicografiado (dictados por los Espíritus) le llegan a una velocidad increíble y salvo una ligera revisión final, los mismos vienen listos para imprimirse.

Nos cuenta que durante la conferencia de la Casa de las Almas y la del Círculo Lumen, mientras las personas estaban en sintonía o en onda con ella más allá, los Espíritus protectores despojaban y alentaban a sus protegidos, llenándolos de vibraciones muy saludables.

Las conferencias fueron casi exactamente las mismas. Si se comparasen las grabaciones hechas en ambos lugares, se notaría la igualdad entre ellas, como si hubiesen sido leídas en ambos sitios. El tema de la conferencia de la Casa de las Almas fue escogido por Don Julio Machuca, pocas horas antes de la misma.

Antes de partir hacia la bella República Dominicana, donde habría de ser recibido por la muy querida hermana, la Dra. Iris Chevalier y demás miembros de la organización espiritista allí, Divaldo se despidió con un ¡Hasta muy pronto, hermanos!

33

Divaldo Pereira Franco en visita a Ponce

Juan I. Saliva (Puerto Rico)

En el Círculo Lumen se despertó un interés máximo por escuchar el desarrollo de una conferencia magistral de Divaldo. Se abarrotó el recinto de ávidos hermanos que escucharon como imantados por cálidos e inspirados verbos una magnífica y abarcadora conferencia. Actuó como maestro de ceremonias don Jorge Quevedo. Presentó a la presidente doña Ana Román, que dio un mensaje de bienvenida al orador y a los socios y visitantes de Lumen. El autor de estas notas, como coordinador y delegado de la Confederación Espírita Panamericana (CEPA), presentó al orador y Divaldo Pereira Franco inició de inmediato su conferencia, en la que deleitó a todos. Se exhibió la película que completó el programa.

A las cuatro y treinta de la tarde se presentó un corto foro a través del Canal 9 TV WSUR y su red de repetidoras como Huésped Honorable y Distinguido de la Comunidad. Participaron, además, don Luís Felipe Rodríguez, director de programación y locutor de WSUR y el hermano Juan Inés Saliva, coordinador, con su ayudante don Fernando Mercado.

En la entrevista, Divaldo hizo un corto relato de como las entidades Espíritas se vienen desarrollando en Brasil, como colabora con la Ciencia en las universidades y que labor social y cívica realiza para el pueblo en general. Informó que el Brasil cuenta con unos 10 millones de espiritistas e innumerables sociedades para la divulgación y prácticas espíritas.

Los objetivos de su visita lograron un rotundo éxito en el despertar del interés y clarificación de las verdaderas prácticas del Espiritismo verdadero.

34

Un recuerdo memorable

José Casanovas Llardent [43]
(Escritor, orador y periodista español)

Días 28 y 29 de mayo 1977 representan unas fechas de recuerdo imborrable para mí. Podré, quizás, llegar a olvidar la fecha concreta, pero no el contenido de estas fechas.

El día 28, llegó a Barcelona Divaldo P. Franco para dar una conferencia; procedía, de inmediato, de Zaragoza, en donde había disertado el día anterior; pocos días antes había estado en Madrid, y antes en Portugal, en una gira de trabajo continuo, desde el Brasil.

Vino acompañado por el Sr. Nilson Pereira, por el Dr. Francisco Thiesen, presidente de la FEB, y por el Sr. Juan Antonio Durante, traductor de algunas obras, del primero, al idioma castellano.

Su conocimiento de la lengua castellana nos permitió, además de disfrutar de su conferencia, el poder entablar durante su corta estancia entre nosotros un diálogo fructífero.

Como anécdota personal de esta visita, me hizo gracia que después de haber sido presentado al grupo visitante cuando fuimos a recibirlo en el Aeropuerto de Barcelona, con otros hermanos en la idea que los conocían personalmente, el Dr. Thiesen nos preguntó si conocíamos a un tal Llardent; nos sonreímos, y entonces me presentaron con mi segundo apellido. Ignoraba yo, hasta aquel momento, que en las tierras de dónde venían, era más corriente el conocer las personas que por segundo apellido que no por el primero.

---

43. José Casanovas Llardent nasceu em 1923. Desencarnou em 29 de outubro de 2013 (nota da Editora).

Fueron un par de días y unas horas memorables para mí, que con todo y estando en el Espiritismo desde mi juventud (por no decir ya desde mi infancia, en que uno no es todavía lo suficiente consciente) no había asistido nunca a ninguna conferencia ni acto espiritista como el que se celebró; ya que los cuarenta años de dictadura político-religiosa que había atravesado el país, cuya templanza recién empezaba a abrirse, habían prohibido cualquier tipo de manifestación en éste y en otros sentidos: la última manifestación pública que había habido, databa de hacía cuarenta y tres años: desde septiembre de 1934, con la celebración en Barcelona de uno de los más importantes Congresos Espiritistas Internacionales celebrados hasta tal fecha.

Fué, por otra parte, una satisfacción poder colaborar en la organización del acto celebrado con motivo de la visita de Divaldo; era el primer acto espiritista que se celebraba en Barcelona, como el día anterior, ya he dicho, había sido en Zaragoza y pocos días antes en Madrid.

Lo que todo ello representó para nosotros – y digo nosotros porque incluyo a todos los que tuvimos el goce de oír la palabra de Divaldo, – no sé expresarlo en palabras.

Representó una primera piedra en el necesario resurgimiento de la Doctrina Espírita en España: una toma de contacto, de conciencia pública, con el *exterior espírita*.

No voy a discurrir en detalles de la visita de Divaldo, lo cual ya reflejamos en la entrevista que, con otros hermanos, nos concedió, y que publicamos a través de la Revista KARMA -7, de Barcelona, en su número de agosto (entrevista que también nos publicó alguna revista de América). También, por el editor de la dicha Revista, se publicaron, en un dossier que se tituló Espiritismo: la reencarnación, las dos conferencias que Divaldo había dado en Barcelona y Zaragoza, registradas en cinta magnetofónica, y que transcribimos al papel, con la adición de algunas notas complementarias que creímos oportunas.

No voy, tampoco, a discurrir sobre una segunda visita que nos hizo Divaldo en septiembre del año pasado, a la vez que en el mismo acto se pudo coordinar la presencia y manifestación del médium psicopictórico, Luis Antonio Gasparetto, que en aquella fecha estuvo de paseo por Barcelona, y con él que tuvimos también ocasión de dialogar un par de horas.

Ni tampoco me extenderé en relación al contacto y convivencia que nos deparó, algunos meses antes, en abril, la presencia entre nosotros, nuevamente, de Juan Antonio Durante, desbordante de simpatía y fraternidad; y que también nos ofreció un par de conferencias en sendos actos que pudimos organizar.

No discurriré sobre todo ello, porque estas líneas sólo tienen por objeto patentizar brevemente un recuerdo… Y, por otra parte, no tengo facilidad de expresión para ornamentar unos hechos y hacerlos, digamos, literariamente presentables; hechos que, empero, no necesitan de tal valoración.

Solamente, pues, puedo decir, y vos digo: Gracias, Divaldo, y a todos.

Vinisteis a darnos un empujón, a revitalizar la savia de un árbol que un día fue fructífero, como lo proclaman nombres tales como Fernández Colavida, Torres-Solanot, Amalia, Miguel Vives, González Soriano, Quintín Lopez y otros pioneros y defensores del Espiritismo en España; así como los numerosos centros espiritistas que había repartidos en toda la geografía española.

Ahora nos toca a nosotros, a todos los de aquí, hacer algo, reemprender la labor interrumpida.

Algunos de los presentes vivieron todavía la época espiritista en España, y por tal motivo, por su edad, ya casi *se van*; otros, *regresamos* a la Tierra cuando prácticamente la época había terminado, y quizás sólo sirvamos de *puente*; y otros en quienes, sin duda, está el porvenir, quizás algunos delos que ya antes estuvieron.

Unos podrán hacer más, y otros podremos hacer menos, según nuestras respectivas capacidades *de acción*, según nuestra respectiva *capacidad doctrinal*, y según el temperamento de cada cual. Hay trabajo para todos. Y todos, y entre todos, hemos de hacer algo.

Y algo se mueve.

Muy fraternalmente, desde Barcelona (España).

35

DIVALDO REGRESSOU DA EUROPA

(Documentário da primeira viagem de Divaldo à Europa, em julho de 1967). Entrevista concedida ao Boletim Semanal – Serviço Espírita de Informação (SEI).

Retornando da Europa e antes de embarcar para Salvador, Divaldo Pereira Franco, o grande tribuno espírita do Brasil, concedeu-nos entrevista no Aeroporto Santos Dumont. Cercado pelos amigos da Guanabara pôde ele satisfazer a curiosidade de todos que esperavam ansiosamente notícias do Movimento Espírita em Portugal, Espanha, França e Inglaterra, países visitados nessa jornada.

Dentre as informações e conceitos emitidos, podemos divulgar o seguinte:

– *Que impressão lhe deixaram os irmãos de fé nesses países?*

– Os de Portugal e Espanha revivem os tempos históricos do Cristianismo nascente e merecem nossa veneração, assim como necessitam do apoio de nossas preces. Na França estamos em declínio, mas na Inglaterra toda a Europa espírita encontra incentivos. Como se sabe, o Espiritismo inglês, na generalidade, não é reencarnacionista, mas existe uma tendência para vir a ser.

– *Foi-lhe possível movimentar-se em visita aos irmãos do interior?*

– A excursão, especialmente em Portugal, foi selada pela Complacência Divina, desde que, em se considerando as dificuldades ali vigentes, contra a mensagem da Doutrina dos Espíritos, logramos um inusitado êxito na semeação da palavra do Evangelho do Senhor.

As palestras, a princípio, nos pareciam impossíveis, mesmo porque as leis do país impedem ajuntamentos públicos superiores a trinta pessoas ou particulares de mais do que sete. Como poderíamos levar uma mensagem se não tivéssemos auditório que nos pudesse ouvir? Companheiros abnegados, no entanto, colocando de lado a própria segurança pessoal e da família, movimentaram os recursos possíveis e conseguiram convocar aqueles corações que, simpatizantes do Espiritualismo moderno ou do Espiritismo cristão, têm sede da verdade. Dessa forma, nosso primeiro encontro com os espíritas de Portugal teve lugar em Lisboa, numa casa maravilhosa que se dedica ao estudo, à cultura, às observações, reunindo ali número superior a trezentas pessoas que, por uma hora e trinta minutos, escutaram a mensagem do Consolador, baseada no tema do inconsciente, das necessidades da evolução, a respeito do ideal de fraternidade, repousante na Doutrina das vidas sucessivas.

Em seguida, visitamos Lagos, que se encontra no extremo sul de Portugal, onde a acolhida que nossos companheiros de ideal nos ofereceram não foi menor do que a recebida em Lisboa; sendo Lagos uma cidade balneária, turística, 132 companheiros se congregaram em amplo salão, em que pudemos palestrar por uma hora e meia. Retornamos a Lisboa, e no mesmo recinto da primeira, proferimos nossa terceira conferência. Nesta noite tivemos ocasião de contar com a presença de mais de 500 pessoas reunidas.

Demandando Coimbra, verificamos que a intolerância atua ali com maior intensidade, por ser uma cidade de intelectuais, onde os que pensam reagem contra as pressões. A vigilância policial é, consequentemente, muito maior.

Tivemos a alegria de contar 52 pessoas reunidas e falamos sobre o tema das perseguições aos *homens do Caminho*. Considerando as facilidades da hora presente, na Terra, era necessário que nós espíritas oferecêssemos algumas contribuições com sacrifício, e esta, pelo menos, deveria ser a de arriscar a própria pele, em prol da divulgação da Mensagem do Cordeiro de Deus.

Interrompemos nosso entrevistado, indagando-lhe sobre o campo.

– *Não seria mais fácil difundir o Consolador entre os homens simples das aldeias?*

– Visitamos 22 aldeias e 7 cidades –, sempre com as mesmas dificuldades materiais e a mesma Proteção Divina – e vimos sempre a mesma coragem que somente a fé planta e cultiva.

Numa dessas aldeias experimentamos grande emoção, pois fomos forçados a falar num autêntico subterrâneo, exigindo-se precauções minuciosas para a entrada como para a saída das pessoas. Ao conversar com um confrade num aeroporto não sabíamos como fazer: se falássemos baixinho, desconfiariam de nós e se falássemos alto correríamos risco. Naquele verdadeiro subterrâneo da aldeia, tudo era feito como na Via Ápia, nas catacumbas romanas ou na velha cidade de Lyon, na França do segundo século cristão. Trancados, com as frestas calafetadas, pudemos falar palavras que levavam a força da evocação heroica dos primeiros mártires, assim como a ternura, o carinhoso apreço dos espíritas brasileiros pelos seus irmãos que pagam tão alto preço por suas convicções religiosas.

— *Crê na repercussão de suas palestras?*

— Como não? A palestra que citamos repercutiu imediatamente. Embora Viseu fique a 280 quilômetros da cidade do Porto, tivemos de falar nestas duas cidades em um mesmo dia, às 16h em uma e às 23h30 na outra. Desta feita 300 companheiros ouviram a mensagem de amor de que éramos veículo e pudemos discorrer sobre reencarnação e as bases essenciais dos postulados espíritas. Era 1h30 quando iniciamos a volta e na noite desse dia estávamos em Lisboa para continuar a tarefa.

— *Trouxe, então, alegria de alma, não?*

— Sim. Imensa alegria. Não sabemos se nós próprios teríamos a disposição dos nossos irmãos portugueses que permanecem fiéis às suas crenças de luz. Enquanto prosseguíamos na excursão à Espanha, França e Inglaterra, programaram eles uma palestra de encerramento, em certo ponto do país, e que foi nossa maior emoção de viagem. Retornando de Londres com impressões indeléveis, a visão de mais de mil pessoas diante de nós, atentas à Mensagem cristã, iluminada pela revelação kardequiana, em condições como aquelas – mais de mil renúncias pessoais e de família para uns momentos de comunhão espiritual, penetrou profundamente em nós mesmos. Havia irmãos não apenas das localidades visitadas, mas de todos os recantos e a alma portuguesa fraternizava conosco com infinita ternura e dedicação espiritual.

— *Excelente trabalho de amor cristão, Divaldo. E, em Espanha, como conseguiu falar?*

— Se o movimento em Portugal encontra barreiras e objeção, em Espanha elas não são menores. Mesmo porque, em Portugal conseguimos manter contatos com grupos numerosos, já em Madri, embora muito bem assistidos por benfeitores espirituais que nos indicaram nominalmente pessoas e que nos forneceram, inclusive, números de telefones, na primeira noite em Madri, falamos apenas para 12 pessoas; marcamos uma reunião para o dia seguinte e tivemos 36 pessoas. Já na terceira reunião, tivemos 86 ouvintes.

— *Há quase uma progressão geométrica de razão 3, enquanto em Portugal era de razão 2. As dificuldades como que aumentam o ardor do interesse. Como conseguiu encaminhar a tarefa?*

— Na impossibilidade de criar um centro, uma igreja, nós criamos o Culto do Evangelho do Lar, por ser uma célula de sustentação da família, e porque, ao mesmo tempo, pode servir de base para que os Espíritos Superiores, encontrando campo espiritual e psíquico desses cooperadores em boas condições, possam disseminar a Doutrina dos Espíritos.

— *E em Paris, Divaldo, como decorreu sua visita?*

— Em Paris, onde há liberdade religiosa, infelizmente nosso Movimento não segue as linhas traçadas por Allan Kardec. Visitamos a *Casa dos Espíritas*, o Père Lachaise (cemitério onde está o mausoléu de Allan Kardec) e fizemos outros contatos que chamaríamos de sentimentais. Mesmo assim, travamos um diálogo com a senhora encarregada da *Casa dos Espíritas* e verificamos que o Espiritismo em França, especial e particularmente em Paris, não viceja como seria de desejar. Aliás, o objetivo da reencarnação do codificador em França, segundo concluímos, era somente para, utilizando-se da língua francesa, na época a mais falada no mundo, enviar a Mensagem espírita para toda a Terra, e também porque, sendo Paris, então, a capital universal da luz e do saber, mais valia ser vaiado em Paris, do que aplaudido no mundo inteiro e em Paris ignorado. Então, Kardec renasceu em Lyon, levou a Mensagem a Paris e, de Paris, disseminou pelo mundo. A França realizou o seu papel histórico, mandando-nos não somente a Mensagem do Espiritismo para a Pátria do Cruzeiro, mas também, possivelmente, grande quantidade de Espíritos franceses para que, reencarnados aqui no Brasil, pudessem devolver à França e ao mundo o conteúdo da Mensagem do codificador, vivido, experimentado, vitorioso.

— *E quais as suas impressões de Londres?*

— Nossas surpresas em Londres foram muito grandes, porque tivemos oportunidade de conhecer de perto o Movimento na Grã-Bretanha e privar por algumas horas do convívio com os vultos mais ilustres do Movimento Espírita, lá nas Ilhas Britânicas.

Nosso primeiro contato foi com um jovem diplomata brasileiro, Élcio Tavares Pires, de família constituída de verdadeiros pilares da Mensagem Espírita kardequiana na Europa, especialmente em Londres, já que não somente a difundem, como a vivem, o que é muito mais importante, semeando-a com os atos, com as palavras, com o comportamento, consoante nós outros o fazemos no Brasil, guardadas as devidas proporções. Por intermédio dele, a quem devotamos muito respeito e profunda gratidão, falamos com Mr. Harrys Edwards, e demandamos a sua cidade, Burroughs Lee, onde ele mantém um santuário. Essa expressão poderíamos aceitar nesse sentido eufemístico, por ser um lugar dedicado à prece, à meditação, já que nós espíritas temos como santuário a Natureza, o lar, a rua, a esquina, a calçada da miséria ou o grabato da dor. Onde quer que se faça mister servir, aí estamos em comunhão com o Senhor, e, comungando, estamos num santuário.

Em Burroughs Lee, tivemos ocasião de conhecer o trabalho admirável de Mr. Harrys Edwards e uma equipe de quatro ajudantes, dois senhores, uma senhora e uma jovem sensitiva nas suas experiências de cura. O local, sem dúvida, é muito agradável, porque fica no campo, numa casa, uma verdadeira mansão antiga, no silêncio admirável do Condado de Sheer, onde se reúnem para o ministério. Os pacientes vão de automóvel, porque fica distante da cidade. Neste dia, foram atendidas 18 pessoas, 95% delas portadoras de artritismo, reumatismo e psicoses, atendidas com passes que nos fazem lembrar as massagens.

Mantivemos um encontro demorado com Mr. Harrys Edwards, e falamos das observações que fizemos em torno do trabalho, da presença dos Espíritos e mesmo dos fluidos que lhes escorriam dos dedos, ao que ele respondeu com o bom humor britânico, que aquilo que nós víramos era exatamente o que os doentes não encontravam nos consultórios médicos, nem tampouco nas farmácias.

No dia seguinte, recebemos a visita do eminente jornalista espírita inglês, Mr. Maurice Barbanell, que mantém o jornal de circulação mundial *Psychic News*. Mr. Maurice Barbanell durante quatro horas nos entrevistou. Discutimos assuntos de ordem doutrinária, especialmente sobre a reencarnação, considerando que ele, Maurice Barbanell, não é reencarnacionista, enquanto o Espírito que ele incorpora, Silver Birch, é uma Entidade de alto valor, eminentemente reencarnacionista, e vem promovendo um verdadeiro movimento, nas Ilhas Britânicas, a favor do estudo desse tema.

Visitamos também a *Spiritualist Association of Great Britain*, e ali conhecemos melhor o Movimento Espírita inglês. Uma sede maravilhosa, num dos pontos mais centrais de Londres, junto a um bosque admirável e do Buckingham Palace, e verificamos que os ingleses estão divulgando muitos livros, muitos jornais e realizando um programa de conferências admirável. Graças a eles o restante da Europa e os Estados Unidos podem ser alcançados pelas ideias básicas do Movimento. Visitamos as instalações de um edifício antigo, em quatro pisos, onde se realizavam, naquela noite, duas conferências, simultaneamente e várias sessões de cura, de uma só vez. Fomos convidados a nos tornarmos membros da associação, o que aceitamos evidentemente desvanecidos e logo depois retornamos ao lar do nosso amigo Élcio, para manter um encontro telefônico com o secretário geral da Federação Espírita Internacional, Mr. Tom Patterson, que patrocina esses encontros internacionais, o último dos quais na Suécia, no ano próximo passado.

Depois de fazermos as visitas tradicionais e os encontros particulares com os amigos simpatizantes da Causa, retornamos a Lisboa, para o Dia da Fraternidade, e no último dia 11, retornamos ao Rio, estando agora seguindo para a Bahia.

❖

Divaldo Pereira Franco, com essa viagem, prestou à Doutrina serviço altamente relevante. Como Francisco Cândido Xavier e Waldo Vieira nas excursões anteriores, semeou aonde mais se fez necessária a árvore frondosa do amor ao próximo.

36

MILHARES DE PESSOAS APLAUDIRAM DE PÉ AS CONFERÊNCIAS DO PROF. DIVALDO FRANCO EM LOBITO, ANGOLA

Augusto de Carvalho (jornalista)
(Texto extraído do jornal *A Província de Angola*, do dia 23 de agosto de 1971).

Constituíram assinalável êxito as duas conferências que o escritor, sociólogo, educador e filantropo, professor Divaldo Pereira Franco pronunciou no Lobito, aonde veio a convite de um grupo de amigos.

Abordando, nas duas sessões realizadas, temas de envergadura fora do comum e de uma mais que reconhecida atualidade, o orador, com a extraordinária fluência do seu verbo espontâneo, a que a prosódia brasileira dava inigualável encanto, soube incutir na numerosa assistência um interesse e uma emoção tais, como muito raramente nos tem sido dado observar.

A sua primeira conferência proferiu-a Divaldo Franco no recinto da popular Agremiação Cultural e Desportiva do bairro do Liro – o bairro mártir das últimas enxurradas do morro, no mês de março – O Clube Atlético do Lobito, coletividade simpática, de gente simples, de gente de trabalho, ordeira e acolhedora. Centenas de pessoas enchiam completamente todo o espaço, sem lugar para mais quem quer que fosse e que durante cerca de hora e meia ali estiveram suspensas dos lábios do conferencista, acompanhando-o na sua magistral dissertação sobre *A Criança do século XX, o Homem do século XXI*.

A exposição saía clara, límpida, no desenvolvimento do tema, conduzindo os ouvintes à análise dos problemas propostos, atraindo-os ao caminho das realidades, daquelas realidades tão duras, mas tão verdadeiras e tão causadoras de muitos males que avassalam o mundo, intranquilizando-o mais em antro de prepotências que em manancial de amor e de caridade.

O que fizermos da criança de hoje, assim será o homem do próximo século e, quem sabe, senão dos séculos que hão de seguir-se. A dissolução da família, o abandono a que é votada, a miséria, a fome e as necessidades a que é sujeita, transformarão a criança, se a isso se não obstar através de realizações sociais adequadas, num homem vencido, recalcado, defeituoso, empobrecido moral e espiritualmente.

Sobretudo isto, como ninguém talvez melhor o poderia fazer, dada até a sua já longa experiência pessoal de educador e profundo conhecedor dos problemas humanos, falou-nos Divaldo Franco; e fê-lo com tanta verdade, sinceridade e franqueza que, ao terminar, a assistência o aplaudiu entusiasticamente, de pé.

A segunda das referidas conferências, intitulada *O Homem, o progresso e a ideia religiosa*, teve lugar no salão nobre da Associação Comercial, Industrial e Agrícola do Lobito-Catumbela, que se encontrava superlotado, tendo até havido a necessidade de utilização de sala contígua.

Gente de todas as camadas sociais lobitenses ali se encontrava, ávida de ouvir o professor Pereira Franco, já pelo interesse que o tema despertava, já pelo seu êxito na noite anterior no recinto do Clube Atlético do Lobito. E esse interesse bem justificado foi, porquanto, partindo dos anseios dos primeiros filósofos que se perguntavam se *o Homem seria matéria ou energia*, o conferencista arrastou o auditório, no desenvolvimento da sua exposição, em longa caminhada através dos tempos, citando sábios e fatos históricos, explanando conceitos e definições, crenças e ideais religiosos, numa demonstração impressionante de invulgar conhecimento e superior erudição.

Em silêncio absoluto, o numeroso público não desprendia os olhos do orador que tinha perante si, que lhe ministrava, com tão extraordinária facilidade da palavra, uma autêntica lição de Filosofia e História, Religião e Ciência, definindo o homem como a mais perfeita obra da Criação, penetrando no âmago das suas origens, esclarecendo as Leis sublimes da sua evolução até atingir o *desideratum* final – a perfeição na imortalidade.

Ainda mal tinha dado por finda a sua brilhante oração e já o professor Divaldo Franco recebia uma calorosa ovação que se prolongou por alguns minutos.

Em seguida, ofereceu o conferencista à assistência uma projeção muito interessante de *slides* que comentou em estilo de conversa amena. E muito nos falou da *sua* Bahia, nossa irmã – pois não nos esquecemos de que o Lobito está sensivelmente no mesmo paralelo daquela cidade brasileira: *mesmo em frente, do outro lado*, no dizer do comentarista – e da magnífica obra social que mantém a expensas suas e de outros, e em cujo âmbito transforma carinhosamente em valores humanos os atirados à margem pela sociedade egoísta, materialista e deformada em que vivemos – e que homens da estatura do professor Divaldo Pereira Franco se empenham em modificar pelo seu esforço, pela sua inteligência e amor ao próximo.

❖

Por último, não desejamos deixar de sublinhar que há largos anos a esta parte não víamos tão grande número de pessoas em sessões deste gênero, cuja frequência, para nosso desprestígio, dificilmente costuma ir além de umas escassas dezenas. Desta vez não. Desta vez o Lobito bem merece as nossas felicitações.

DIVALDO FRANCO

New Frontier Education Society
cordially invites you to a lecture
by this renowned trance lecturer
and psychic writer from Brazil.

Join us for an evening of spiritual love
and fellowship with this extraordinary
worker for planetary transformation.

TUESDAY, APRIL 10, 1984

"Psychic Healing:

When is it Permanent?"

Vanderbilt YMCA
224 East 47th Street
New York, NY 10017

— Free Will Offering —

37

Divaldo nos Estados Unidos

Joao M. Zerio (maio 1987).

Esta incumbência serve, em grande parte, como exame cronológico de marcas conscienciais impressas pelo estilete de um artista apaixonado pela Humanidade.

Para te posicionar, leitor amigo, estas notas seguem uma cronologia que reflete o trabalho de disseminação dos ideais espiritistas nos Estados Unidos da América. O uso do pronome na primeira pessoa deve ser em tua mente substituído por *nós*, já que o trabalho aqui é de grupo.

A curiosidade intelectual levou-me, no ano de 1980, a deixar uma posição profissional cômoda na *Philco* do Brasil, para perseguir um segundo mestrado, desta vez, na *John Hopkins University*. Entretanto, como sói acontecer, em minha última viagem a serviço da Companhia, ao Chile, visitando Edmundo González, presidente da Confederación Espírita do Chile, me foi casualmente passado um anúncio da próxima reunião da Confederación Espírita Panamericana (CEPA), em princípios de 1980, em Miami, E.U.A. Lá conheci Divaldo Franco, pessoalmente, que a bem da verdade havia ouvido falar dele unicamente duas vezes. E, também, confesso que mantive uma atitude de precaução, pois havia sentido um grande *endeusamento* à sua pessoa, por parte de vários espíritas em São Paulo.

O idioma, o fato de estarmos alojados no mesmo hotel e o hábito de tomar *breakfast* cedo, agiram como *coincidência* que nos permitiram conversas diárias de uma hora, por cinco dias.

Cerca de seis meses se passaram, quando então começou a martelar em minha mente um desejo irracional de iniciar um trabalho de disseminação dos ideais e conceitos espíritas. A verdade, nua e crua, é que jamais houve nos Estados Unidos qualquer movimento ou célula significante de caráter espírita no sentido Kardequiano. Em nenhum lugar, na Confederación Espírita Panamericana, nas livrarias e jornais espiritualistas e orientalistas, encontrei qualquer referência a pessoas ou publicações espíritas em língua inglesa. Tudo que havia era o Movimento Espírita em Miami, cujo número de adeptos estimado pela ocorrência a eventos espíritas de renome, deve ser algo em torno de cinco mil pessoas. Fora do Estado da Flórida então, a única exceção era o trabalho individual do Sr. Salim Haddad, que há mais de 20 anos vem se esforçando para publicar traduções de mensagens e livros espíritas.

Este posicionamento é necessário aqui para não vivermos desfocados da realidade, já que tem sido comum em jornais brasileiros encontrarem-se menções ao movimento espiritualista nos E.U.A. Geralmente isso resulta de tradução incorreta (ou ufanista) da palavra Spiritualism, que deveria ser traduzida unicamente Espiritualismo.

Meu racional lutou muito com o intuitivo até que em agosto de 1981, lançamos o primeiro número da *Allan Kardec Newsletter*, escrita, mantida, dobrada e endereçada em minha casa. Seis meses depois, através de uma livraria em Nova Iorque, estabelecemos contato com Marcelo de Almeida e Ed de Melo, da Filadélfia, os quais, unindo-se a nós na disposição, ajudaram a patrocinar a primeira visita de Divaldo Franco àquele estado, em 1982, quando então falou para um público de cerca de 70 pessoas, na Free Library de Philadelphia (ressaltamos que Divaldo já havia estado nos E.U.A., pela primeira vez, em 1969, a convite de grupos interessados nos ideais espíritas).

No ano seguinte, além de Philadelphia, organizou-se palestra em Nova Iorque, fato que levava então a estruturação paralela de dois pontos de atividade; os primeiros núcleos envolvidos nos estudos e práticas mediúnicas e evangélicas, de acordo com a filosofia kardecista. A iniciação, a consolidação destas atividades, foi possível somente pelo trabalho catalisador de Divaldo Franco.

A partir daí, então, com a motivação e o entusiasmo trazido pela sua vinda anual, as estruturas começaram a se fixar. Reuniões de desenvolvimento mediúnico realizadas uma vez ao mês serviram como fator de solidificação dos dois Grupos. Em 1984, aproveitando o espírito de união semeado durante suas palestras, Divaldo Franco, em encontro na casa de Lilia Blanker, convidava todos a unirem-se na fundação de uma Sociedade para disseminação da Filosofia espírita, organizando-se ali a Allan Kardec Educational Society (AKES). Sob a inspiração de seu exemplo e sacrifício, as atividades da AKES se expandiram gradualmente na direção da publicação e distribuição de livros, *newsletters*, e promoção de seminários.

Foram as palestras e seminários promovidos pela AKES que levaram a minha aproximação ao homem Divaldo Franco. Juntos, nos últimos quatro anos, visitamos, para palestras e entrevistas, 22 cidades da América do Norte: Miami e St. Petersburg, estado da Flórida; Elon College, Winston-Salem, High Point, Greensboro, Chapel Hill e Kernersville, estado da Carolina do Norte; Philadelphia, estado da Pennsylvania; Nova Iorque e Long Island, estado de Nova Iorque; Newark, Elizabeth, Jersey City, estado de Nova Jérsei; Hartford, estado de Connecticut; Los Angeles, estado da Califórnia; Providence, estado de Rhode Island; Chesterfield, estado de Indiana; Waco, San Antonio, Houston, estado do Texas; Phoenix, estado de Arizona.

Viajando juntos e fazendo amigos, sofrendo (algumas) decepções e experimentando grandes alegrias juntos, pouco a pouco comecei a conhecer mais o homem do que o médium famoso.

Logo no início dessas tarefas, o que mais me impressionou foi sua personalidade forte, mas suave, e seu profundo senso de autovalor e dignidade pessoal. Impressionou-me, porque eu esperava encontrar alguém de uma profunda humildade, aquela humildade que quase se aproxima da sujeição, geralmente expressa no meio espírita em comentários do tipo *eu não valho nada, quem sou eu, eu sou um Espírito atrasado*, etc. Resquício certamente das ideias católicas de autodesprezo e autoflagelação. Entretanto, Divaldo era diferente. Tem ele uma opinião muito esclarecida do trabalho que realiza, da qualidade da mensagem que traz, do que ele é e do que representa, quando numa sociedade estrangeira. Agindo sempre de forma serena, voz meiga e doce, tem, no entanto, princípios de ferro e uma vontade poderosa. Como se tivesse assimilado a cultura japonesa, Divaldo é um mestre na arte de dizer sim, dizendo não, fazendo interpelantes sentirem-se sempre satisfeitos e alegres com um *não* jamais pronunciado, mas claramente entendido. Isso é comum em todos os lugares, no caso de convites para refeições, convites para visitas domiciliares, festas ou para hospedagem, para passeio e visitas turísticas, consultas etc. Divaldo Franco vê como parte de sua missão a imagem que transmite de íntegra moral. Ele está sempre pronto e animado para atividades extras relacionadas com a Doutrina, mas, jamais aceita convites para atividades turísticas, *sight seeing* e semelhantes. Segundo ele, desde que haja aceitado o convite para vir como orador espírita, não se sente no direito de usufruir pessoalmente da boa vontade dos que promovem a viagem.

Por isso, em cada viagem aos E.U.A., usa o tempo livre para correspondência do mundo todo, escrevendo e remetendo mais de 50 cartas por dia.[44]

Aspecto que também merece grande relevância diz respeito a atitudes culturais, mais especificamente adaptabilidade e percepção das pessoas a seu respeito. Numa sociedade pluralista, individualista, racional e pragmática como a dos Estados Unidos, muitas das formas de oratória usadas no Brasil têm pouco futuro. De mente aberta para as diferenças culturais, Divaldo Franco busca sempre testar diferentes fórmulas e conteúdos, solicitando análises críticas de participantes, para assim, pouco a pouco, encontrar o melhor *blend* entre seus recursos e as expectativas locais. A bem da verdade, a dinâmica das comunicações sociais impedirá sempre o desenvolvimento da melhor fórmula, mas neste caso a percepção de qualidade é sempre função da adaptabilidade do veiculador. Hoje, maio de 1987, visto pela reação de mais de 800 pessoas presentes à Conferência Nacional Anual da *Spiritual Science Fellomship* (29/31 de maio de 1987), em Montreal, Canadá, que o aplaudiram de pé na palestra inaugural, ele está decididamente no caminho correto. E nesta mesma linha é digna de menção a atitude que tem de se ver como corretor em vez de pregador das ideias espíritas.

A atitude mental impositiva, de dono da verdade, comum ao pregador, seria tremendamente autodestrutiva nos círculos da *New Age* norte-americanos. Sua argumentação é sempre orientada para a demonstração científica, filosófica dos ideais, o que tem contribuído fortemente para o elevado respeito de que goza em muitos círculos. Dessa forma, ajudando a que as pessoas vejam o Espiritismo como uma Doutrina de pessoas de mente aberta e *sincera intelectualidade.* Se bem que em minha opinião duvido que a intelectualidade sincera seja verdade em muitos lugares no Brasil, pois jamais se viu um Centro Espírita convidar um orador de outra formação filosófica para conhecer-lhe as ideias, como é comum aqui na *New Age* norte-america-

---

44. O mesmo ocorre no Brasil e em toda parte (nota do autor).

na, onde se acredita que a verdade está no consensual, naquilo que é comum a todas as filosofias, sem que ninguém, ou nenhuma doutrina, abarque toda a verdade.

Divaldo Franco é, sem dúvida, um mestre na arte de lidar com diferenças culturais. Ele é muito sensível às culturas, procurando estar sempre bem informado sobre o país e seu povo, buscando sempre agir de forma sóbria e ponderada, a fim de não ferir susceptibilidades. Esta habilidade é reforçada por uma poderosíssima memória mediúnica que lhe permite guardar nomes e rostos com uma fidelidade anormal. Por isso, ele é capaz de dar a cada pessoa um autossentimento de importância, o que contribui sobremaneira para a criação de ambientes muito favoráveis. Sua memória, *memória mediúnica*, é privilegiada para guardar faces, nomes e vozes e para localização geográfica. E dessa faculdade ele sabe tirar vantagens como poucos.

O homem Divaldo Franco tem outra faceta que merece menção, esta é o seu senso de humor; como qualquer indivíduo normal, ele gosta de narrar ou de ouvir um fato hilariante.

Esse dom ele aplica magistralmente no aconselhamento através de estórias e casos que tocam profundamente ao coração. E no lado das características pessoais que mais me divertem, está o seu hábito de organização. A bem da verdade, isso me diverte, porque vivo em um mundo oposto. Sua mesa de trabalho, onde quer que esteja, tem tudo sempre impecável, em linhas retas e paralelas, naturalmente sem exagerar. Divirto-me sempre lhe apontando isso como se fosse uma *neurose*, e o faço em tom de brincadeira. Subsidiária à *mania de organização*, está a preocupação com horários. Digo-lhe sempre que a sua preocupação de chegar a qualquer aeroporto uma hora e trinta minutos antes do voo confunde meus princípios de vida, pois tenho vivido toda minha existência no mundo dos cinco minutos atrasados. Sua argumentação às minhas expressões nesta área é que por causa disso ele jamais havia perdido um voo, nem nunca atrasou ou cancelou nenhuma palestra em quarenta anos, enquanto eu jamais poderia dizer o mesmo.

Quanto aos fenômenos mediúnicos que tenho presenciado, ao lado de inúmeras pessoas, em cidades por onde ele nunca deambulou antes e em referência a indivíduos com quem nunca manteve contato, poderíamos narrar um número bem expressivo. No entanto, nesses vários anos em que lhe tenho sido intérprete nas suas viagens pelos Estados Unidos, na área de língua inglesa e nos dois últimos anos no Canadá, especialmente em Montreal, citarei alguns fatos que demonstram a sua percepção mediúnica e a maneira feliz como apresenta os fatos sem disso fazer estardalhaço nem baratear o próprio fenômeno. Recordo-me, por exemplo, de agosto de 1986, na cidade de Saint Petersburg, na Flórida, durante um seminário de 3 dias. Em uma daquelas noites, foi-lhe solicitada uma demonstração de mediunidade escrevente. Para surpresa nossa, diante daqueles que ali nos congregávamos, foi apresentado papel e esferográfica, e Divaldo, entrando em transe, escreveu mediunicamente, ditada pelo Espírito Joanna de Ângelis, uma mensagem, em inglês, de trás para frente, também denominada especular, porque somente pode ser lida com a aplicação de um espelho. Foi apresentada a página aos membros do seminário que a autografaram, para deixarem consignado tratar-se de um fenômeno autêntico, à vista de todos, e fui eu quem fez a tradução para as pessoas de fala hispânica, algumas das quais também ali se encontravam.

Isso não é a primeira vez que acontece, já que nos Estados Unidos e no Brasil, inclusive, em programas de televisão o fato repetiu-se, demonstrando a causalidade do fenômeno e não, como se poderia supor, a sua casualidade. Nesse mesmo ano de 1986, em várias oportunidades Divaldo teve ensejo de demonstrar a sua sensibilidade mediúnica. Na cidade de Greensboro, na Carolina do Norte, ao terminar um seminário, solicitou que se apresentasse um candidato a fim de que lhe pudesse explicar a técnica do passe da maneira mais simples, e uma jovem sentou-se diante do público e, enquanto nós traduzíamos a explicação de Divaldo, percebemos que ele contatava com as Entidades espirituais que acompanhavam a jovem.

Terminado o passe, ele se referiu ao problema de coluna de que ela era portadora e deu-lhe comovedora mensagem ditada pela sua mãe verdadeira. Dizemos verdadeira, porque ela havia sido uma menina carente. Sua mãe a entregara a um orfanato, que por sua vez a encaminhara a uma casal, que depois de algum tempo, não desejando continuar com a educação, passou-a à responsabilidade de uma outra família e o Espírito dizia: *"das três mães que ela teve, eu sou a mãe que a gerou e a trouxe ao mundo"*. Ante a emoção geral se evidenciou o fato mediúnico incontroverso. A senhora Glória Carpinski é uma personalidade na área do mentalismo do estado da Carolina do Norte, que ministra o *Workshop* na América, na Inglaterra, na Suíça e em outros países do mundo. Profundamente conhecedora da mediunidade e dos fenômenos paranormais, contatou por diversas vezes com Divaldo diante de mim, pois que mesmo nas entrevistas particulares eu funciono como seu tradutor e havendo trazido uma série de questões para com ele dialogar, teve a surpresa de verificar que, sem lhe apresentar qualquer pergunta, ele foi respondendo, em ordem, os quesitos que ela desejava formular, produzindo-lhe verdadeiro encantamento, o que a levou a tornar-se uma grande admiradora dos dons mediúnicos de Divaldo Franco, recomendando-o às várias organizações onde milita nos Estados Unidos e na Europa. No mesmo ano passado, no mês de agosto, estando no Canadá e ao terminar uma conferência realizada sob a presidência da Dra. Marylin Rossner, Divaldo pediu um voluntário em quem aplicou costumeiramente o passe, dando explicações aos neófitos. Ao terminar, reportou-se a uma reencarnação daquele candidato, entrando em detalhes surpreendentes. O fato foi confirmado de público pelo referido senhor, que é jornalista, psicólogo e também médium curador e cuja primeira revelação ele tivera através da doutora Marylin, que é psiquiatra e professora da Universidade de Montreal, no Canadá.

Ainda me reportando a esta faceta mediúnica, em Chesterfield Camp, no estado de Indiana, depois da palestra, como de hábito nos Estados Unidos, Divaldo fez várias demonstrações de clarividência pública, com absoluta confirmação das pessoas apontadas. No corrente ano, no seminário em Jersey City, no estado de Nova Jérsei, ao aplicar o passe em uma candidata espontânea, Divaldo referiu-se à desencarnação de seu pai, na Colômbia, que para ela havia ocorrido em circunstâncias algo misteriosas e o Espírito do genitor veio explicar como havia desencarnado, produzindo tão grande impacto na senhora e no auditório, que houve uma comoção geral. Esta moça, profundamente comovida, passou a acompanhar todo o restante do trabalho, naquele estado e em Nova Iorque. Em Phoenix, Arizona, terminando o seminário sob o patrocínio do *Spiritual Science Fellowship*, Divaldo pediu um voluntário, e uma amiga nossa veio para receber a fluidoterapia. Ao terminá-la, Divaldo explicou a doença de que ela era portadora, a cirurgia que havia feito, a profissão que ela exerce como enfermeira psiquiátrica e deu-lhe tantos detalhes que o auditório, comovido, esteve num dos clímax da emoção, a mim próprio contagiando como noutra oportunidade não tive ensejo de sentir. Poderíamos, ainda, evocar outros fatos muito curiosos na área da telepatia, como na área do fenômeno mediúnico. Durante o Congresso Mundial realizado em Montreal, no Canadá, este ano, sobre o nosso mundo cósmico, para o qual Divaldo fora um dos convidados especiais, ao terminar a sua segunda conferência fez ele clarividências para o público, conforme o hábito naquele país, sensibilizando todos quantos tiveram ensejo de serem apontados. Mas, em particular, a mensagem que ele transmitiu ao vice-presidente do Congresso, com quem nunca contatara antes, mereceu deste a confirmação absoluta, pois que naquela mesma manhã a doutora Marylin Rossner havia-lhe feito afirmações equivalentes. A mim me sensibilizou muito o contato mantido com um jovem em cadeira de rodas, para quem Divaldo recebeu de seu avô uma mensagem especial, que lhe sendo transmitida, tocou-o profundamente, ao ponto de no dia seguinte o jovem haver saído do trabalho, na hora do almoço, para vir despedir-se do médium baiano, como demonstração de reconhecimento e de amizade.

O último aspecto que abordaria nestes comentários sobre o homem Divaldo Franco, diz respeito às impressões dos ouvintes. Em Phoenix, Arizona, realizamos uma enquete com os participantes de um seminário e de uma palestra pública realizados em maio de 1987, com retorno de 38 questionários.

Acima de tudo, a característica mais marcante do orador, segundo os respondentes, foi a sinceridade transmitida, seguido por nobreza de alma. Em certa medida estas respostas contrariavam minha expectativa, já que eu esperava referências centradas na substância da mensagem. Entretanto, após duas semanas de reflexão, agora que escrevo estas notas, sou levado a concluir que, acima de tudo, a mensagem é o homem. Sua vida, seu exemplo e seus ideais convergem na demonstração do efeito renovador da Doutrina Espírita. É, talvez, por isso que meu subconsciente nutre por ele um profundo amor-admiração, pelo conteúdo intelectual da fonte de suas mensagens.

Parabéns, Divaldo, por quarenta anos de perseverança na luta, por fazer brilhar em ti os cravos do amor cristão.

DIVALDO FRANCO

Paranormal Lecturer

World renowned metaphysical teacher, paranormal writer and co-author of 73 books.

You are invited to a lecture by this prominent teacher in the field of human transformation

His life has been devoted to two missions—to serve as psychic bridge for discarnated intelligences, who have authored every book he has ever published, and to provide assistance and shelter to outcast children.

He became renowed worldwide for his psychic lecturing. In 39 years of psychic work he has lectured in 34 countries, on 69 TV stations, and 160 radio stations, and in more than 1000 cities.

THEME: **DOORWAYS INTO THE PERENNIAL TRUTH**

WHEN: WEDNESDAY, AUGUST 20, 6:30 PM

WHERE: CHURCH OF RECONCILIATION
110 N. ELLIOT RD., CHAPEL HILL

SPONSORED BY: CHRISTIAN SPIRIT CENTER
INFORMATION: 919-5849927

38

Brillante disertación del médium brasileño Divaldo Franco

Josefa Quintana
(Extraído de *La Tribuna*, 23.8.1986, Elizabeth – Nova Jérsei, E.U.A.).

Ante un público numeroso que colmó los salones del Town & Campus – Alban Room – pronunció una interesante, amena y filosófica disertación el famoso médium brasileño Divaldo Franco, sobre *la inmortalidad del alma*. Esta conferencia, organizada por el *Grupo Espiritista Léon Denis* de la ciudad de Elizabeth, fue presidida por Bellita Argemí, Claudio Argemí, Director de *Léon Denis*; Noberto Prieto, John Zerio y Benjamín Rodríguez, representativo de la CEPA (Confederación Espiritista Panamericana), que viajó desde Miami y acompaña a Divaldo Franco en este recorrido.

Al iniciar su presentación, Divaldo Franco habló de las distintas teorías materialistas, filosóficas y científicas; unas negando la existencia del alma y las otras implicando que el conocimiento humano radica en el subconsciente. La Ciencia Espiritista vino a demostrar a cabalidad la existencia del alma en los fenómenos inexplicables que no tienen justificación en ninguna teoría científica.

Citó varios ejemplos como el de una niña de dos años que de pronto comenzó a hablar idiomas desconocidos para los padres, llegando a identificarse que hablaba más de 10 idiomas. Explicó que ello se debe a la memoria y definió memoria como el recuerdo de existencias anteriores – reencarnación – que son conocimientos que el Espíritu va acumulando en sus diversas vidas y existencias y por ello sorprende a los científicos esos menores con conocimientos y habilidades extraordinarias – genios – que no tienen explicación aparente.

Habló que la verdadera felicidad existe cuando se tienen problemas, porque ellos obligan al ser humano a pensar y tratar de resolverlos y el que piensa, vive; es generador de pensamientos e ideas. Finalizó diciéndole a los presentes que se dieran cuenta de la felicidad de poder ver, escuchar, caminar, etc., y tantas otras acciones que hacemos a diario, sin darnos cuenta que hay muchos infelices que no pueden hacer lo mismo. Terminó diciendo: ¡Demos gracias a Dios!

Entusiastas aplausos coronaron la brillante disertación. Divaldo Franco continuará su recorrido hacia las Carolinas, Indiana, Arizona, California, Florida y finalmente España.

Algumas Reportagens

39

A ALEIJADA DE MACAÚBAS[44]

Miguel de Jesus Sardano
(*Jornal Espírita*, julho de 1985).

Macaúbas, pequena cidade centenária em pleno sertão baiano, cerca de 800 quilômetros de Salvador.
Povo pacato, gente simples e boa como em quase todas as cidades do interior daquele estado.

Acompanhando o médium e orador espírita Divaldo Pereira Franco, fazendo parte de uma pequena caravana que, anualmente, nesta época de inverno, visita a chamada região das serras, fui a Macaúbas.

Partindo de Paramirim, da residência do Dr. Epaminondas Corrêa e Silva, abnegado médico ali residente há 18 anos, onde Divaldo se hospeda com a pequena caravana, seguimos rumo a Macaúbas, por volta das 16 horas.

Macaúbas dista de Paramirim cerca de 65 quilômetros, em estrada de terra. Lá chegamos por volta das 17h30, do dia 4 de julho de 1985.

À entrada da cidade, um grupo de confrades, com seus veículos, cerca de 20 automóveis, formavam a comissão de recepção aos visitantes. À frente, uma camioneta com dois rapazes em cima puxava o corso, soltando foguetes. Todos os carros iam buzinando, enquanto os fogos explodiam no ar em sinal de festa. Faixas afixadas desde a entrada da cidade e por todas as vias principais saudavam Divaldo Franco e sua caravana. Podia-se ver, nos rostos, a alegria e o carinho que têm pelo professor Divaldo (como o chamam).

A caravana percorreu o pequeno centro comercial, sempre buzinando e estourando fogos de artifício, até à casa dos confrades que

---

44. Dona Arlinda Marques da Silva, residente em Macaúbas – BA (nota do autor).

hospedam os visitantes. Depois de cumprimentos, abraços e um cafezinho, segue-se pequena reunião informal, com a presença dos confrades locais e visitantes, bem como das autoridades, a começar pelo Sr. prefeito municipal, que vem desejar boas-vindas, em nome da cidade.

Logo mais, às 20h30, teve lugar a palestra do irmão Divaldo, no Clube Social de Macaúbas, cidade que conta hoje com cerca de 16 mil eleitores, com uma área em quilômetros quadrados quase equivalente ao estado de Sergipe.

Foi ali, no Clube Social, que conheci Dona Arlinda Marques da Silva, a figura central de nosso artigo. Morena, pele tostada pelo Sol, olhos negros brilhantes, cabelos longos e grisalhos, com seus 67 anos, muito alegre, simples, gente do povo. Gostei dela, de pronto. Eu já ouvira falar a seu respeito, ou melhor, ouvira falar de sua história. Uma história de fé, de coragem, um fato que ocorreu há cerca de 6 anos, aproximadamente. Queria agora ouvir diretamente de Dona Arlinda sobre o fenômeno que lhe aconteceu e que me contaram.

Após a palestra brilhante que Divaldo proferiu, abordando o tema *Justiça Divina e a Lei de Causa e Efeito*, dirigi-me a Dona Arlinda, sem preâmbulos:

– É verdade que a senhora era paralítica das duas pernas?

– Sim, meu filho, eu era aleijada mesmo.

– Mas como isso aconteceu? – Indaguei.

– Foi um acidente; um caminhão me atropelou. Não sei dizer como foi, não. O povo queria pegar o motorista do caminhão, levar à polícia, mas eu não deixei e gritava de dor e pedia para deixarem o homem, pois o coitado não tinha culpa, não. Eu é que não vi o caminhão. Aí soltaram o pobre do homem que estava muito assustado, com medo de alguma desgraça. Aí me levaram para Paramirim, a 65 quilômetros daqui, em estrada de terra, aonde cheguei em estado de coma, pois eu era diabética. Lá, fui atendida no hospital do Dr. Epaminondas. Socorreram-me! Fizeram de tudo, mas não teve jeito, pois sofri fratura na bacia. Fiquei aleijada. Da cintura para baixo estava tudo arrebentado. Depois de tudo fui levada para casa, mas não podia andar. Arranjaram-me um par de muletas. Tinha que me acostumar com a nova situação. O jeito era aceitar as muletas para poder caminhar um pouco e não ficar totalmente inválida. Assim era a minha vida, de muletas para todo lado. O povo aqui em Macaúbas já estava habituado a me ver sempre de muletas. Aqui, todos me conhecem e sabem da minha história.

"Há uns seis anos mais ou menos, uma senhora muito distinta e bondosa, de nome Dona Augusta, esposa do gerente do Banco do Brasil naquela época, Sr. Geraldo, me disse que viria a Macaúbas um orador e médium espírita, de Salvador, fazer uma conferência. Que seria muito bom se eu fosse falar com ele. Eu achei que não ia adiantar muito, pois meu caso não tinha cura. Já estava aleijada havia mais de 5 anos. Mas Dona Augusta insistiu tanto, que resolvi aceitar o convite. Nessa época eu estava passando mal. Tomava uma injeção de 10 em 10 dias para poder aguentar. Tiveram a ideia de arranjar-me uma cadeira especial, bem alta, que mais parecia um trono. Colocaram a cadeira bem na frente, pertinho de onde o professor Divaldo ia falar. As pessoas, para caçoar comigo, diziam: – *Veja lá, Dona Arlinda, mais parece uma rainha naquele trono.* Pois é, meu filho, eu não conhecia o professor Divaldo. Estava aflita, não via a hora que ele chegasse. Veja como são as coisas: eu, que achava que meu caso era perdido, agora, não sei por que, começava a ter esperança. De repente chamaram o professor lá para cima. Quando passou por mim eu o chamei e pedi, com muita fé: – *Irmão Divaldo, peça aos guias para me ajudarem*. O professor falou baixinho, no meu ouvido: – *Na hora da prece, no final, vamos rogar aos benfeitores espirituais para lhe ajudarem*. Não sei por que, mas minha alma se encheu de esperança. Parecia que uma coisa me dizia: – *Esse homem vai me ajudar*. Ah! meu irmão, não lhe conto nada. É como se estivesse acontecendo agora. Eu me lembro de tudo. A verdade é que, quando ia chegando o fim de palestra, eu olhei para ele e comecei a orar com todas as minhas forças. Aí ele falou de Jesus. Então eu dei um grito para dentro. Valei-me, Jesus, me ajude, eu preciso andar! Que coisa linda, meu irmão, ele falar de Jesus. Eu chorava muito, tinha o rosto lavado de lágrimas."

Dona Arlinda falava com tanta vibração, com tanto entusiasmo, como se o fato estivesse ocorrendo naquela hora. Comoveu-me vê-la fazer a descrição. Voltou ela a dizer:

– Pois é, meu irmão, o professor falava lá em cima, de Jesus, e eu orava e pedia aqui em baixo, para os guias me curarem. Até hoje eu não posso esquecer aquela noite. Terminou a palestra, mas eu senti que mexeram no meu corpo. Estava mais leve, as pernas com mais vida. Fui andando, encostada pela parede até chegar aonde o professor estava. Fui sem as muletas. Eu não sabia se chorava, se falava, se ria de emoção. Dali, fui levada para casa, pois estava muito cansada. Dormi a noite toda, sem dores. Acordei bem; de manhã, tomei meu café e, como de costume, fui cuidar de minhas plantinhas. Eram 8 horas. Estava ainda emocionada, pensando na noite anterior. Estava ainda apoiada às muletas. De repente, como se fosse uma explosão, um grito dentro de mim, como se fosse uma voz, que me dizia: – *Jogue as muletas! Jogue as muletas! Você pode andar...* Comecei a chorar e a orar ao mesmo tempo. A voz, cada vez mais forte, dentro de mim: – *Jogue as muletas!* Sabe, era uma coisa muito forte. Eu pensei que ia ficar louca. Mas aí me lembrei das palavras do professor. Na minha cabeça, eu pensava nele falando de Jesus. Aí eu gritei: – *Meu Jesus, me acuda!*

"Meu filho, foi uma graça de Deus! Tive coragem, joguei as muletas no chão e saí correndo pela rua, como uma doida, até chegar ao consultório de meu marido, que era dentista (hoje falecido). Meu marido estava trabalhando e quando me viu tomou um susto e gritou: – *Arlinda, o que é isto? Você enlouqueceu, onde estão as muletas? Como foi que você chegou até aqui?*

"Ele estava agitado, sem poder entender tudo aquilo. Eu queria explicar, mas também estava chorando e a voz quase não saía. Foi quando pude falar: – *Muletas, para quê? Joguei-as fora; não preciso mais delas; estou curada; não tenho mais nada; veja, eu vim correndo de casa até aqui.*

"Aí, nós dois nos abraçamos, chorando.

"– Ah, meu filho, como Deus é grande! Eu estava de fato curada. O povo da cidade, que me viu correndo pelas ruas, ia chegando e vendo tudo, sem saber explicar. Era um milagre, diziam. Dona Arlinda, sem as muletas, sem apoio nenhum. Mal podiam acreditar no que viam, pois todos sabiam que os médicos disseram que eu estava aleijada para o resto da vida; que as minhas pernas não podiam sustentar meu corpo."

A esta altura, eu também estava emocionado, e confesso que enxuguei uma lágrima, disfarçadamente.

Dona Arlinda é uma mulher simples, mas uma alma pura, boa. Falava com tanta fé, com todo o coração. Havia tanta sinceridade em suas palavras, que, aliás, eram confirmadas pelas pessoas da cidade que a rodeavam, enquanto ela me narrava. Eram todas testemunhas do fato.

— *Então, Dona Arlinda, como a senhora explica tudo isso?* — Perguntei.

Ela me olhou, olhos cheios d'água. Que olhar! Olhos negros, brilhantes, irradiando uma estranha força e disse:

— Nunca poderei esquecer aquele dia. Desde aquela noite, já faz 6 anos, eu nunca mais perdi uma palestra do professor. Quando ele vem a Macaúbas, eu sou a primeira a chegar. Eu me sento na primeira fila, como no primeiro dia da cadeira alta. Só que eu vou e volto com minhas pernas, andando, graças a Deus. Não sei como, porque eu continuo toda arrebentada da cintura para baixo, mas eu ando e não tenho dores.

Abracei aquela mulher, que via pela primeira vez. Mas nunca mais poderei esquecer aquele rosto. Aquela expressão de fé. Despedimo-nos ali. Vi-a sair caminhando, sozinha, e acompanhei-a com o olhar até dobrar a esquina, numa linda noite de luar do sertão baiano. Aquele vulto solitário caminhava firme, até adentrar sua casinha modesta, de viúva. Enquanto isso, eu meditava, contemplando aquela heroína anônima que a fé transformou numa prova inequívoca do Amor de Deus, através da mensagem evangélica daquele pregador que, incendiado pelo Amor de Jesus, se tornou o *Cavaleiro do Evangelho*, conforme o denominou o Dr. Benito, juiz de Direito em Salvador, que também é um seguidor do Mestre.

40

A ORATÓRIA DE DIVALDO FRANCO

Laplace Nunes Cavalcanti
(Advogado e jornalista)
(Transcrito de *O Norte,* de 08.10.86, de João Pessoa, PB).

Aos trinta dias do mês próximo findo, o teatro do Espaço Cultural se encheu de gente para ouvir Divaldo Franco, o orador espírita de maior renome atualmente. Apesar de uma lamentável confusão, que persiste, no verdadeiro significado da palavra ESPIRITISMO, Doutrina espiritualista francesa, que alguns sociólogos (Roger Bastide, por exemplo), e outros tantos não sociólogos confundem com o "sincretismo afro-brasileiro", Divaldo Franco, quando vem a João Pessoa, leva aos auditórios um grande público não espírita de todos os níveis intelectuais, do analfabeto, passando pelo semialfabetizado, até o profissional liberal e o professor universitário.

Por que esse interesse todo por este denodado divulgador das ideias kardecistas?

Divaldo não fala, exatamente, a linguagem de hoje, nem seus temas são os do cotidiano, nos meios de comunicação da imprensa aos campos universitários.

O fato dessa preferência por Divaldo nos levaria, de passagem, àquela noção goethiana do "sinfonismo", que é aquela qualidade de "coincidência espiritual de estilo e de módulo vital entre o homem de uma época e os de todas as épocas".

O que justifica o prestígio do orador a que nos referimos?

Uma distinção se costuma fazer modernamente, entre a oratória e a retórica: a primeira seria a arte e a segunda a ciência do bem-dizer.

Gênero que alcançou raro esplendor na Antiguidade, apesar de seu proclamado declínio, mantém-se ainda hoje como poderosa força de sedução.

E não poderia deixar de ser assim, pois a oratória é a arte da palavra oral, que argumenta, insinua, persuade e convence. Ela é própria do homem. Não nasce de um costume, de um povo ou de uma época. Nasce da nota fundamental da espécie, a linguagem, a razão, a necessidade de comunicação, o *Homo lóquens*, o *animal symbolicum*, o *animal racional* e, como se entende, de Aristóteles a Cassirer.

A forma de expressão da oratória é o discurso. Os estudos linguísticos contemporâneos já têm, como se sabe, essa matéria equacionada, segundo uma visão filosófica científica e semântica. Distinguem-se alguns gêneros específicos de discurso, cada um contendo as suas "características essenciais", que são as suas condições de produção (Pecheux). Assim existe um discurso literário, um científico, um pedagógico, um político, um religioso, etc.

O discurso de Divaldo Franco teve por conteúdo, ou finalidade, a Mensagem Espírita: poderia ser classificado como um discurso religioso, do gênero homilia, já que trata de explicar um tema de Doutrina cristã-kardecista.

Entretanto, ouvindo Divaldo, não podemos deixar de pensar em Perelman, o notável filósofo contemporâneo, que modificou a retórica aristotélica, criando a retórica moderna, compatível com os tempos atuais. A estrutura da retórica do orador espírita parece utilizar aquela mesma distinção que Perelman vislumbra na retórica geral, a saber: a distinção entre argumentação e demonstração, a em que se inclui o problema do tempo, justamente porque, para ele, o conhecimento é atemporal. Todas as teses de Divaldo Franco têm por base a explicação que transcende o tempo atual, para buscar as causas reencarnatórias dos fatos que são efeitos de atos pretéritos. Outra semelhança estaria no mecanismo utilizado por Divaldo, ao desenvolver o seu discurso religioso, o qual faz pensar naquilo que se chamou de gênero adesão, que vem a ser uma revivescência do gênero epidítico dos romanos, com a diferença de que o argumento é persuasivo quando pretende valer para um auditório particular e é convincente (*convaincante*), quando pretende obter a adesão de todo ser de razão.

Assim, Divaldo Franco não fala para espíritas, mas para o seu auditório, ao mesmo tempo em que fala para a Humanidade.

Esta, segundo nos parece, a arte *divaldiana*.

E quanto ao conteúdo?

Sem pretender teorizar sobre um campo do conhecimento bastante complexo, façamos referência à visão da lírica contemporânea, que representa umas das mais dramáticas expressões da arte humana. Diz-se que a lírica moderna tem por característica a dissonância, no sentido de que pretende juntar o mágico e o obscuro. Isso se deveria à grande tensão dramática dos conflitos existenciais de hoje.

A mensagem trazida por Divaldo Franco pode significar, para muitos, uma resposta ao incompreensível que gera aqueles conflitos interiores. Chamando a atenção para a análise de uma fenomenologia que indica a existência de um mecanismo oculto que se expressa em dimensão própria, só captável por seus efeitos – que se obtêm por métodos mediúnicos, que são aqueles que utilizam fluidos já pesquisados por cientistas, mas ainda fora da Ciência convencional – traz a lume, também, o mágico, construindo um estilo onde reaparecem o mágico e o obscuro, na forma do inusitado e do oculto, que têm o dom de se revelar com clareza e com sentido de fenômeno natural.

Seria uma resposta, para algum contingente de dissonância, de tensões dramáticas, que atingem a Humanidade atual, em fase de ajuste de contas pela angústia provocada por repetidas transgressões à ordem universal espiritual em múltiplas reencarnações.

Seria essa a explicação daquela preferência pelo orador espírita, que não usa, exatamente, nem a linguagem de hoje, nem os temas do cotidiano?

41

O VIDENTE DIVALDO FRANCO

Moacyr Jorge
(Jornalista – São Paulo)
(Transcrito da revista *Vida & Magia*, Ano I, Nº 7, 1986).

Divaldo Franco foi educado na Igreja Católica, chegando a ser coroinha da Matriz de Nossa Senhora de Santana. Mas o sofrimento o tornou espírita, hoje mundialmente conhecido como um dos maiores oradores dessa religião no Brasil e no mundo, já tendo feito conferências na Europa, Ásia, África, Estados Unidos e países da América Central e do Sul.

O falecimento de sua irmã Nair, em 11 de novembro de 1939, causou-lhe grande impacto emocional. Ela se suicidara, e o padre católico negou-se a encomendar o corpo, porque praticara um grave pecado: tirar a própria vida.

Dois anos depois, em 13 de março de 1941, seu irmão João, de 26 anos, tuberculoso sem o saber, morre asfixiado por uma forte hemoptise. Passados mais três anos, seu irmão José morre fulminado por um aneurisma, na véspera de São João, no dia 23 de junho de 1944.

Logo depois, Divaldo Franco começa a ver Espíritos e todas as noites tem pesadelos. Espíritos inferiores procuram cercá-lo de todas as formas, aumentando seus sofrimentos e suas angústias. Amedrontado com tantos acontecimentos inesperados na família, Divaldo Franco sentia-se inseguro. Foi em 1944 que ficou conhecendo uma médium vidente de Salvador, que estava de passagem por Feira de Santana. Convidado para ir ao Centro Espírita, Divaldo ficou com medo de encontrar o demônio, mas compareceu munido de seu terço. Depois da Prece de Cáritas, incorporou-se o seu irmão Zeca e Divaldo ficou em transe, inconsciente. Era o começo de sua mediunidade e da prova de que a morte não existe.

Em 1945, quando terminou a 2ª Guerra Mundial, Divaldo Franco estava com 18 anos e queria melhorar de vida para poder auxiliar a numerosa família. Decidiu viajar para Salvador, a cidade grande, com mais recursos, pensando em conseguir um melhor emprego. Chegou à capital da Bahia acompanhado de sua benfeitora, a médium Ana Ribeiro Borges, em cuja casa ficou hospedado. Conseguiu empregar-se numa companhia de seguros. Mas a crise de após guerra obrigou a empresa a demitir funcionários. Divaldo ficou desempregado e totalmente desorientado.

O desespero fez com que Espíritos obsessores o atingissem, procurando aniquilá-lo. Divaldo Franco não suportava a derrota do desemprego e chegou a pensar em suicídio. Sentia-se envergonhado e deprimido demais para enfrentar a realidade da vida. Planejou sua morte. Subiu pelo Elevador Lacerda e, no parapeito em frente à Praça Cairu, quando pretendia jogar-se no abismo, ele viu repentinamente à sua frente o Espírito de sua irmã Nair, que lhe falava asperamente:

– *Não faça isso. O suicídio não resolve. Você elimina o corpo, mas o Espírito vai continuar sofrendo.*

Espantado com o aparecimento da irmã suicida, Divaldo desmaiou, sendo socorrido por populares. Um deles o aconselhou a procurar o professor Melézio de Paula e sua esposa Dona Maurina, em cuja casa eram feitas reuniões espíritas.

Durante a primeira sessão, Divaldo incorporou o Espírito Milton, filho do professor Melézio e de Dona Maurina. O Espírito conversou com os pais, dando provas irrefutáveis da vida depois da morte. Terminada a sessão, um dos presentes perguntou a Divaldo qual era sua ocupação em Salvador. O médium contou que estava desempregado, lutando sem sucesso por um emprego.

O desconhecido, que participara da sessão espírita, era gerente do Instituto de Previdência e Assistência dos Servidores do Estado (IPASE), e o empregou como datilógrafo naquela Instituição, em 5 de dezembro de 1945.

Em 1952, o médium Divaldo Franco visitou Chico Xavier, na cidade de Pedro Leopoldo, a 40 quilômetros de Belo Horizonte, sendo recebido por André Luiz, o irmão mais novo do grande médium de Uberaba. Divaldo estava com problemas sérios na garganta e, através de Chico Xavier, materializou-se o Espírito Scheilla, que passou a aplicar passes para recuperá-lo.

Divaldo Franco, após os passes do Espírito Scheilla, recuperou a voz, ficando com a garganta curada. Participou de sessões espíritas com Chico Xavier e dias depois voltava para Salvador, na Bahia.

Numa conversa com Divaldo Franco, ele nos explicou como recebeu seu guia espiritual, Joanna de Ângelis:

– Quando eu era moço ouvia uma voz suave, que me falava muito. Dizia as coisas mais belas, em linguagem difícil para o meu entendimento. Falava sobre Jesus e sobre a Vida espiritual e nos dizia que devíamos entrar em transe profundo. Mais tarde fiquei sabendo que aquela voz amiga era o Espírito Manoel Vianna de Carvalho, meu amigo na vida passada. Depois veio Joanna de Ângelis, também companheira de vidas passadas, que se identificou como um Espírito amigo, em 5 de dezembro de 1945. Só 11 anos depois, em 1956, ela declarou a sua verdadeira individualidade da última encarnação. Ela foi brasileira e viveu como a abadessa Joana Angélica de Jesus, no Convento da Lapa, na Bahia, tendo sido morta a golpes de baioneta pelos soldados do general Madeira, após o combate de 19 de fevereiro de 1822, quando houve a invasão do convento.

Na sua penúltima encarnação, viveu no México, na missão de evangelização latino-americana, em San Miguel Neplanta, perto de Cuernavaca, no Convento de San Jerônimo, com o nome de Juana Inês de La Cruz, onde ingressou com 16 anos. Nasceu em 1651 e faleceu com peste negra aos 44 anos.

As provas de sua maravilhosa mediunidade podem ser colhidas com centenas de famílias em todo o Brasil. Em 14 de maio de 1982, Divaldo Franco viajou a Uberaba para fazer duas conferências e depois foi estar com o médium Chico Xavier. Nessa reunião, em que ele não falou com ninguém da assistência, Divaldo Franco recebeu mensagem do Espírito Egle Aparecida Tavares, que nasceu a 22 de julho de 1957 e casou-se no dia 11 de julho de 1980, morrendo quatro meses depois do casamento, num desastre em que seu marido nada sofrera. Ela formou-se com 21 anos pela Faculdade de Arquitetura e Urbanismo Farias Brito, de Guarulhos, em 1979. O desastre ocorreu na rodovia dos imigrantes, no túnel 10/11, quando descia para Santos de motocicleta com o marido. Foi levada para a Santa

Casa de Santos e faleceu no dia seguinte, 16 de novembro de 1980, com hemorragia intracraniana.

A mensagem é tão verdadeira que o Espírito Egle declarou ter sido socorrida na vida espiritual pela avó Hebe e pela bisavó Clementina, nomes que o médium Divaldo Franco não podia saber, porque não conversara com ninguém antes da sessão espírita.

A vidência de Divaldo Franco está comprovada por centenas de pessoas. O Espírito Ivan Santiago, da cidade de Franca, lhe apareceu e pediu para se comunicar com os pais, quando Divaldo viajasse para o Triângulo Mineiro. Ivan Santiago nasceu no dia 1º de maio de 1954, na cidade de Franca, no estado de São Paulo. Morreu quando sua moto foi esmagada por um caminhão, na cidade de Sertãozinho, no dia 15 de julho de 1982. Quase sete meses depois, em 29 de janeiro de 1983, Ivan Santiago enviou mensagem à sua esposa Fátima e aos seus pais, a quem pediu para que não chorassem mais. Cita o nome dos três filhos: Euler, Tárcia e Irvana, pedindo que cresçam com amor a Deus, nutridos pela fé que liberta. Nessa mensagem, Ivan declara ter ao seu lado o Espírito Waldir, que também morreu em desastre de moto, na cidade de Franca, dizendo que ele envia lembranças aos familiares, agradecendo as provas de carinho e puro amor.

Outro Espírito conversou com Divaldo Franco. Foi o médico David Federman, que era considerado *médico dos pobres*, na cidade de Ponta Grossa, no Paraná. Foi vereador, prefeito e deputado estadual. Faleceu com uma doença grave, em 29 de outubro de 1980.

Vinte e seis dias depois da morte, esse Espírito comunicou-se com o médium Divaldo Franco (24 de novembro de1980), enviando mensagem à viúva Dona Lourdes. Na mensagem contou fatos que só a esposa sabia. Diz, também, que não sofreu nada, que recebeu a morte como um anestésico que lhe tomou o corpo e a mente. Agradeceu a todos os amigos que o envolveram em ondas de bondade e de gratidão, e a Guita, sua irmã mais velha, que foi para ele e para os irmãos como uma segunda mãe.

Quando Divaldo Franco disse que o marido falecido agradecia os seis anos felizes que passou ao lado dela, a irmã Guita disse que tinham sido só cinco de casamento. Divaldo Franco retrucou:

— *O Espírito Dr. David está me dizendo que a irmã esqueceu o tempo de namoro, que ele já considerava como casamento.*

Dona Guita confirmou que o Dr. David e Dona Lourdes, a viúva, namoraram um ano.

Outro Espírito comunicou-se com o médium Divaldo Franco, em 28 de janeiro de 1983. Foi Cristiana Rodrigues de Moraes, nascida na cidade de Piracicaba, em 28 de janeiro de 1964. Faleceu na cidade de Itambé, na Bahia, no dia 20 de junho de 1980. Era filha de Luiz Bernardo Rodrigues de Moraes e Dona Vilma Ducatti Rodrigues de Moraes.

Na mensagem, ela fala no tetravô Lourenço, na tetravó Olímpia e nas avós Dulcina e Maria. Fala nos dois irmãos adotivos Ageu e Taciana, e Daniel, irmão gêmeo de Taciana. O tetravô Lourenço faleceu em 21 de dezembro de 1914. Cita também amigos da família, como Virna, Tereza, Paulinho.

Cristiana morreu com dezessete anos, em acidente com arma de fogo.

Outro Espírito que falou com o médium Divaldo Franco é o Carlos Felipe Cúrcio, nascido no Rio de Janeiro, em 3 de outubro de 1953 e falecido em desastre de automóvel no dia 16 de dezembro de 1974. Estudava Engenharia na Faculdade Gama Filho e havia passado para o 3ª ano. Praticava Karatê, tendo sido vice-campeão brasileiro e campeão carioca no ano de 1974. A autenticidade da mensagem é que o Espírito se manifestou dando o seu apelido: *Pipe*. O fato impressionante é que Divaldo, antes de receber a mensagem, disse à mãe de Felipe:

— *Estou vendo um Espírito com apelido pequeno: Pipe.*

Na mensagem, Pipe diz que foi recebido no Mundo espiritual pelo avô Cúrcio, da cidade de Muqui, no Espírito Santo. Agradeceu a homenagem recebida no *Clube dos Karatecas*, na Tijuca. Disse que estava com a avó Bisa. Era sua avó Olga, que faleceu seis anos antes dele, cujo apelido era Bisa. Agradeceu ao pai por não querer vingar-se do motorista do caminhão que provocou o desastre. Elogiou-o por dizer: *"Não adianta saber quem é o culpado. Isso não vai trazer o meu filho de volta".*

Pipe diz que o motorista não foi culpado, afirmando: *"Minha hora já estava marcada. Ninguém teve culpa".*

Na mensagem ele usa a expressão *minhas mulheres*, e os pais disseram que assim ele tratava as amigas e ex-namoradas.

Pipe ainda disse: *"Minha mãe precisa saber que eu sou um homem de verdade".*

Esta frase a mãe, Dona Sônia, dizia sempre: *"Meu filho, quero que você seja um homem de verdade."* Na mensagem ele repetiu a frase para comprovar que era ele, Pipe, quem estava falando.

Divaldo Franco já publicou mais de 80 livros (atualmente, mais de 300 livros), com mensagens de Espíritos de grande luz. Entre esses se destacam:

A serviço do Espiritismo, que relata acontecimentos de sua viagem à Europa em 1977.

Nas fronteiras da loucura é um livro ditado pelo Espírito Manoel P. Miranda, obra que interessa a todos que estudam as obsessões e alienações mentais e as tramas das obsessões e desobsessões.

Seara do Bem, um livro com mensagens de diversos Espíritos, com páginas belíssimas. Esse livro reúne mensagens recebidas na sua viagem à Europa no ano de 1983. Em Milão, na Comunidade *Vita Nuova*, recebeu mensagem do cientista Ernesto Bozzano, ditada em italiano.

Painéis da obsessão, outro livro ditado pelo Espírito Manoel P. Miranda, é um verdadeiro tratado sobre o tratamento preventivo contra as obsessões, com ensinamentos admiráveis.

Celeiro de bênçãos, ditado pelo Espírito Joanna de Ângelis, apresenta 60 temas de sua instrutora espiritual e é uma grande contribuição para a melhoria do comportamento humano nestes dias tumultuosos. Um livro escrito em linguagem fácil e bonita, para as meditações diárias e estudos espirituais no lar.

Calvário de libertação é uma obra ditada pelo Espírito Victor Hugo, que descreve uma trama na Espanha, que se arrastou através de séculos e teve seu desfecho no Brasil. É um livro de forte conteúdo emocional e de rara beleza.

Receitas de paz, livro em que o Espírito Joanna de Ângelis apresenta 20 temas para reflexões. Examina, à luz do Espiritismo, uma visão cósmica do amor, oferecendo verdadeiras receitas de paz para o homem aturdido e enfermo dos nossos dias.

A Série Psicológica, composta de 16 volumes, nos quais a benfeitora Joanna de Ângelis, através da mediunidade de Divaldo Franco, a partir de 1989 passou a escrever obras de profundo conteúdo psicológicos, estabelecendo uma *ponte* entre a Psicologia Espírita e a Psicologia Transpessoal.

As rendas obtidas com os livros ditados pelos Espíritos são destinadas à Instituição que Divaldo Franco fundou: a Mansão do Caminho, que abriga oito crianças em cada casa construída. Cada lar é dirigido por uma mulher espírita, que faz o papel de *mãe*. Ela recebe os alimentos e o dinheiro para as despesas no lar. As crianças não têm a sensação de estarem em asilos, mas em lares confortáveis, com aparelhos de televisão e outros brinquedos. Todas as *mães* são chamadas de *tias*.[46]

Além da Mansão do Caminho, o médium Divaldo Franco mantém duas escolas: a Escola Allan Kardec, e a Escola Jesus Cristo. Além disso, o Centro Espírita Caminho da Redenção mantém, com alimentos e roupas, centenas de famílias pobres.[47]

Todos os alimentos e material escolar para as crianças são comprados com a renda dos livros. Além das escolas existem pavilhões para ensinamento profissional, panificadora, lavanderia, marcenaria, escola de datilografia e oficina gráfica. As rendas das oficinas e da

---

46. A experiência demonstrou e a Psicologia infantojuvenil tanto quanto a Doutrina Espírita consideram que o ideal é não separar a criança da família, por esse motivo não há mais casas-lares. As famílias recebem orientação e ajuda e a criança permanece no seu lar.

47. A Obra social, no âmbito da educação infantojuvenil, engloba atualmente:
– Creche A Manjedoura, que atende 150 crianças de 2 meses a 3 anos de idade, das 7h às 17h, sob orientação de pediatra, nutricionista, assistente social, enfermeira, etc.;
– Escola Alvorada Nova, onde estudam 150 crianças de 4 a 6 anos em tempo integral, com acompanhamento médico e odontológico;
– Escola Allan Kardec, com cerca de 380 alunos, nas 1ªs séries do Ensino Fundamental;
– Escola de Ensino Fundamental Jesus Cristo, com cerca de 1.017 alunos, dos quais 550 em período integral, do 5º ao 9º ano;
– Escola de Informática, substituta da de datilografia, com cerca de 600 alunos, realizando o curso básico e de manutenção de computadores, além de diversas oficinas profissionalizantes.
– Biblioteca Infantojuvenil Amélia Rodrigues, com 4.572 obras com temas do imaginário infantil (notas da Editora).

panificadora ajudam a Instituição a manter as crianças e as famílias pobres. Além das tarefas escolares diárias, as crianças recebem ensinamento profissional, para terem uma estabilidade quando se tornarem adultas[48].

---

48. Sempre se atualizando, a Mansão do Caminho abrange ainda, nos dias atuais:
– Enxovais Meimei, que faz atendimento a gestantes pobres, além de distribuir enxovais confeccionados por voluntárias;
– Casa de Parto Normal Marieta de Souza Pereira, que atende as parturientes dentro das modernas concepções do cuidado durante a gestação e o parto (já realizou mais de 1.800 partos);
– Lar Fabiano de Cristo – Casa da Cordialidade, que dá assistência a 200 famílias socialmente recuperáveis, com oficinas de geração e de ocupação e renda, orientação e apoio sociofamiliar, grupos de convivência, oficinas, etc. (mais de 160.000 retirados da pobreza);
– Policlínica Dr. José Carneiro de Campos, com assistência médica, odontológica, psicológica, terapêutica, arteterapêutica e laboratório de análises clínicas, atendendo a mais de 25.000 pessoas/ano, dentro da visão da Medicina integrativa;
– Caravana Auta de Souza, que ampara 300 famílias carentes, abrangendo idosos e pessoas inválidas com doenças degenerativas e consideradas irreversíveis;
– Biblioteca Joanna de Ângelis, que possui cerca de 6.000 títulos, com mais de 100 livros raros, alguns em Braille, para servir aos alunos, funcionários e público em geral;
– Parque Gráfico Editorial, composto pela Gráfica Alvorada, Editora LEAL, Estúdio de Gravações e Livraria, que distribui e vende toda a produção (mais de 350.000/ano);
– Círculo de Leitura Espírita, com distribuição aos associados de cerca de 6.000 livros/ano, para o Brasil e para o exterior;
– Clubes do CD e DVD, que distribui bimestralmente aos sócios as gravações dos eventos e mensagens produzidas por Divaldo Franco;
– Projeto Manoel Philomeno de Miranda, cujos integrantes publicam livros e ministram cursos, seminários e palestras sobre temas básicos da Doutrina relacionados à área mediúnica nos Centros Espíritas de Salvador, no interior da Bahia e em outros estados;
– Grupo de Ação Comunitária Lygia Banhos, no qual 60 colaboradores fazem visitas às comunidades carentes dos bairros: Pau da Lima, Cajazeiras e São Marcos, distribuindo cestas básicas, e desenvolvendo atividades pedagógicas, recreativas e de evangelização;
– Acervo Técnico, que conserva o imenso acervo que inclui diplomas, certificados, homenagens, filmes, quadros, placas comemorativas e objetos variados que são oferecidos a Divaldo, Nilson e à Mansão do Caminho, por pessoas e Instituições de vários países;
– Núcleo de Psicologia, onde se faz terapia psicológica comunitária (notas da Editora).

42

Divaldo localiza hóspede com ajuda de Espírito

Miguel de Jesus Sardano
(Do jornal *A Alavanca*, Campinas, SP – 1987).

Um médium, que durante 40 anos mantém trabalho regular e ininterrupto na seara espírita, cobrindo extensa área de atividades diversificadas, tem muito que contar no mundo de suas experiências pessoais. Fatos curiosos, interessantes revelações, somam-se ao acervo de Divaldo Franco. Ao longo dos 22 anos em que tenho oportunidade de acompanhar de perto a vida de intenso trabalho de Divaldo, tive ocasião de presenciar e tomar conhecimento de incontáveis episódios, que marcaram a participação de sua mediunidade polivalente. E o fato que vamos narrar é um deles.

O empresário paulista, Dr. Mauri de Campos Dotto, diretor comercial das empresas de rádio e jornal *Diário do Grande ABC Ltda.*, com sede em Santo André, estado de São Paulo, chegou a Salvador com sua família, em viagem de férias, em carro particular. Antes de alojar-se em um dos hotéis da cidade, resolveu fazer breve visita a Divaldo, a quem já conhecia de longa data. Mas, no momento em que chegou à Mansão do Caminho, Divaldo estava ausente, sem precisão de hora para retornar. Dr. Mauri deixou apenas seu nome e a informação de que iria procurar um hotel para hospedar-se com sua família. Tendo Divaldo voltado a casa, por volta das 21 horas, tomou de pronto conhecimento do recado, ficando, entretanto, muito preocupado, pois era janeiro e os hotéis de Salvador deveriam estar superlotados. Todavia, como localizar o querido amigo, que viera de tão longe?! Deveria, àquela hora, estar percorrendo a rede hoteleira de Salvador. Quando assim conjecturava, apareceu-lhe a benfeitora espiritual Joanna de Ângelis, que também já conhecia o casal, tranquilizando. *"Nós já os loca-*

lizamos", disse ela. *"Estão em pequeno e modesto hotel de nome Themis, próximo da Praça da Sé"*. Divaldo e seu primo, Nilson de Souza Pereira, imediatamente se dirigiram ao hotel indicado. Dr. Mauri, chamado à portaria, ficou muito surpreso, pois indagava como Divaldo o localizara. Nossa Joanna nos trouxe até aqui, informou com simplicidade. Todos ficaram comovidos, bendizendo a Misericórdia Divina.

O Dr. Mauri nos narrou este fato recentemente, embora ele tenha ocorrido em 1973.

43

ESPÍRITOS NO ESTÚDIO DA EMISSORA DE RÁDIO

Miguel de Jesus Sardano
(Extraído do jornal *A Alavanca*, fevereiro/86, Campinas, SP).

Manhã de novembro em Juiz de Fora, Minas Gerais. Era precisamente uma sexta-feira, dia da Proclamação da nossa República. A caravana que acompanhou Divaldo retornara, pela madrugada, de Ubá, onde Divaldo havia feito uma conferência e recebido o título de cidadania honorária, concedido pela Egrégia Câmara de Vereadores, em solenidade no Ubá Tênis Clube.

Divaldo sabia, apenas, que estava marcada uma entrevista ao vivo, pela Rádio Capital de Juiz de Fora, no programa da consagrada radialista Helena Bittencourt, um programa diário que movimenta a atenção e o interesse da população local, no horário das 9 às 10h30, com a participação dos ouvintes.

Helena Bittencourt iniciou seu programa com uma oração de gratidão a Deus e à Vida. É um programa que leva otimismo, esperança e conforto espiritual aos que o ouvem.

Divaldo foi recebido no estúdio pela radialista, com palavras carinhosas e generosas, referendando o trabalho e a dedicação daquele homem simples, que há 40 anos resolveu abraçar a fé espírita em seu coração, divulgando a Mensagem do Evangelho pelo mundo. A radialista não conhecia pessoalmente Divaldo. Vira-o do auditório, em palestras anteriores. Agora, estava vis-à-vis com o tribuno e médium baiano.

— O programa hoje é seu, Divaldo. Os microfones estão abertos para você transmitir aos nossos ouvintes a mensagem que vier de seu coração, bem como responder as perguntas que, certamente, virão daqueles que nos ouvem neste momento.

Um número de telefone foi anunciado, para que os ouvintes formulassem perguntas ao entrevistado. Após a saudação a Divaldo, a dirigente do programa fez-lhe a primeira pergunta. Ele a respondeu de improviso, como sempre o faz. Aliás, Divaldo não traz anotações, não faz roteiros. Fala inspirado pelos benfeitores espirituais que o orientam. Responde tranquila e serenamente, sem vacilar, a qualquer pergunta à luz do Espiritismo. Isto é uma constante na sua vida.

Em toda parte onde fala, há jornalistas, repórteres, radialistas que o entrevistam e a tônica é sempre a mesma: Divaldo responde no ato, por mais complexos que sejam os temas propostos. Em 20 anos que acompanho Divaldo, nunca o vi silenciar diante de uma pergunta, bem como nunca o vi consultar qualquer apontamento. As respostas são claras, diretas e na hora. Como é do conhecimento público, Divaldo cursou a escola primária e mais dois anos de escola normal rural. Logo, ou estamos diante de um paranormal (médium) ou de um gênio, como escreveu o jornalista baiano Fernando Pinto.

Mas, voltando à entrevista do programa radiofônico a que me reportava, Divaldo continuou a responder as perguntas que chegavam pelo telefone e as da entrevistadora Helena Bittencourt, durante uma hora e meia. Uma das perguntas formuladas pela entrevistadora levou-nos a escrever este artigo.

– *Divaldo, você vê Espíritos?*

– *Sim* – responde o médium.

– *Então, diga-nos: há algum Espírito aqui, neste momento?* – Indagou a radialista.

– *Sim* – respondeu Divaldo –, há vários Espíritos aqui conosco. E enumerou alguns nomes de criaturas, que foram benfeitoras em Juiz de Fora. Algumas conhecidas dos presentes e outras, não.

De repente, Divaldo disse com ênfase:

– *Há um Espírito que me chama a atenção, em particular. É um senhor magro, cabeleira alva, muito sereno. Chama-me a atenção seu traje. Está vestido com um terno, colete, muito distinto, como se fosse um traje domingueiro. A roupa está muito bem passada, colarinho engomado, gravata, como se tudo tivesse saído do cabide. Ele me diz que é seu pai e que se chama Benjamim. Que desencarnou há pouco tempo. Que era um homem de muita fé. Que estava vinculado à Igreja dos Santos dos Últimos*

Dias, isto é, ele era Mórmon. Ele está me dizendo que a fé o salvou; que agora já entende melhor a Vida espiritual onde se encontra.

Houve um profundo silêncio. Helena Bittencourt chorava discretamente, sem poder dizer uma palavra. A emoção tomou-lhe a fala. Aos poucos, soluçando, ela confirmava tudo. Disse que era tudo verdade. Que seu pai havia desencarnado há cerca de dois meses e que era realmente muito religioso e andava bem vestido, a barba bem cuidada, que pertencia realmente àquela religião.

Por alguns segundos, ainda soluçava, de voz embargada, pedindo desculpas aos ouvintes pela emoção que não pôde sopitar.

A esta altura, todos nós estávamos envolvidos num clima de grande emoção, o que, certamente, deveria estar ocorrendo com todos os ouvintes que acompanhavam o desenrolar dos fatos mediúnicos no estúdio.

Minutos depois, a simpática radialista recobrava a voz e, mais uma vez, confirmava tudo.

— *Meu pai e eu tínhamos uma grande afinidade, éramos muito ligados. Era um homem maravilhoso.*

Era seu pai, mesmo; tudo conferia, a descrição fora perfeita. O nome, a barba, a cabeleira, a roupa, a recente desencarnação, a fé religiosa que professava.

Eu estava presente e a tudo assisti, no dia 15 de novembro de 1985, das 9h às 10h30, pela Rádio Capital, em Juiz de Fora, Minas Gerais.

44

DIVALDO FRANCO E A ABERTURA POLÍTICA

Miguel de Jesus Sardano
(Extraído da *Revista Internacional do Espiritismo*, agosto de 1987).

No dia 8 de maio último (1987), Divaldo foi convidado a proferir uma conferência no Quartel do 1º Batalhão de Polícia do Exército, local de triste memória, onde funcionou, nos anos 70, o aparelho de repressão dos chamados subversivos, que, à época, reagiam contra o regime militar. Conforme fez lembrar o coronel Plínio Negreiro, atual comandante da referida unidade militar da Tijuca, em suas palavras de abertura da solenidade, aquele local, consoante veiculado pela imprensa daqueles dias difíceis, foi apontado como instrumento de tortura (lá funcionou o famigerado DOI /CODI). Hoje, disse o coronel, a palavra de Cristo se faz presente, na boca desse extraordinário trabalhador da causa do Evangelho. Em seguida, a palavra foi entregue a Geraldo Guimarães, outro excelente batalhador da seara espírita no Rio de Janeiro, que fez a apresentação de Divaldo, naquela noite de maio, quando soprava um vento de cerca de 80 km horários. No dia seguinte, os jornais noticiavam desabamentos, destelhamentos de casas, etc. No local da palestra, apesar do tempo ameaçador, cerca de 1.000 pessoas se acomodavam no improvisado auditório, em pleno pátio do quartel, a céu aberto. Parece que os Espíritos da Natureza (os devas), trabalharam mudando o curso das nuvens e sossegando o vento.

Quando Divaldo tomou a palavra, quase não ventava, sua palavra doce e firme se fez ouvir. E, ali, no antigo fosso de amarguras, onde os gemidos deveriam estar registrados na psicosfera, a palavra de Jesus ecoa como um grito de misericórdia, invocando as Bem-aventuranças da Montanha.

Dizia Divaldo: – Um evangelista afirma que Ele, subindo o Monte, falou à multidão (Mateus). Outro informa que Ele, descendo o Monte, abriu a boca e falou (Lucas). Subindo ou descendo o Monte, não importa. A verdade é que ele parou no meio e derramou seu verbo luminoso, qual unguento generoso, aplacando a dor das feridas humanas.

O verbo inflamante e corajoso de Divaldo se fez sentir em toda intensidade, com a presença de soldados e oficiais dos mais graduados, respeitosos, ouvindo a mensagem espírita.

Fatos como este merecem destaque. Falou-se, ali, de Espiritismo e de Cristo, pela primeira vez, e, diga-se de passagem, de forma extraordinária, como só Divaldo Franco o poderia fazer. A abertura política no País abriu caminho para o Cristo adentrar aquela casa, que, como outras de nossa Pátria, escreveu triste página de violência no período mencionado. Divaldo, como sempre, com o "batismo de fogo" da palavra evangélica, sob a inspiração dos bons Espíritos, incendiou os corações presentes, apontando caminhos de responsabilidade e trabalho, dentro de uma consciência democrática, mas, sobretudo justa e cristã. Falou que violência não é só a luta armada nos campos de batalha ou na repressão da ordem pública, que a rigor é só efeito, mas principalmente, daqueles que se locupletam com o dinheiro público, transferindo para contas particulares no exterior, somas usurpadas do Erário Público. Violência é também o patrão que obriga moças e rapazes, que necessitam do emprego para sobreviver, estudando à noite, depois de um longo dia de trabalho, a assinarem recibos de salários que não percebem. Há muitas formas de violência que são as verdadeiras causas da violência que está nas ruas, e que têm origem nos bastidores dos gabinetes de mando. A corrupção, com o desvio de verbas destinadas a obras que beneficiariam milhares de pessoas, é uma grande violência. Portanto, a Mensagem de Cristo nunca foi tão atual.

A sede de mensagens ricas de esperanças e consolações é que arrasta multidões a ouvir Divaldo, porta-voz dos Espíritos do Senhor. Aliás, o único orador que repleta todos os auditórios onde fala. Constitui, mesmo, sério problema para seus promotores, conseguir-se auditórios espaçosos para acomodar o grande público que normalmente comparece às palestras de Divaldo. Este fenômeno ocorre em toda parte onde ele fala. É a prova de que sua boca fala "daquilo de que seu coração está cheio".

45

SEXO COM AMOR UNE OS SERES E EQUILIBRA AS EMOÇÕES

Nelson Faria, jornalista.
(Entrevista concedida à *Revista Personal*).

Considerado um dos maiores oradores espíritas de todos os tempos, Divaldo Pereira Franco é médium e também um dos autores mais publicados (e vendidos) do Brasil. Já proferiu mais de 5.000 conferências em 40 países (Atualmente, mais de 13.000 conferências, em 55 países). Tal atividade pode dar bem a ideia da vitória que significa ter conseguido uma entrevista exclusiva de Divaldo para este lançamento da *Personal*.

Personal – *O fenômeno da reencarnação já é fato comprovado, cientificamente e, consequentemente, aceito pela Ciência? Poderia citar exemplos?*

Divaldo – A reencarnação tem sido objeto de estudos dos mais eminentes pesquisadores dos fenômenos parafísicos do passado como do presente. A Ciência, em verdade, são os seus estudiosos, e estes, como ocorre com outras comprovações em campos da paranormalidade, apresentam explicações nem sempre concordes, uns com os outros, do que decorre podermos dizer que a questão ainda não é aceita genericamente por todos os que se dedicam às experiências da reencarnação. Não obstante, eminentes autoridades da moderna Parapsicologia asseveram que somente a reencarnação explica os fatos por eles meticulosamente estudados e sob rigoroso controle observados. Dentre esses, desejamos referir-nos ao Dr. Ian Stevenson, Catedrático de Neuropsiquiatria da Universidade de Virgínia, que escreveu monumental livro: *Vinte casos que sugerem a reencarnação*, no qual apresenta o resultado de demorados fenômenos somente explicáveis pela reencarnação. O Dr. Hamendrath Nath Banerjee, da Universidade de Rajtran, em Jaipur, na Índia, após fastidiosos estudos de mais de 300 crianças que se recordavam de haver vivido antes, conclui pela hipótese da reencarnação como a única explicação para os ditos fenômenos de memória extrassensorial.

Personal – *Ao mesmo tempo, além de Filosofia e Religião exercida por milhares de seguidores de Allan Kardec, o Espiritismo é aceito também como Ciência?*

Divaldo – Desde William Crookes, o *pai da Física*, no século XIX, que o Espiritismo mereceu o carinho de cientistas renomados. Isso, a partir de 1872, embora vários psiquistas já o houvessem investigado meticulosamente. Ao lado de Crookes, César Lombroso seria sensibilizado pelos inúmeros fenômenos da mediunidade, tornando-se adepto do Espiritismo, ele que foi, a seu tempo, considerado o *pai da Antropologia criminalista*. Camille Flammarion, o eminente *pai da Astronomia*, no fim do século XIX e começo deste, fez-se espírita militante. Dr. Gustave Geley, Epes Sargent, Karl von Reichenbach, Frederic W. H. Myers, Frank Podmore, Hector Durville, Scherentz-Notzing, Dr. Karl Du Prel, Barão L. de Guldesntubbé, L. Alphonse-Cahagnet, Dr. Justinus Kerner, Giacinto Ferni, Ernesto Bozzano, Eng. D'Aiglun de Rochas, diretor da Escola Politécnica de Paris, Alexander Aksakoff, médico do Tzar da Rússia, apenas para citar alguns.

Personal – *Há um velho conceito de que o Espiritismo tem sido vítima de muitos mistificadores, especialmente os chamados curandeiros, benzedores, etc. Até onde, como e quando o Espiritismo pode realmente curar doenças, do corpo ou do Espírito?*

Divaldo – As ciências não passaram incólumes aos mistificadores, as artes, as correntes filosóficas, nem tampouco as diversas religiões. Natural que o Espiritismo servisse de campo, também, por fenômeno natural, a pessoas desonestas, inescrupulosas... O objetivo essencial do Espiritismo é *estudar as origens do Espírito, sua natureza, seu destino e as relações que existem entre o mundo corporal e o Mundo espiritual*, explicando a Vida espiritual à luz da lógica e da razão. Por consequência, conclamando o homem a uma renovação interior, auxilia-o a libertar-se de inúmeras enfermidades, particularmente por meio da fluidoterapia, auxiliando e libertando os portadores de obsessões para os quais até o momento a Ciência oficial não tem conseguido mais expressivos resultados. Sabemos que *há doentes e não doenças*, conforme o conceito da hodierna Psicossomática. Logo, o problema está no Espírito, e não no corpo. Desde que o Espírito se conscientize das responsabilidades que lhe dizem respeito durante a jornada humana, se depura, se renova, se liberta dos fatores predisponentes e preponderantes que levam às enfermidades de portes os mais variados.

Personal – *Hoje a Parapsicologia surge como nova corrente de ciência, capaz de "explicar" todos os fenômenos até então chamados transcendentais. Como uma série de correntes derivantes e, paralelamente, conflitantes entre si, há, inclusive, muita gente ganhando dinheiro fácil com títulos de "doutor em Parapsicologia", livros, cursos e diplomas. Enquanto umas acatam, outras negam a validade dos fenômenos espíritas, especialmente invocação dos ditos* Espíritos desencarnados. *Como o senhor vê tal panorama, em toda a sua extensão?*

Divaldo: – Como um período transitório. Nunca faltam os *aventureiros*, que se atiram arrojados, nos momentos de crises sociais e históricas da Humanidade. A Parapsicologia, embora com muito respeito que nutrimos por vários honestos estudiosos, mesmo no Brasil, que ministram cursos de reais esclarecimentos sem interesses imediatos, tem sido vítima da confusão reinante, hoje, nos diversos campos do pensamento, na Terra. O tempo é sempre o mais eficiente remédio para todos os problemas, e como ninguém se evadirá da conjuntura da morte, cada um, a seu turno, constatará *de visu* a realidade da sobrevivência do Espírito.

Personal – *Já foi dito com relação ao sexo, que nada neste mundo é anormal, a não ser a maldade e a violência. A atividade sexual é humana, saudável e normal. Obscena é a violência que assola o mundo. Em vez da repressão ao sexo, os responsáveis pelos sistemas de repressão deveriam voltar seus olhos para a violência, o crescente índice de criminalidade, de guerras, de maldade. Qual a sua opinião?*

Divaldo: – Sem dúvida, o sexo é um departamento sublime com finalidades superiores, sob os estímulos do amor, objetivando unir os homens, perpetuar a espécie, equilibrar as emoções. No entanto, não devemos esquecer de que o sexo sem responsabilidade torna-se libertino e selvagem, com consequências imprevisíveis para o indivíduo, para a coletividade. Quando o amor comandar as emoções, o sexo *sairá da cabeça* para exercer as superiores destinações para as quais foi, pela Divindade, elaborado. Igualmente concordamos que as vistas de todos nós devem se voltar para a violência que assola o mundo e vence a criatura humana. No entanto, esse fenômeno, igualmente transitório, é decorrência, como afirmaria Thomas Hardy de *o homem haver perdido o endereço de Deus*.

Personal – *Como o senhor encara a opção dos jovens pelo amor livre? A moça deve casar virgem?*

Divaldo: – O problema é de consciência pessoal. O chamado *amor livre* parece bom quando se pensa em outrem e não em relação à nossa filha, nossa irmã, nossa esposa... Mais importante do que a virgindade física é o equilíbrio moral da moça. A experiência da liberdade sexual não tem feito casais ou uniões mais felizes, conforme vemos diariamente e revelam os grandes veículos de comunicação, transformada em crimes passionais, suicídios, homicídios cruéis, toxicomania, loucura... O assunto parece-me requerer considerações mais profundas que não caberiam numa ligeira entrevista.

Personal – *Quanto à sexualidade, o assunto mais apontado como* problema *tem sido a homossexualidade.*

Divaldo: – Um dia chegará para a criatura humana em que o sexo em todas as suas expressões merecerá respeito e que o cientista e o religioso se darão as mãos a fim de estudarem as dificuldades e problemas da alma humana, antes que pessoas pouco informadas e atormentadas invistam contra os que padecem esta ou aquela posição, tomando atitudes coercitivas, de perseguição gratuita ou repressão policial, dando margem a situações muitos graves e dolorosas.

Personal – *Recentemente foi publicada uma recomendação papal, considerando a masturbação um pecado.*

Divaldo: – O assunto seria melhor examinado por um psicólogo, ou um sociólogo, ou um especialista – um sexólogo. No entanto, proibir, condenar, sempre me parece uma forma contraproducente de examinar uma questão existente, que merece orientação, educação e esclarecimento. Como nós, os espíritas, não concebemos o *pecado* nos termos em que os nossos irmãos da Igreja Romana o consideram, não vejo nenhum pecado, senão na mente de quem se sente culpado. Aliás, o apóstolo Paulo, em Romanos, 14: 14, assevera: "Eu sei, e estou certo no Senhor Jesus, que nada é de si mesmo imundo a não ser para aquele que assim o considera; para esse é imundo."

Personal – *O papel das publicações sobre sexo tem sido o de dirimir dúvidas, esclarecer problemas sobre um dos fatos mais importantes da vida: o de que todo ser humano tem vida sexual e deve exercê-la. O senhor é contra tais publicações?*

Divaldo – Desde que não se faça vulgar, descendo às obscenidades, em nome da *arte* ou à pornografia, disfarçadamente como cultura, acredito que as publicações sérias sobre quaisquer assuntos devem realizar o seu mister. Esclarecer sem chocar, ensinar sem violentar, auxiliar sem impor – afinal pode-se falar sobre sexo sem que se detenha o estudo apenas nas escabrosidades, nas exceções das personalidades mórbidas, desequilibradas... Há tanta orientação a oferecer-se, como tanta sede de informação e publicações realizadas por educadores, psicólogos, sociólogos, religiosos livres, de que sexo é algo mais do que vilania moral, baixeza que degrada: é expressão de vida e de *vida em abundância.*

46

DE PAULO DE TARSO A DIVALDO FRANCO

Suely Caldas Schubert
(Escritora e conferencista espírita, Juiz de Fora, MG).
(Transcrito do *Jornal Espírita*, São Paulo, SP, 1986).

No ano 41 d.C., retornando de Jerusalém para Antioquia, Paulo de Tarso, em companhia de João Marcos e Barnabé, expõe a este, durante o longo percurso, a nova ideia que lhe ocorrera e que acreditava vir de Mais-alto.

Depois de tecer longa consideração em torno das dificuldades enfrentadas pela Igreja de Jerusalém, o ex-doutor da lei ponderou, em tom comovido, conforme narra Emmanuel:

– Suponho que o Cristianismo não atingirá seus fins, se esperarmos tão-só dos israelitas anquilosados no orgulho da Lei. Jesus afirmou que seus discípulos viriam do Oriente e do Ocidente. Nós, que pressentimos a tempestade, e eu, principalmente, que a conheço nos seus paroxismos, por haver desempenhado o papel de verdugo, precisamos atrair esses discípulos. Quero dizer, Barnabé, que temos necessidade de buscar os gentios onde quer que se encontrem. Só assim reintegrar-se-á o movimento em função de universalidade.

E prossegue: – É natural prever com isso muitos protestos e lutas enormes; no entanto, não consigo vislumbrar outros recursos. Não é justo esquecer os grandes serviços da Igreja de Jerusalém aos pobres e necessitados, e creio mesmo que a assistência piedosa dos seus trabalhos tem sido, muitas vezes, sua tábua de salvação. Existem, porém, outros setores de atividade, outros horizontes essenciais. Poderemos atender a muitos doentes, ofertar um leito de repouso aos mais infelizes; mas sempre houve e haverá corpos enfermos e cansados na Terra. Na tarefa cristã, semelhante esforço não poderá ser esquecido, mas a iluminação do espírito deve estar em primeiro lugar. Se o homem trouxesse o Cristo no íntimo, o quadro das necessidades seria completamente modificado. A compreensão do Evangelho e da exemplificação do Mestre renovaria as noções de dor e sofrimento. O necessitado encontraria recursos no próprio esforço, o doente sentiria, na enfermidade mais longa, um escoadouro das imperfeições; ninguém seria mendigo, porque todos teriam luz cristã para o auxílio mútuo, e, por fim, os obstáculos da vida seriam amados como corrigendas benditas do Pai amoroso a filhos inquietos...

– Necessitamos – continua Paulo – levar a notícia de Jesus a outras gentes, ligar as zonas de entendimento cristão, abrir estradas novas. [...] Nosso plano seria desenvolvido na organização de missões abnegadas, sem outro fito que servir, de forma absoluta, à difusão da Boa-nova do Cristo. Começaríamos, por exemplo, em regiões não de todo desconhecidas, formaríamos o hábito de ensinar as verdades evangélicas aos mais vários agrupamentos; em seguida, terminada essa experiência, demandaríamos outras zonas, levaríamos a lição do Mestre a outras gentes...

Barnabé entusiasma-se com a ideia e logo depois, em Antioquia, na primeira reunião da Igreja, relata o novo projeto à assembleia que o ouve atentamente e dá parecer favorável. No instante das preces *a voz do Espírito Santo se faz ouvir*, abençoando os propósitos e designando Barnabé e Paulo para a evangelização dos gentios. Segundo Emmanuel, Paulo é tomado de profunda emoção. *O Mestre chamava-o e, para responder ao apelo, iria aos confins do mundo.*[49]

Em breve, a tarefa é iniciada. Chipre, Nea-Pafos, Antioquia de Pisídia, Icônio, Listra, Galácia, Trôade, Filipes, Tessalônica, Atenas, Corinto, Éfeso, Jônia, Jerusalém, Tiro, Cesareia, Sicília, Roma, parte da Espanha, para citar apenas algumas das muitas cidades e regiões onde Paulo lança as sementes do Evangelho.

❖

---

49. Do livro *Paulo e Estêvão*, psicografado por Francisco Cândido Xavier (5ª edição, FEB (nota do autor).

Em março de 1985, na cidade de Vereeniging, África do Sul, Divaldo Franco está prestes a terminar a programação elaborada pelos confrades que o convidaram a pronunciar palestras em várias cidades, como: Joanesburgo, Krugerdorps, Springs, Pretória, Vanderbijlpark e outras...

O país tem uma situação singular, pois foi dividido em 4 países (somente para os negros), que não são reconhecidos pela ONU, mas o são pelo Parlamento de Pretória. Um desses países é Bophutatswana, uma região onde nunca se falou em Doutrina Espírita.

Surpreendendo o grupo que o acompanha, Divaldo diz:

— Eu pedi aos benfeitores espirituais que me proporcionassem a felicidade de pregar num lugar onde nunca se tenha ouvido falar a palavra Espiritismo. Não importa que não houvesse ninguém para me ouvir. Eu desejaria falar em plena Natureza, para mudar a psicosfera[50] e implantar ali o Cristianismo puro, conforme a visão da Doutrina Espírita. Eu gostaria, meus irmãos, de ir a Bophutatswana...

O pedido é inusitado e os confrades acham, de imediato, uma loucura. Era perigosíssimo, porque o movimento racial, desde fevereiro, estava gerando reações.

Mas Divaldo mantém-se firme na sua decisão, afirmando:

— Sou dos espíritas que vão ao lugar do perigo, sem medo, acompanhado por Jesus e pela certeza do trabalho.

Dirigindo-se, então, ao padre David Francisco, sacerdote católico que se lhe fizera amigo e integrante do grupo e com o qual estivera na cidade de Seboken, próxima de Joanesburgo, onde em 1976 houve um *banho de sangue* nos conflitos raciais, arremata:

— Se ninguém tiver coragem ou condições de ir, consigam-me um carro com chofer que eu irei sozinho e pregarei sozinho.

— Se tu fores, nós iremos juntos — afirmam os companheiros.

---

50. Psicosfera/fotosfera psíquica: aura, pensene e psicosfera são, portanto, sinônimos e podem ser definidos como o campo de emanações de natureza eletromagnética que envolve todo ser humano, encarnado ou desencarnado, refletindo, não só a sua realidade evolutiva e o seu padrão psíquico, como também sua situação física e emocional do momento, espelhando seus pensamentos, sentimentos, desejos, ideias, opiniões, etc. Vide *Evolução em dois mundos*, autoria espiritual de André Luiz, psicografia de Chico Xavier/Waldo Vieira (nota da Editora).

O entusiasmo de Divaldo contagia a todos e os planos são traçados.

Forma-se uma caravana de doze pessoas e partem para Bophutatswana.

A capital é Sun City (Cidade do Sol), distante 300 km, onde há um grande e luxuoso cassino, frequentado por artistas famosos, especialmente contratados da Europa e da América para ali se exibirem. É uma região aridíssima, um Sol de mais de 43º C, e não há uma só árvore sob cuja sombra pudessem ficar os integrantes do grupo.

Olhando a vastidão ensolarada, Divaldo comenta:

– Eu queria fazer um culto evangélico neste lugar, mas não há um local possível. Um Espírito amigo está me dizendo assim: "Faze-o dentro do cassino. Leva a palavra do Bem no lugar da perdição".

Atendendo ao alvitre, dirigem-se ao cassino. Na caravana estão, entre outros, Maria José Moms, que fala muito bem o inglês, o padre David que fala inglês e francês, o Dr. José Sendão, poliglota, que fala inglês, francês, latim, grego e o português...

Maria José Moms dirige-se à recepcionista. No primeiro instante esta presume tratar-se de um grupo em busca de divertimentos, por isso relaciona os que o local oferece: polo, esqui, jogos de todos os tipos, um salão negro com caça-níqueis, etc. Maria José esclarece o equívoco, explicando a situação, inclusive, informando com clareza o que é o Espiritismo e quais os propósitos do grupo.

A recepcionista surpreende-se com o pedido, entretanto, muito gentilmente, indica o refeitório, àquela hora deserto. Conseguem ali a aquiescência do *maitre* que, embora estranhando muito, concede-lhes duas mesas e duas garrafas de água.

Com a presença de alguns garçons que se aproximam, Divaldo inicia a reunião com a prece de abertura. *O Livro dos Espíritos* é lido em inglês e português. Em seguida faz-se a leitura e comentários de *O Evangelho segundo o Espiritismo* em francês, inglês, espanhol, africano e português. Durante mais de uma hora aquelas doze pessoas comentam o Evangelho de Jesus à luz da Doutrina Espírita, num luxuoso cassino na longínqua Bophutatswana...

Ao se retirarem, um homem se aproxima desejoso de saber o motivo que os levara àquele local. Expressa-se em português, diz ser de Moçambique e estar trabalhando na região até poder retornar à sua terra. Em breves momentos é inteirado por Divaldo da finalidade da caravana. Interessando-se pelo assunto é presenteado com um exemplar de *O Evangelho segundo o Espiritismo* e endereços são trocados entre ambos a fim de se manter um intercâmbio maior. O grupo se afasta acompanhado pelo olhar caloroso do homem, que conserva entre as mãos o livro recebido e no coração a ânsia do conhecimento.

Os carros partem a um novo destino. Bophutatswana, sua gente, sua capital com seu famoso cassino ficam cada vez mais distantes. Seu solo árido sob o Sol causticante revelou uma pequena nesga de terra fértil. As sementes são lançadas. Um dia, na volta, Divaldo terá uma árvore onde possam se abrigar não apenas doze pessoas, mas todo aquele que desejar ser acolhido.

❖

Registra o *Novo Dicionário Aurélio* que a palavra comparar tem, entre outros, o significado de: "Examinar simultaneamente, a fim de conhecer as semelhanças, as diferenças ou relações". É neste sentido que estabelecemos uma comparação entre a obra de Paulo, o Apóstolo dos gentios e a obra de Divaldo Franco, o Apóstolo do Espiritismo em nosso tempo.

Recordemo-nos que a palavra apóstolo tem, segundo a mesma fonte, entre outros, o sentido de: aquele que evangeliza. Propagador de qualquer ideia ou doutrina.

Assim, não é estranho que ao nos inteirarmos da vida de Paulo de Tarso na difusão do Evangelho, associemos, naturalmente, o trabalho de pregação exercido, em nossos dias, por Divaldo Franco. Tarefa esta iniciada há quatro décadas e realizada com a mesma dedicação e amor do primeiro dia.

❖

Participamos, algumas vezes, da reunião do Conselho Federativo Nacional (CFN), em Brasília, e observamos um fato expressivo no instante em que os representantes dos estados trazem as notícias do Movimento Espírita: a quase totalidade dos presentes informa sobre palestras de Divaldo durante o ano e o entusiasmo cada vez maior que a sua palavra desperta.

O fato se repete nas capitais ou no interior, na metrópole ou na pequena localidade, nos teatros luxuosos, nas universidades, nas quadras esportivas ou no singelo salão de um modesto Centro Espírita, em nosso país ou em mais de 40 países. Até a distante e desconhecida Bophutatswana, no cassino de luxo.

Cidadão do mundo, apóstolo, orador consagrado, semeador do Bem e do Amor, Divaldo prossegue. Dobram-se os anos. O tempo já não conta mais. A missão é intemporal e transcende aos estreitos limites do entendimento comum.

A magia da palavra é redescoberta. O verbo magnetiza e atende à expectativa humana, sempre sofrida e angustiada. O público hoje é a Humanidade.

Mas, cada dia, cada momento, em qualquer parte do mundo, quando se levanta para falar e semear a Doutrina Consoladora, parece ser aquele primeiro instante, a primeira vez, em março de 1947, em Aracaju, quando o jovem baiano, tímido e hesitante, ouve a voz persuasiva dos invisíveis: *"Levanta e fala! Falaremos por ti e contigo".*

Divaldo está de pé e nessas quatro décadas tem semeado estrelas na noite em que nos demoramos.

47

DIVALDO FRANCO, ORADOR

Esmeraldo Correa de Oliveira.
(Transcrito do jornal *O Regional*, de Catanduva, SP, 25/09/1977).

Ele é baiano, das formosas plagas dos coqueirais do Nordeste, dos pagos onde o Sol é mais cálido e a brisa mais amena. Ele é da Bahia, onde se crê que os homens nascem com dois corações: um para amar e o outro para perdoar. Ele é da Bahia, das igrejas todas de ouro e das mais lindas morenas brasileiras, onde o Brasil é mais Brasil.

É um homem de boa compleição, de traços firmes e de temperamento excepcional. Mente altamente desenvolvida, inteligência fulgurante, de um poder de apreensão fora do comum. Suas viagens pelo mundo, em que sempre vai proferir conferências espiritualistas o atestam.

Na minha juventude ouvi tribunos brilhantes como Batista Luzardo, João Neves da Fontoura e Adrião Bernardo, para falar apenas de uns poucos. A oratória é um dom divino dos que mais admiro, uma dádiva de Deus que me faz vibrar todas as fibras do meu humilde ser. Ouvi, por duas vezes, Divaldo falar ao público. Não saberia dizer em que ocasião esse orador mais me comoveu.

Fala de improviso. Mas o faz como se estivesse lendo e lendo muito bem, com todas as nuances e ênfases que só os predestinados sabem imprimir aos seus discursos. Não é desses que abrem longos parênteses e depois se perdem para retornar ao espírito da mensagem. Com ele corre límpida, intrepidamente corajosa, como as águas de uma catarata que caem ininterruptas sobre o leito fofo dos rios.

Divaldo crê, o que torna sua oração mais convincente.

Divaldo crê, o que torna sua mensagem mais eloquente e suasória. Ele sente, sílaba por sílaba, as palavras dirigidas aos corações dos ouvintes com seus múltiplos problemas, e todos percebem as soluções de há muito aneladas. Não sou espírita, mas não posso esconder o imenso bem que as palavras de Divaldo produzem. Uma espécie de bálsamo para as dores maiores, as dores da alma.

Fui avisado de que ele vem nos honrar com sua presença no *Tênis*, no próximo domingo, 25 do corrente. Lá estarei, se Deus quiser. E se pudesse, faria encher o grande salão, faria ocupar todos os assentos. Pois sei que não apenas eu preciso de conforto espiritual, mas todos aqueles que vivem os dias conturbados deste fim de século.

Seja bem-vindo, Divaldo.

48

CHICO XAVIER E DIVALDO FRANCO

(Transcrito do jornal *A Flama Espírita*, Uberaba – 22.10.1977).

Esteve em Uberaba, mais uma vez, o conferencista Divaldo Pereira Franco, de Salvador, BA, quando realizou uma conferência na noite de 6 do corrente, no salão de festas do Uberaba Tênis Clube.

Para grande alegria dos presentes, ali se encontrava também o médium Francisco Cândido Xavier, bem como representantes da Aliança Municipal Espírita de Uberaba, e outras entidades de cidades vizinhas.

Na parte artística, abrilhantaram a reunião as meninas do Lar Espírita, com sua banda de música, e o Dr. Pereira Brasil, de São José do Rio Preto, que apresentou dois excelentes poemas de sua lavra.

O tema do orador foi dos mais atuais, pois realizou um estudo sobre as conquistas da Psiquiatria através dos tempos, os estudos de Metapsíquica e da moderna Parapsicologia, chegando às conclusões que a Doutrina Espírita oferece, não só sobre as causas das moléstias nervosas, mentais, neuroses, etc., e as conclusões doutrinárias, salientando a grande luz que o Espiritismo projeta sobre os vários processos de terapêutica, inclusive a grande influência do amor nesses tipos de enfermidade, sem deixar de se referir também aos progressos da Ciência médica e da Psicologia nos processos atuais de terapia.

Na sexta-feira, Divaldo compartilhou da reunião do Grupo Espírita da Prece, entidade onde trabalha o médium Francisco Cândido Xavier, falando também na parte das exposições doutrinárias.

No sábado à tarde, participou da *peregrinação*, a partir das 16 horas, quando foi convidado a falar sobre o tema evangélico lido, ocupando a meia hora reservada para essa primeira parte do trabalho. Depois auxiliou, junto com outros companheiros, ao irmão Chico na distribuição de pães, balas, confeitos, bolos e macarrão aos pobres que semanalmente se beneficiam daquelas distribuições.

À noite, na sede do Grupo Espírita da Prece, depois dos comentários da irmã Márcia, esposa do companheiro Baccelli, Divaldo e Chico receberam mensagens psicográficas. A que veio por intermédio de Divaldo, da autoria do Espírito Joanna de Ângelis, será publicada em nossa próxima edição.

Terminada a reunião, os presentes foram instados a permanecer no local, pois Divaldo havia trazido dois filmes inéditos, de cunho científico, os quais foram projetados em seguida. O primeiro focalizando, através de câmera Kirllian, a vitalidade energética de corpos orgânicos, e a segunda, o tratamento pela acupuntura visto através daquela câmara especializada.

Foram realmente 3 dias de significativo aproveitamento e de novo e feliz encontro entre os dois grandes líderes de nossa Doutrina, os bondosos confrades Francisco Cândido Xavier e Divaldo Pereira Franco.

Que todos saibamos agradecer ao Senhor Jesus a bênção de termos entre nós esses dois missionários da Terceira Revelação, cujo trabalho em prol da divulgação de nossa Doutrina é dos mais expressivos, aliado ainda às nobilitantes tarefas de assistência fraterna de todos quantos se beneficiam em seu largo campo de ação socorrista.

49

NO REINO DOS ESPÍRITOS

(*Revista Veja*, 04.01.1984).

Com psicografia e assistência social, um médium baiano reedita o fenômeno Chico Xavier

Se fosse um político, ele poderia orgulhar-se de atender correligionários de todo o Brasil e de receber convites que já o levaram a realizar palestras em mais de 1.000 cidades brasileiras, além de excursões aos Estados Unidos, Espanha, França, Portugal, Suíça, México, Angola e vários outros países de todos os continentes. Se fosse um escritor, poderia ostentar a invejável marca de sessenta livros publicados, com mais de 2 milhões de exemplares vendidos, e com traduções em inglês, tcheco, espanhol, polonês e esperanto. Mas Divaldo Pereira Franco, um baiano solteiro de 56 anos que se veste com simplicidade e vive do magro salário de funcionário público aposentado – foi escriturário do extinto IPASE –, não sonha com votos nem com a Academia Brasileira de Letras. Seu reino não é deste mundo. Médium espírita e pregador sorridente, de gestos espontâneos e boa retórica, Franco é uma espécie de nova edição do fenômeno Chico Xavier.

Dois eixos têm norteado a vida de Divaldo Franco: o intercâmbio com os habitantes do Além, que ditam tudo o que escreve nos livros, e a assistência às pessoas desamparadas. Nos arredores de Salvador, onde vive, ele mantém uma comunidade, a Mansão do Caminho, que abriga 116 crianças órfãs. Mais algumas centenas de idosos e famílias pobres. Para se ter uma ideia da dimensão de sua obra de caridade, registre-se que a Mansão do Caminho é nada menos que uma microcidade, com área equivalente à de dez quarteirões, cortada por ruas arborizadas e pontilhada de jardins bem cuidados. Nos arredores, espalham-se as ruas malcuidadas, as casas pobres e a população desassistida do bairro do Pau da Lima. Dentro da Mansão do Caminho há três escolas, oficinas e creche, que recebem diariamente perto de 2.000 crianças das redondezas. Tudo isso custa muito dinheiro, cerca de 220 milhões de cruzeiros, em 1983, mas isto não é problema para Franco: ele tem sempre dinheiro a tirar da renda que aufere com a venda de seus livros e de doações particulares e oficiais.

Espíritos elevados

O médium cuida pessoalmente do caixa e da administração da casa. *"Aqui, tudo tem o toque pessoal dele"*, afirma Nilson de Souza Pereira, 56 anos, braço direito de Franco e presidente do Centro Espírita Caminho da Redenção,[51] instalado na comunidade. Porque funciona bem por dentro, a Mansão do Caminho atrai gente de fora. Na véspe-

---

50. O Centro Espírita Caminho da Redenção (CECR) mantém diária e regularmente as seguintes atividades:
– Grupo de Estudos Espíritas Vianna de Carvalho, que faz o estudo sistematizado da Doutrina Espírita em grupos específicos, com frequência média de 200 alunos nos seus diferentes módulos de estudo;
– Grupo de Estudos Joanna de Ângelis, que aprofunda estudos na área psicológica, baseado na Série Psicológica da benfeitora (16 livros), com a mesma média de frequência;
– Grupo de Estudos Amélia Rodrigues, dedicado ao estudo de O Evangelho segundo o Espiritismo, com suporte nas obras do Espírito Amélia Rodrigues, idem de frequência;
– Atendimento Fraterno, composto por uma equipe treinada para esse fim, com quase 1.300 atendimentos/ano, destinado às pessoas que estejam buscando orientação espiritual e/ou existencial;
– Passes, atividade prática de transmissão de bioenergia, realizada por um grupo de passistas do CECR;
– Grupo de Pais Amélia Rodrigues, com 80 inscritos, visando ao autodescobrimento, destinado aos pais das crianças e jovens que frequentam a evangelização;
– Escola de Evangelização infantojuvenil Nise Moacyr, com mais de 115 inscritos, destinada à formação moral-espírita das crianças;
– Juventude Espírita Nina Aroeira (JENA), destinada à formação moral-espírita dos jovens de 13 a 21 anos;
– Núcleo da família, onde são debatidos diversos assuntos referentes à família.
– Palestras doutrinárias, que ocorrem 3 vezes por semana, com exposição de cunho filosófico, científico e religioso da Doutrina Espírita, feitas por equipe de palestrantes do CECR, ou com Divaldo, quando este se encontra em Salvador;
–Atividades mediúnicas em reuniões privativas (nota da Editora).

ra do Natal, um bom exemplo disso materializou-se à entrada da entidade. No momento em que Franco tratava da distribuição de presentes para as crianças que mantém, um grupo de 150 homens e mulheres pobres da região bateu à porta em busca de consolo material e espiritual. Ele lhes deu alimentos e uma pregação. Há visitantes que andam mais para chegar até Franco. A argentina Nidia Lorenzo, 47 anos, admiradora do médium e tradutora de suas obras, vem periodicamente de seu país para visitar o mestre. Ele é um dos grandes espiritualistas do mundo, diz Nidia. Vindo de São Paulo estava ali, na semana passada, o advogado Miguel Sardano, 50 anos, outro entusiasmado. Um lugar como este só poderia ser obra de um homem como Franco, afirmava. E ali também aparece de vez em quando o vice-prefeito baiano, Edvaldo Brito. – *A mediunidade extraordinária de Franco,* – afirma Edvaldo –, *o transforma num veículo para as mensagens de Espíritos elevados.* Isso o coloca ao lado de Chico Xavier como uma das grandes expressões do sentimento de fraternidade universal.

Xavier e Franco

A comparação entre Chico Xavier e Divaldo Franco: está aí uma velha questão. Para os espíritas brasileiros, o maior expoente do Kardecismo no país, sem rivais, é o mineiro Chico Xavier, 73 anos e 212 livros publicados, residente na cidade de Uberaba, onde recebe multidões de peregrinos de todo o país. Divaldo Franco, 17 anos mais moço, seria seu herdeiro, correto? Não! Franco, apesar de ser considerado por alguns como beneficiário da comparação com Xavier, repele a ideia com veemência: – *Chico Xavier é a maior antena do século* – afirma –, *e dificilmente teremos outro como ele.* A trajetória dos dois tem, contudo, alguns pontos em comum. Ambos são filhos de famílias católicas, ambos possuem diploma apenas do curso primário, ambos descobriram a mediunidade muito cedo. Além disso, ambos foram funcionários públicos, e ambos mantêm obras de caridade com a venda de seus livros.

Sobretudo, os dois são exímios na psicografia, o processo através do qual os médiuns em transe transmitem mensagens de Espíritos. O médium mineiro recebe, entre outros, o Espírito Emmanuel, que lhe dá notícias de vários pontos do planeta por onde viveu em suas sucessivas reencarnações. Franco, todavia, comunica-se, além de outros, principalmente com o Espírito Joanna de Ângelis, sua mentora espiritual – cuja uma das reencarnações foi a sóror Joana Angélica, heroína das lutas da independência, martirizada em 1822 quando defendia o Convento da Lapa, na Bahia, das tropas portuguesas. Dos sessenta livros publicados pelo médium baiano, dezessete são atribuídos por ele aos ditados de Joanna de Ângelis, inclusive o último deles, *Otimismo*, recém-publicado com uma tiragem inicial de 20.000 exemplares, digna dos autores de *best-sellers* no Brasil.[51]

Uma fada boa

Os livros atraem pelas histórias edificantes e as mensagens morais que divulgam. E são tão numerosos porque seu autor e psicógrafo dedica grande parte de seu dia, frequentemente 8 horas, à psicografia. Franco e Xavier, além de amigos, já psicografaram juntos, em dias diferentes, mensagens dos mesmos Espíritos, reunidas depois no livro "*...E o amor continua*" Também juntos psicografaram uma coletânea

---

51. Na atualidade, Divaldo Franco:
– visitou 69 países em todos os continentes, falando em mais de 2.500 cidades do Brasil e do exterior, pregando a Doutrina em mais de 20.000 conferências, palestras, seminários, *workshops*, cursos;
– falou 3 vezes na *Voz da América*, em Washington, em 5 ocasiões na ONU, no seu *Clube Esotérico*, em Nova Iorque, e 3 vezes em sua sede, em Viena;
– concedeu mais de 1.500 entrevistas a mais de 430 emissoras de Rádio e de TV, no Brasil e no exterior;
_ psicografou e publicou mais de 300 livros, com mais de 10 milhões de exemplares vendidos, dos quais 151 títulos já foram traduzidos para 16 idiomas, inclusive o braille;
– recebeu homenagens em diversos países e cidades da América do Norte, do Sul, Central, Europa e África, incluindo 334 placas (douradas, prateadas e de bronze), 187 Diplomas e Certificados, 20 Comendas, 43 Moções de Congratulações, 49 troféus, 54 Medalhas, e 12 Títulos Honoríficos. Dentre todas, destacam-se:
– Título de Dr. Honoris Causa em Humanidades, pelo Colégio Internacional de Ciências Espirituais e Psíquicas (Montreal, Canadá, 1991);
– Título de Dr. Honoris Causa em Humanidades, pela Universidade Federal da Bahia (Salvador, Bahia, Brasil, 2002);
– Título de Embaixador da Paz no Mundo, recebido juntamente com Nilson de Souza Pereira, pela Ambassade Universalle Pour la Paix (Genebra, Suíça 2005);
– Título de Embaixador da Bondade no Mundo, da Fundação Kelsang Pawo (Inglaterra, 2008);
– Ordem do Mérito Militar (Brasil, 1997);
– Medalha Chico Xavier, do Governo do Estado de Minas Gerais (Minas Gerais, Brasil, 2001) (notas da Editora).

de textos que deu origem à peça *Além da vida*, montada em 1982, no Rio de Janeiro, com direção do espírita Augusto César Vanucci, o diretor dos grandes musicais da TV Globo, e interpretada exclusivamente por atores da mesma religião, como Lady Francisco, Lúcio Mauro e Felipe Carone.

O intercâmbio de Franco com os Espíritos começou na cama. Aos 4 anos de idade, conta ele, durante uma forte gripe, foi visitado pela primeira vez. – *Pensei que fosse uma fada boa* – relembra. – *Ela dizia que meu sofrimento ia passar.* Foi outra visão, em 1948, a responsável pela criação da Mansão do Caminho: – *Eu retornava de trem de um subúrbio de Salvador, quando vi à minha frente uma grande área arborizada, onde crianças brincavam entre casas* – diz. Junto às crianças, havia um velho em que Franco se reconheceu. Assim, entendeu qual seria o caminho a seguir. Quatro anos mais tarde, Divaldo recebeu as primeiras crianças adotivas num sobrado do bairro na Calçada, na região sul de Salvador. Enfim, em 1955, com donativos de espíritas, ele comprou a área em que instalaria a Mansão do Caminho.

Bom no "pingue-pongue"

Ali, existem hoje dezesseis casas e em cada uma vivem de seis a oito crianças em companhia de uma pessoa idosa ou de um casal. Esses acompanhantes fazem o papel de pai e mãe para as crianças. São lares artificiais, admite Franco, mas tentamos reproduzir ao máximo as características das famílias normais aqui dentro da Mansão do Caminho. Além da estrutura social que tenta imitar aquela em que vivem as crianças que têm pai e mãe, a entidade oferece aos órfãos uma formação escolar e profissionalizante, em um *jardim da infância*, duas escolas de primeiro grau, uma sapataria, uma marcenaria e uma gráfica. Quem permanece lá até os 18 anos, sai *emancipado* e com um emprego assegurado na cidade.

Até hoje, 286 jovens se *emanciparam* na Mansão do Caminho. A maioria deles está casada, com filhos, e muitos mantêm laços estreitos com o lugar onde passaram a infância e a juventude. Franco conhece a história de cada um, lembra-se de seus gostos, sabe quem era bom no pingue-pongue. Os mais antigos conheceram um lar mais modesto e, naturalmente, um número muito menor de livros assinados por

Franco. Hoje, ele tem uma biblioteca para guardá-los e uma bibliotecária para mantê-los limpos e dispostos em ordem.

Sorridente, afável, Franco, além de mestre na psicografia e autor de imensa obra social, tem a fama de curar doenças. Ele próprio, porém, não alardeia essa virtude – apenas admite ter conseguido sucesso em alguns casos de desequilíbrio mental. – *Hoje, alguns ramos da Ciência já admitem que o passe é uma transfusão de energia específica* – diz. – *Um médium pode fazer isso para ajudar as pessoas.*

Não seria preciso, na verdade, somar ainda este dom para granjear o prestígio que conquistou ao longo dos anos. Bastaria, para isso, a imensa coleção de livros que pôs em circulação e a assistência que presta a crianças, velhos e pobres na Mansão do Caminho.

50

DE PARIS A PARAMIRIM

Miguel de Jesus Sardano
(Transcrito do *Jornal Espírita*, São Paulo, novembro/1985).

Graças à Providência Divina, temos tido oportunidade de acompanhar o orador e médium Divaldo Pereira Franco em suas andanças por este Brasil – mais precisamente nas regiões Sul, Centro e Centro-Oeste, e mais esporadicamente ao Nordeste do País.

Divaldo Pereira Franco, cidadão do mundo, já percorreu 40 países e mais de duas mil cidades, dentre elas as maiores da Terra; mas isso não fez com que perdesse o contato com suas origens e sua simplicidade. O moço pobre de Feira de Santana, décimo terceiro filho de um casal bem modesto – que ainda continua pobre... –, e que vive de sua humilde aposentadoria de funcionário público, um dia sonhou viver em Salvador e lá estudar. Nunca poderia imaginar que Deus lhe reservara tarefa na divulgação da Mensagem espírita, pelo mundo. Sempre auxiliado pelos benfeitores espirituais, já viajou muito e às vezes nem sequer sabia o idioma do local onde faria a palestra. Mesmo assim sempre foi bem sucedido ao final de suas jornadas. Dificuldades, e muitas, surgiram à sua frente, porém nunca faltou a Misericórdia de Deus. Vem realizando esse trabalho há 38 anos. Mas o que sempre lhe acrescentou experiências foram as contradições do caminho.

Paris

No último dia 26 de junho (1985), Divaldo Franco chegou da Europa – por onde excursionou durante 45 dias. Visitou sete países: Portugal, Espanha, Itália, Inglaterra, Bélgica, Suíça e França, percorrendo 27 cidades. E foi justamente em Paris, berço da Doutrina Espírita, que a mensagem doutrinária voltou a ser ouvida, depois de grande silêncio. Parece ironia! O Espiritismo do codificador veio florescer na *Terra do Cruzeiro*, no final do século passado, com Olympio Telles de Menezes ao lançar o *Eco d'Além-túmulo*, e agora retorna à França, 110 anos depois, através da boca de um brasileiro. Em 1967, Divaldo Franco fez os primeiros contatos com membros da Sociedade Espírita de Paris e com os proprietários da *Revue Spirite*. Voltou, desde então, à França mais nove vezes, ampliando esse círculo de amigos e simpatizantes da Doutrina nas novas gerações, que pouco sabiam sobre Allan Kardec. É bem verdade que outros brasileiros visitaram a França e o túmulo de Kardec. Mas um trabalho efetivo e constante vem sendo realizado por Divaldo, ao longo dos anos. A propósito, possuímos em arquivo vasta documentação a respeito. Recentemente, um jornalista do *Diário do Grande ABC*, SP, publicou um trabalho no qual afirmava ser Divaldo Franco, sem dúvida, o mais conhecido orador espírita brasileiro no exterior.

Paramirim

Mas Divaldo Franco não é somente o orador das grandes metrópoles. Depois dessa grande excursão pela Europa, das palestras, das entrevistas e dos encontros diversos em Paris – a cidade-luz, ainda hoje tida como a capital da cultura, centro social e sede dos principais acontecimentos da moda e da arte – Divaldo retornou ao Brasil e no dia 30 de junho atende a convite para inaugurar em Recife, PE, o *Lar Espírita Chico Xavier*, obra destinada a acolher crianças carentes, fundada por um industrial daquela cidade, que se inspirou no trabalho da Mansão do Caminho – mantida por Divaldo Franco.

Dois dias depois, Divaldo e uma pequena comitiva de amigos – nós entre eles – foram recebidos pela população, pelo prefeito e demais autoridades locais com muitos fogos de artifício e aplausos, faixas por toda parte e várias saudações ao cidadão de Paramirim – título que foi outorgado a Divaldo pela Câmara Municipal da cidade.

Localizada na região das serras baianas, Paramirim completou cem anos de fundação recentemente, e hoje possui cerca de oito mil habitantes. Localizada a quase 800 quilômetros de Salvador, é cercada de montanhas, alimentada por um rio lindo (Rio Paramirim).

Ali estávamos, em Paramirim, pleno sertão da Chapada Diamantina, graças ao convite de Divaldo, que há 16 anos, ininterruptamente, passa uma semana na região, fazendo palestras, reuniões públicas ou privativas, mantendo acesa a chama do Evangelho que ali acendera.

Saímos para andar pela cidade com o Dr. Epaminondas Correia, médico que ali chegou há 18 anos e nunca quis sair. Fomos ao seu hospital, onde clinicam seis médicos, oferecendo atendimento dentro de um padrão rural, mas muito limpo e, sobretudo, muito humanitário. Ao descermos do carro, íamos fechando os vidros, travando a porta, quando notamos que o doutor deixara sua porta aberta, as chaves do veículo no contato e já estava saindo. Ante nosso espanto, sorriu dizendo: – Aqui não se fecha o carro, a não ser por causa da poeira ou da chuva. Aqui não existem malfeitores... Retrucamos: – Mas Dr. Epaminondas, o senhor sabe, às vezes, a necessidade pode tentar a pessoa... E ele retrucou: – Não, meu irmão, fique tranquilo. Realmente, temos aqui muitos pobres, muitas pessoas necessitadas, mas são muito honradas, incapazes de colocar a mão nas coisas alheias.

Mais tarde soubemos que a cadeia local, guardada apenas por cinco soldados e um sargento – responsáveis pela segurança total da população –, está vazia há muito tempo.

Realmente, tudo o que o Dr. Epaminondas nos dissera era verdade. Verificamos isso dois dias após, quando passeamos pela feira local, num sábado, no Largo da Matriz. Todas as mercadorias estavam no chão, à vontade, sem que os feirantes manifestassem qualquer preocupação com furtos. Se alguém quisesse pegar algo, poderia fazê-lo sem ser notado. Mas isso não acontecia. Olhamos tudo, tanta gente da zona rural misturada à da cidade. Que gente simples e boa! Hoje se fala tanto em violência, somente violência urbana, porque não existe violência rural.

Logo na primeira noite em que chegamos a Paramirim, dia 3 de julho, às 20 horas, foi realizado ao ar livre o Culto do Evangelho no Lar, com a presença de cerca de 60 pessoas da cidade, de Macaúbas, Caetité e Água Quente. Quem leu a página aberta ao acaso – sobre o ódio – foi o Dr. José de Carvalho Costa, chamado intimamente de Zequinha. Fomos convidados a participar dos comentários, junto com Nilson de Souza Pereira – companheiro de Divaldo, que também fazia parte da comitiva –, e de Lygia Banhos, Ziza de Sá Oliveira, Clese Cerqueira e Manoel dos Passos Oliveira – industrial de São Paulo, acompanhado de seu filho Márcio, que levara o equipamento de videocassete e tudo registrou com sua câmera. Amélia Rodrigues foi o Espírito comunicante da noite que, através das mãos de Divaldo, deixou a página intitulada *A Era do Amor*.

No dia seguinte, Divaldo Franco fez palestra em Macaúbas, no Clube Social da cidade, com a presença de mais de 300 pessoas. E, na sexta-feira, realizou-se convencional Chá Beneficente em prol da Mansão do Caminho, na residência do Dr. Epaminondas Correia. Foram sua esposa, Wanda, e a mãe, Dona Bil, que prepararam tudo com cuidado.

No sábado, às 20 horas, no Auditório Municipal de Paramirim, com mais de 300 pessoas, dentre elas o ex-prefeito da cidade e o atual, vereadores, médicos e outras autoridades, Divaldo Franco foi mais uma vez inspirado pelos benfeitores espirituais e contou a história de Cláudia, uma jovem cega norte-americana, abandonada pela mãe na infância, tendo sido em seguida adotada por uma família rica. Tornou-se célebre cantora de *blues* dos anos 50. A história, que é verdadeira, demonstra o alto egoísmo humano. Termina bem, contudo, quando Cláudia e a mãe se abraçam chorando, pois esta também era cega.

No dia 7, domingo, fomos para Água Quente, a 14 quilômetros de Paramirim, onde a casa de dona Fifi abrigou mais um Evangelho no Lar.

Foram momentos de muitas experiências, tanto em Paris, onde o progresso é uma realidade, como em Paramirim, onde ainda existem a candura e a bondade humanas.

Que Divaldo possa continuar levando sua palavra a toda parte, inclusive Paris, mas que nunca se esqueça das paramirins do seu querido Brasil.

La Fondation Soleil présente
PARAPSYCHOLOGIE ET SPIRITISME

par
DIVALDO PEREIRA FRANCO

Les fantastiques ressources de la communication spirituelle.
Avec projection d'un film en couleurs sur la chirurgie psychique.
Un document extraordinaire

Divaldo Pereira Franco anime à Salvador (Brésil) un remarquable centre d'éducation et de vie spirituelle pour enfants et adultes.

Venez faire la connaissance de cette personnalité rayonnante et chaleureuse!

- A Genève : **Salle Centrale, 10, rue de la Madeleine.**
  Lundi 20 mai 1985 à 20 h 30 - En portugais avec traduction simultanée en français.

- A Neuchâtel : **Eurotel, 15-17, avenue de la Gare.**
  Mardi 21 mai 1985 à 20 h 30 - En portugais avec traduction simultanée en français (avec la collaboration du Bio-Centre de Neuchâtel).

Billet : Frs. 10.— payable à l'entrée

51

PÁGINA FINAL

(Mensagem psicofônica recebida por Divaldo Franco, na noite de 07.02.87, no lar de Miguel de Jesus Sardano).

Meus filhos!
Estamos na grande luta. Não consideremos fortuito este momento, que o acaso parece ter engendrado. Estamos convidados a espalhar, a ampliar as fronteiras do Reino de Deus, mas não creiam que a tarefa é muito fácil. Crucificados, os discípulos do Mestre, verdadeiramente leais, prosseguem em traves invisíveis. Ontem era a arena, o madeiro, o cárcere, o exílio forçado, as labaredas, o degredo, o abandono dos afetos mais caros, mas hoje, também é assim: degredos e exílios íntimos, abandonos, soledade, sofrimentos e perseguição neste intercâmbio dos dois mundos em litígio, em que as forças da loucura e da insensatez se aglutinam para apagar da História o nome do Mestre, induzindo cristãos desatentos a estados patológicos irreversíveis, por enquanto, deixando as marcas purulentas da má conduta, tisnando o nome do ideal que abraçam por Jesus.

Estamos convocados a prosseguir. Cada um de nós é convidado a uma cota que não pode ser menosprezada, ao testemunho silencioso aureolado de alegria, porque o Reino não é daqui, não obstante aqui comece.

Demo-nos as mãos e preparemo-nos, porque a luta recrudescerá. As dificuldades multiplicar-se-ão. O profano insinua-se no divino, o vulgar no especial, o ridículo no ideal.

Tenhamos cuidado, meus filhos, para que as nossas casas não sejam invadidas por torvelinhos que lhes descaracterizem a pureza da vivência evangélica ali instalada.

Mantenhamo-nos unidos, sem que os miasmas da perturbação intoxiquem e as imposições do desequilíbrio germinem.

Cristão sem sacrifício está sem Cristo.

Discípulo sem disciplina encontra-se sem mestre.
Aprendiz sem dever está à própria sorte.

Jesus nunca nos desampara, mas é provável que O pretiramos para irmos, por preferência, à busca de outros condutores mais consentâneos com as nossas aflições desmedidas e necessidades falsas, acalentadas no desperdício.

Uma equipe de trabalhadores que compreendem o significado da fé, vivendo pela fé, para a fé é o que o Senhor de todos nós espera neste momento.

Meus filhos, que o Senhor nos abençoe e nos guarde. São os votos do servidor humílimo e paternal de sempre.

Bezerra.